真实繁荣

潘向东　著

REAL
PROSPERITY

社会科学文献出版社
SOCIAL SCIENCES ACADEMIC PRESS (CHINA)

潘向东，新时代证券副总经理，首席经济学家，中国财政学会第九届理事会常务理事，"财经改革发展智库"专家委员会委员，中国证券业协会分析师专业委员会委员，中国首席经济学家理事会理事。曾任光大集团和国家开发银行特约研究员，《经济研究》和《世界经济》的审稿专家。历任中信建投证券首席宏观分析师、光大证券研究所副所长、光大证券首席经济学家、中国银河证券首席经济学家兼研究所所长。先后在《经济研究》和《世界经济》等学术杂志发表过数篇论文。先后主持或参加过国家社科重点项目、国家社科基金、国家自然科学基金、博士点基金、博士后基金等。

谨以本书献给我的家人、师长、同学、朋友、同事和关心我的人！

目　录

寻找"真实繁荣"

在工作中，我们往往会遇此"囧境"：面对上司职业性的"微笑"，你会感到懊恼，因为，这种"虚假微笑"让你寻找不出上司对你的"真实"态度；有些时候，上司也许由于儿子考上好大学、女儿结婚等其他的原因而在你面前表现出"喜乐"，这种"喜乐"纵然是发自内心的，看上去也都"真实"，你甚至会由此"幻觉"出上司对你的看法，但这种"喜乐"其实与前面的"虚假微笑"一样，都不能归因出上司对你的"真实"评价。

对大多数人而言，判定世间之物或世间之事是否是"假的"和"虚的"并不困难，凭借自身的认知能力甚至是经验可以很容易地进行甄别。但对于一些世间"真实"存在的物或事，我们依靠自己的经验，凭借自身的认知能力，通过分析这些"真实"存在的物与事，却可能演绎出脱离"真实"的"幻觉"认知，而且把这种"幻觉"认知误以为是"真实"认知，甚至固化于自己的潜意识之中。

对一些成熟的投资者而言，很多时候出现投资失误是由于基于"真实"数据而做的"幻觉"判断。假若上市公司的业绩增长是由于非经常性损益带来的，或者是由于"虚增"带来的，他们很难被"迷惑"，不会因此出现投资失误。而上市公司数据作假更瞒不过其良好的财务专业素养。但假若他们观察的上市公司业绩出现快速增长，并且这种增长是由主营业务带来的，结合行业的背景，投资者很可能会做出企业"高增长"的判定，从而重仓此类上市公司。可不久之后，上市公司可能突然出现高管分崩离析导致业绩快速"变脸"，"高增长"的"小船"说翻就翻了，发展并没有持续，从而导致股价快速回落，投资损失惨重。这其实是成熟投资者基于上市公司的"真实"数据而"幻觉"出的企业"高增长"，从而导致投资失败。

庄子与惠子游于濠梁之上。庄子曰："儵鱼出游从容，是鱼之乐也。"惠子曰："子非鱼，安知鱼之乐？"庄子曰："子非我，安知我不知鱼之乐？"惠子曰："我非子，固不知子矣；子固非鱼也，子之不知鱼之乐全矣！"根据鱼的"出游从容"来判断鱼"乐"，其实是庄子依据自身的认知观念、经验得出的看法，惠子指出这并非"真实"的状况，可能是"幻觉"。贤者尚且如此，何况我们凡人。

经济现象更复杂，只有透过现象抓住本质，才能炼就"火眼金睛"。在经济学的语境里，所谓的真实就是由经济规律的内在力量所决定的东西，也即我们透过现象所看到的"本质"。这种真实往往与我们所看到的表象大相径庭。

因此，寻找"真实"一直是经济学研究的传统。真实利率、真实增长、真实周期很早就进入了经济学家的视野，并引发了广泛而持久的讨论。"真实繁荣"自然也是经济学研究的题中应有之义。

古往今来，人类曾经经历了各式各样的繁荣，但这些繁荣很难称得上"真实繁荣"。它们兴得自发，衰得自然。文明似乎像人的生老病死一样，也要经历生命的轮回。斗转星移，江山更迭，只能感叹造化弄人。

所有的繁荣都必然走向终结吗？这绝不是一个只有哲学家才应思考的问题，而是一个关乎每个当代人及子孙万代福祉的现实问题。"长乐未央"是汉代提出的古代中国梦，用现代的话说就是，让今天的繁荣泽被千秋。这正是人们对"真实繁荣"的向往。

"真实繁荣"是遵循社会发展规律的繁荣。

只有把握经济发展的内在规律，才不会被经济发展的表象迷惑。"真实繁荣"是人们把握了社会发展规律，通过不断调整，主动适应环境变化而实现的繁荣。这是从经济学角度对一个民族、一个国家乃至一个文明实现长治久安之道的历史性思考。

"真实繁荣"是社会始终保持健康的繁荣。

从理论上说，"真实繁荣"是可以青春永驻的。然而，现实中的繁荣总是存在这样那样的缺陷，在兴盛时期，这些缺陷往往被"繁荣幻觉"掩盖了。但天长日久，这些缺陷造成的积弊最终导致繁荣的终结。

例如，有些经济体通过刺激政策，利用货币扩张使经济增速出现回升，资产价格"泡沫化"，造就"虚假繁荣"。而有些经济体，货币政策和财政政策相对温和，GDP 也实现稳步增长，没有通货膨胀，经济数据也表明"健康"，但繁荣一段时间后却爆发了金融危机甚至经济危机，乃至就此退出人类的繁荣舞台，其实这种没有持续的繁荣与"虚假繁荣"一样，并不是"真实繁荣"。过去大家依据"真实"数据去判定经济体的繁荣能否持续，其实，这也只是对"真实繁荣"的"幻觉"。何况很多时候大家获取的"真实"数据并非全样本数据，更似是由"不完全归纳法"得出的推断。即便是全样本"真实"数据，这种基于统计分析的判断有时也会像感恩节前的火鸡一样，依据过去一年中主人对它"关照"的"历史数据"，"幻觉"出自己与主人的亲密关系。结果当然截然相反，在感恩节那天，火鸡成为了主人宴席上的佳肴。

这就好比有些人，看上去是健硕的"肌肉男"，体检指标也都显示"健康"，但突然之间却传出病倒甚至噩耗。这种"健康"，是大家基于其表象"真实"的体检指标，对他的身体状况进行的评判，而这种评判其实是一种"幻觉"，它与"虚胖"一样，并非"真实"的健康强壮。

真实繁荣是指具有一个完整的制度体系作为机制保障的繁荣。

这个制度体系能够消除利益集团的掣肘和羁绊，使社会机制更有柔性，能够适应各种环境变化，有效应对外来冲击，从而使社会始终保持活力，成为奠定经济繁荣的牢固基石。这种机制产生的繁荣预期是扎实可靠的，能够引导人们走向光明的未来。

站在"真实"的基础上，还需要把握其内在机理，人们才能做出正确的判断。对于优秀的投资者而言，在对上市公司做出价值判定前，他们首先关注的应该是上市公司的治理结构，也即上市公司的制度和制度安排，然后再基于上市公司的"真实"财务数据判定上市公司是否符合"价值区间"的标准，从而判定上市公司业绩能否实现"真实高增长"。

对我们而言，探讨经济体的"真实繁荣"就像探讨上市公司的"真实高增长"一样，不能仅仅依据经济体的"真实"经济数据便做出评判，而应该首先去考虑经济体的制度体系[①]和制度安排[②]。如果用一栋建筑物来类比制度体系和制度安排之间的关系，制度体系就像建筑物

[①] "所谓制度环境，是一系列用来建立生产、交换与分配基础的基本的政治、社会与法律基础规则。"在本书中我们又把它称为制度体系。见戴维斯和诺斯《制度变迁的理论：概念与原因》，载于《财产权利与制度变迁——产权学派与新制度学派译文集》，科斯、阿尔钦、诺斯等著，上海三联书店，上海人民出版社，2002。

[②] "一项制度安排，是支配经济单位之间可能合作与竞争的方式的一种安排。安排可能是正规的，也可能是非正规的，它可能是暂时性的，也可能是长命的。不过，它必须至少用于下列一些目标：提供一种结构使其成员的合作获得一些在结构外不可能获得的追加收入，或提供一种能影响法律或产权变迁的机制，以改变个人（或团体）可以合法竞争的方式。"见戴维斯和诺斯《制度变迁的理论：概念与原因》，载于《财产权利与制度变迁——产权学派与新制度学派译文集》，科斯、阿尔钦、诺斯等著，上海三联书店，上海人民出版社，2002。

的土木结构，它的完备性与否决定了建筑物的存活年限，决定了建筑物能否抵挡地震等自然灾害；而制度安排就像建筑物的外饰、内饰等，它的取舍决定了建筑物是否与时俱进，能否保持时代活力。只要建筑物的土木结构完备，那么可以进行不断装饰，使建筑物呈现持续的时代活力。

不管一个繁荣经济体的经济增幅有多大，也不管这个经济体的高增速延续时间有多长，假若经济体的制度安排不能使经济体拥有持续的活力，终究摆脱不了衰退的格局，实现不了持续繁荣。这样的经济体繁荣都不是"真实繁荣"。

然而，现实中人们很少通过制度来评判繁荣。人们之所以忽视制度，是因为在他们的潜意识之中，制度是一个静态变量，一旦形成便很难更改。由于缺乏必要的制度判据，人们对长期繁荣的判断只能依靠推断和猜测，对"真实繁荣"的向往也就停留在"虚幻"阶段。

在19世纪末20世纪初，以美国的凡勃伦、康芒斯、米切尔等为代表的制度经济学派就已经热衷于从制度的视角去探讨繁荣。他们秉承德国历史学派的研究方法，主张运用具体的实证的历史主义方法，强调从历史实际情况出发，强调经济生活中的国民性和历史发展阶段的特征。他们当时在美国的影响力远远超过其他经济学派，其原因是"后发追赶"的美国，亟须有别于"日不落帝国"的发展理论作为支撑。这与当前的中国相似，亟须经济理论支持以寻求如何实现经济的"真实繁荣"。重视非市场因素的研究，使他们的研究内容是跨学科的，包括法律、历史、社会和伦理等各方面。

率先把制度纳入新古典分析框架去探讨经济繁荣发展的是科斯。他通过引入边际分析方法，分析边际交易成本，解释了现实制度的内生化及其对经济绩效的影响，使制度经济学在方法论上不再与主流经济学相对立或渐行渐远，而是呈现"合流"或"融合"的倾向。诺斯把科斯以后的制度经济学称为"新制度经济学"。

本书既不准备像制度学派一样跨学科地去研究中国经济发展问题，因为对其他学科知之甚少；也不准备像"新制度经济学"一样在新古典经济学框架内去探讨交易费用的问题，因为实用性会打折扣。本书准备从制度和制度安排的角度去探讨"真实繁荣"。

从实用性的角度去探讨"真实繁荣"，这是笔者多年从事投资银行研究养成的职业习惯。与机构投资者交流经济与金融形势时，他们的问题总是直接而务实。

如何进行大类资产配置，是机构投资者最为关心的问题之一，其实这隐含了一个需要探讨的背景问题，就是中国未来能"繁荣"多久，能否实现"真实繁荣"？假若中国未来不能实现繁荣，那么现在在中国做任何大类资产配置投资都意义不大，即便通过做空获得投资收益，最后本币贬值也会导致购买力所剩无几。假若中国未来还能繁荣十年，那么需要思考大类资产配置投资的时间周期也同样只有十年。假若中国未来能实现"真实繁荣"，那么未来中国的股神将代代涌现，根本不用去羡慕股神巴菲特。

即便是股神巴菲特也说：没有谁靠做空美国赚过钱。的确，美国自南北战争之后，经济就繁荣至今，所以做多美国股市的巴菲特自然会搭上便车。假若20世纪80年代以来，巴菲特依照他做多的思路，在拉美国家做资产配置，恐怕不是倾家荡产，也是损失惨重。即便他对公司研究有独到见解，高人一筹，但在国家系统性风险面前，这些都变得微不足道。做资产配置最为关键的是把握方向，就像乘坐滚梯，假若电梯往下而人想往上走，不知道要多努力才能前进一小步，并且稍不注意就会被电梯带下去；假若与电梯的方向一致，即便不走，也能跟着上去，当然跟着电梯方向努力走的，前进得更快。这充分说明，过去半个多世纪以来，为何股神出在美国，而没有出在其他经济体。

中国经济能繁荣多久？中国经济能否实现"真实繁荣"？如何实现"真实繁荣"？

要去研究这么一个宏大的问题，估计大多数研究者都会选择回避。因为，首先这问题研究的范围太广，很难用数据说清楚；其次研究跨度太大、限制条件太多，很难准确把握。经济研究者更愿意在限定条件下建立数理模型，然后采用计量经济学方法运用数据对模型进行检验；或者，通过案例研究，提出经济理论及政策建议。前者需要研究的是制约因素的选择，而后者研究的是制约因素内的选择。借用杨小凯教授的研究观点，就是前者探讨的是角点解的问题，而后者探讨的是内点解的问题。越复杂的问题，越难说清楚，其科学性也可能越差。

但作为在"前沿阵地"探讨"资产配置"的研究者而言，我们又无法回避对这一问题的思考和研究，大的方向判断不准确，任何后续的研究工作也就缺乏意义。作为经济研究者，对数据分析都会"掘地三尺"，很难被"虚假繁荣"迷惑，但往往容易迷失在数据揭示的"繁荣幻觉"之中。印度经济学家帕特尔于1961年发表论文，以无可辩驳的数学计算进行预测：摆脱了英国殖民统治的印度将会在大约30年之内，在人均收入上超过法国，随后便会赶超美国。当然在50年后的今天，我们都知道这一预测结果与实际发展大相径庭。一旦对大的方向出现判断失误，不管当年的数学计算多么"严密"，帕特尔的研究也变得黯然失色。假若当年从事全球资产配置的投资者听信于他，估计即便没有破产，也应饱受了痛苦煎熬，更别幻想成为"巴菲特"了。

基于制度的视角去探讨"真实繁荣"，那么什么样的制度安排可以实现繁荣？什么样的制度体系可以实现"真实繁荣"？

糟糕的制度安排，大家都会嗤之以鼻。但一些在西方成熟经济体成功实施的制度安排，移植到发展中经济体，往往出现了"变异"和"扭曲"。有人说，那是由于"发展中经济体的人不行"，这些经济体的人善于钻营，再好的制度安排到了这里也会"南橘北枳"。其实这是误解！设计得再精巧的制度安排，假若背离经济体的发展阶段和国情，带来的也只是大家对它的"美好幻觉"，并不"真实"。唯有适合经济体发展的制度安排才是"真实"的。

对任何经济体而言，没有好与坏的制度安排，只有适合与不适合的制度安排。一段时间适合经济发展的制度安排，随着经济的进一步发展，可能演化为不再适合经济发展的制度安排。但人的惯性思维，容易沉溺于过去成功的经验，或者盲从其他经济体取得成功的经验，而忽视了自身经济发展不断变化的客观环境，从而导致自身制度安排僵化或制度安排在移植过程中"水土不服"，制约了自身经济的"真实繁荣"。

因此，实现"真实繁荣"的精髓在于建立可以实现"真实繁荣"的制度体系。在此制度体系内，制度安排能更加柔性地根据发展环境的变化实现动态调整，能有效避免利益集团的固化和制度安排的僵化。相比人类历史上制度安排演进的其他两个发展路径——"革命"或"改良"，这个"第三条"发展之路的冲击成本更小，可控性更强。由于利益集团没有固化，社会发展过程中出现的矛盾都能在"常态化"的制度安排调整过程中得到有效化解。

第一章

"繁荣更迭"的魔咒

中国有句古话："富贵传家，不过三代"。家如此，国是否也如此？人类历史上是否存在某个国家出现过持续的繁荣？聪明的人类是否探讨出了一条"真实繁荣"之路？过去三十年，中国的"摸着石头过河"改革创造出了"中国奇迹"，那么下一步是效仿西方的发展模式，还是继续自行探索，创造出一套新的经济发展模式？中国经济能否实现"真实繁荣"？

第一节　回顾历史：强国盛世不断更迭

在神秘的历史面前，我们总是很困惑：曾经富有的国家，如印度、加勒比海国家、撒哈拉以南国家、墨西哥等，如今均陷入贫困、落后的状态；而曾经的穷国，如加拿大、美国，如今均极为富有。为何一个国家变得强大之后，很难实现"真实繁荣"，甚至被一些名不见经传的国家反超，发生贫富的逆转？

强国"风水""轮着转"

我们经常引以为傲的是，中国曾经是世界四大文明古国之一。既然能成为文明古国，当时的社会经济必然较为繁荣。经济繁荣才能创造文明，就像鲁迅在《伤逝》中所说："人必生活着，爱才有所附丽。"但遗憾的是，包括中国在内的四大文明古国，并没有实现持续的辉煌。即便到鸦片战争前夕一直居于全球经济总量前列的中国①，两千多年来也是不断地出现朝代更迭，并没有打破"富不过三代"的"周期律"。其他的三大文明古国在公元 2～3 世纪，都由于内部衰败、外敌入侵而走向了没落。古巴比伦屈服于强大的古希腊，最后衰亡。古埃及文明尽管发展了几千年，但面对强大的古罗马帝国，却束手无策，被并入古罗马的版图。古印度版图尽管一度覆盖了现在的印度、巴基斯坦、孟加拉国

---

① 按照经济历史学家安格斯·麦迪森的计算，在公元元年时中国的 GDP 占世界 GDP 总量的 26%，在公元 1000 年时占 22.7%，随后一直在 20% 以上，从 1700～1820 年，中国的 GDP 不但排名世界第一，占世界的比重也由 22.3% 增长到 32.9%，创有史以来单一经济体占世界 GDP 合计的最大比重。但之后开始下降，1870 年这一比重下降到 17.2%，1913 年到 8.9%，从 1950～1980 年一直在 4.5% 左右。见安格斯·麦迪森《世界经济千年史》，伍晓鹰等译，北京大学出版社，2003。

和尼泊尔等地区，但仍被大汉朝驱赶走的匈奴人征服了。更为遗憾的是，目前除了中国在走向复兴，其他的文明古国仍然沉落在贫困之中，只能回忆过去的辉煌。

与此同时，谈到哲学，大家在景仰中国的老子和庄子的同时，也不会忘记德谟克利特、苏格拉底、柏拉图和亚里士多德等先贤。古希腊曾涌现了一大批哲学家，可见其文明的发达程度。今天的人们每天进行体育锻炼，或观看体育赛事时，就会想起奥林匹克运动会，而奥运会的发源地就是古希腊。还有文学、戏剧、雕塑和建筑等，只要追古思源，就绕不开古希腊。高度发达的希腊文明，从各方面彰显了其国家当时的强盛。这个强大的文明大约在公元前 1200 年，也就是多利亚人入侵毁灭了麦锡尼文明的时候开始兴起，依据《荷马史诗》的记载，那时曾经是一个"黑暗时代"。到公元前 750 年左右，随着人口增长，希腊人开始向外殖民开发。在此后的 250 年间，随着新的城邦不断加入，希腊开始逐渐强大。尽管后来雅典和斯巴达两大城邦之间为了争夺内部霸主地位而大打出手，但并没有阻挡古希腊成就帝国的步伐。当然遗憾的是随着公元前 323 年亚历山大的病死，庞大的帝国也随之分裂。到后来，便彻底被古罗马征服，古希腊辉煌的历史从此便灰飞烟灭，持续繁荣之路就此戛然而止[①]。而到了 2012 年，希腊还爆发了让整个欧元区都头痛的主权债务危机，借了人家的钱最后要求打折还，信誉备受质疑。

当我们参观罗马大竞技场的时候，可能就会想这是一个怎样的国度，竟然喜欢看杀人表演？当然，这也从另一方面说明这个国家崇尚武力。自特洛伊战争被古希腊人打败之后，艾德鲁斯坎人便开始了流浪，到了公元前 9 世纪至公元前 7 世纪，经过几代人不断的努力，终于开启

---

① 格里芬：《牛津古希腊史》，郭小凌等译，北京：北京师范大学出版社，2015。

了古罗马的王政时代。在公元前 510 年，经历了 7 个艾德鲁斯坎王之后，拉丁人终于联合起来推翻了最后一位艾德鲁斯坎人的国王——塔克文的政权，建立了罗马共和国。此时的罗马与当时的希腊和波斯帝国相比，可以说是毫不起眼。在罗马共和时代的末期，苏拉尝试改革，想建立罗马帝国，但这一重任留给了恺撒和恺撒的侄儿屋大维。公元前 27 年屋大维获"奥古斯都"的称号，建立罗马帝国。后来在涅尔瓦、图拉真、哈德良、安敦尼、马可·奥勒留等五位鼎鼎大名的古罗马"贤帝"的推动下，罗马帝国达到空前鼎盛。只可惜奥勒留这位哲学家皇帝，虽然能写出《沉思录》这样的哲学巨著，却没能挑选出一位好皇帝，把这么一个庞大的帝国交给了痴迷摔跤的儿子康茂德继位，将罗马帝国推向了深渊。公元 193 年，康茂德在摔跤比赛中被卫队长杀死，其后 90 多年的时间里，罗马皇帝流水一样地换，先后出现了大约 30 位皇帝，没有一个是寿终正寝的。在内耗不断的时候，偏又遇到了强悍的哥特人，真是"屋漏偏逢连夜雨"。由于中国大汉朝军队两次跨漠远征，把匈奴逐出了中国北方，匈奴由此分裂为南匈奴和北匈奴。南匈奴向汉朝俯首称臣，而北匈奴则一路西迁，击败了游走在中亚一代的哥特人。凶猛的哥特人虽然不是匈奴骑兵的对手，但对付罗马军团步兵却绰绰有余。公元 401 年，哥特人攻陷了罗马城。[①] "永恒之城"也没有实现"真实繁荣"。

古罗马帝国衰落之后，欧洲相继出现了一批"蛮族"国家。先后有法兰克、伦巴德、奥多亚克、勃艮第、东哥特、西哥特、盎格鲁－撒克逊等王国建立起来。这些王国之间由于国力旗鼓相当，也就谁也不服谁，导致战争不断。尽管中世纪没有出现强大的帝国，但文化发

---

① 爱德华·吉本：《罗马帝国衰亡史》，席代岳译，吉林：吉林出版社集团，2008。

展却步入了巅峰。一大批耳熟能详的哲学家、文学家、艺术家和科学家，像但丁、彼特拉克、薄伽丘、达·芬奇、米开朗基罗、拉斐尔、莎士比亚、哥白尼、布鲁诺、伽利略、开普勒等，都活跃在这个时期。到了 14 世纪，迫使欧洲开始寻找新的贸易线路的很大一部分原因其实是土耳其的奥斯曼帝国阻断了他们的两条主要贸易路线：一条从北非进口黄金、白银、奴隶和象牙，另一条是通往亚洲的丝绸之路。当时保存食物的方法主要是依赖香料，欧洲人对于香料的需求十分迫切，香料在欧洲市场的价格也达到了前所未有的高度。在巨大的利益诱惑面前，欧洲人希望能够越过非洲到达亚洲，所以很多财团开始资助像哥伦布那样的冒险家进行航海探索。当时进行航海探索的大国主要是西班牙和葡萄牙。凭借着先进的海洋技术和从殖民地抢过来的财富，葡萄牙和西班牙迅速崛起。但葡萄牙由于扩张过快，导致"暴食过多撑住了"，结果于 1580 年被西班牙兼并。后者在新大陆不断地搜刮财富，国力迅速强大。但强大之后，西班牙与欧洲新兴国家英国、法国、荷兰产生了不断的战争，加之内部消耗，最后并没有实现"真实繁荣"的梦想，逐步走向了衰落。[①]

提及荷兰，我们都知道它的风车、木鞋、郁金香和拦海大坝，当然去旅游过的人也知道这个国家对待毒品、性交易和堕胎的态度在全世界是最为自由的。这个面积只有我国湖南省 1/5 的国家，同样有着跌宕的兴衰史。在 17 世纪之前，尼德兰联邦在欧洲名不见经传，在西班牙和葡萄牙强大的时候，甚至还受着西班牙人的统治。经历了"八十年战争"之后，尼德兰联邦才正式从西班牙帝国独立出来，建立起"荷兰共和国"。如此一个蕞尔小国，在 17 世纪却取

---

① 雷蒙德·卡尔：《西班牙史》，潘诚译，上海：东方出版中心，2009。

代了西班牙和葡萄牙成为世界头号海洋强国，在全球范围内拥有着广泛的殖民地，我国台湾地区一度也曾沦为它的殖民地。但是好景不长，到 1795 年，荷兰末代执政威廉五世逃亡英国。1579 年起，荷兰人苦心建立的共和国寿终正寝，享祚 216 年，这种短命的繁荣可以说是"昙花一现"。①

从欧洲的历史来看，英国一直处于边缘化，地域也远离欧洲本土。它开始崛起时人口不过 2000 多万。尽管英国在 1588 年打败了西班牙的"无敌舰队"，接着又打败了"海上马车夫"荷兰，但它并没有登上霸主的地位。随后工业革命首先在英国发生，新技术开始不断涌现：1765 年瓦特改良了蒸汽机，1768 年阿克莱特发明了水力纺织机，1779 年克莱普顿发明了走锭纺织机，1784 年卡特莱特发明了动力纺织机，等等，包括经济学的鼻祖——亚当·斯密的《国富论》也是在 1776 年出版的。新技术的涌现导致财富格局开始发生快速的转变。英国凭借其领先的工业革命带来的财富快速增长，加之在 18 世纪后期的七年战争中打败了法国，从而当之无愧地成为当时的世界头号帝国，但终究也跳不出由盛变衰的周期。在 19 世纪以电能和内燃机为标志的第二次工业革命中，英国就已经开始落后于正在崛起的德国和美国。进入 20 世纪，尽管在两次世界大战中取得了胜利，也适应时代地建立了私有产权和提倡经济自由，但"日不落帝国"并没有实现"真实繁荣"，最终沦落为美国的"跟班"。在二战中战败的德国和日本，随着战后经济的快速发展，国力后来均超过了英国。

造成这种"各领风骚数十年"的格局，背后到底是什么原因？为

---

① 马克·T. 胡克：《荷兰史》，黄毅翔译，上海：东方出版中心，2009。

何历史上快速强盛的经济体，有的繁荣时间长，有的却昙花一现？即便是繁荣期较长的经济体，也很难逃脱最后走向衰败的命运？假若是因为海洋等自然资源的差异，那么为何西班牙、葡萄牙、荷兰等都只风光数年？为何现在南美和非洲的中部与南部的海洋国家依然生活在贫困之中，而且历史上就没有辉煌过？假若是信仰的原因，那为何同是基督教的国家，同是伊斯兰信仰的国家，有的繁荣过，有的却没有？聪明的人类几千年来一直在探索"真实繁荣"，为何始终未能实现？一个经济体要实现"真实繁荣"，需要什么样的条件？或许像"永动机"一样，这根本就是一个无法实现的梦想？

中国朝代兴衰的"周期律"

回到中国的兴衰史，我们也面临着同样的问题。

翻开中国历史，朝代的更迭和战争似乎印证了"富不过三代"这句古话。从秦始皇统一开始，一直到清王朝，几乎每隔200～400年就要换一个朝代，中间更有一些短命王朝。在这过程中，一些生活在偏远山区的少数民族，例如蒙古族、满族等，曾经强大到统一了整个中国，但最后仍然只维持了几百年。关于毛主席和黄炎培在延安窑洞关于历史周期律的对话有这么一段流传甚广。

1945年7月4日下午，毛泽东邀请黄炎培等人到他住的窑洞里做客。毛主席问黄老先生来延安考察有何感想？黄炎培坦然答道："我生六十余年，耳闻的不说，所亲眼见到的，真所谓'其兴也浡焉，其亡也忽焉'。一人，一家，一团体，一地方，乃至一国，不少单位都没有能跳出这周期律的支配力。大凡初时聚精会神，没有一事不用心，没有一人不卖力，也许那时艰难困苦，只有从万死中觅取一生。既而环境渐渐好转了，精神也就渐渐放下了。有的因为历时长久，自然地惰性发作，由少数演为多数，到风气养成，虽有大力，无法扭转，并且无法补救。也有为了区域一步步扩大了，它的扩大，有的出于自然发展，有的为功业欲所驱使，强于发展，到干部人才渐见竭蹶，艰于应付的时候，环境倒越加复杂起来了，控制力不免趋于薄弱了。一部历史，'政怠宦成'的也有，'人亡政息'的也有，'求荣取辱'的也有，总之没有能跳出这周期律。"显然，黄炎培先生这段话的意思是说，中国共产党能跳出这个周期律吗？

对黄炎培的坦诚直言，毛泽东当即非常自信地回答："我们已经找到新路，我们能跳出这周期律。这条新路，就是民主。只有让人民来监督政府，政府才不敢松懈。只有人人起来负责，才不会人亡政息。"黄炎培接着说："这话是对的，只有大政方针决之于公众，个人功业欲才不会发生；只有把地方的事，公之于地方的人，才能使地地得人，人人得事。用民主来打破这周期律，怕是有效的。"①

毛主席的回答让我们看到，打破"周期律"、实现"真实繁荣"不仅是一个经济问题，还是一个制度问题。假若真是毛主席所说的民主就能打破这种周期律，那么又怎样去实现一国或经济体的繁荣和"真实繁荣"？当前很多国家或经济体也实行了民主制度，但它们的经济发展却依然缓慢，国民仍然生活在贫困之中。例如以民主著称的印度，经过多年的发展，其贫困人口及贫困人口所占的比率在全球来说仍然较高。

与此同时，即便皇权时代的中国同样出现过"文景之治""武帝盛世""贞观之治""开元盛世""咸平之治""永乐盛世""万历中兴"和"康乾盛世"。假若是封建专制制度制约了经济的"真实繁荣"，为

---

① 黄炎培：《延安归来》，大连，中苏友好协会，1946。

何中国的历史上又会出现这么多繁荣盛世，经济总量还是全球前列？假若不是，那又是什么呢？特别是历尽疾苦和艰辛实现了朝代的更迭，应该深知前朝制度的弊端，为何历朝历代的"贤帝"就不能"前事不忘，后事之师"，让盛世持续？为何就打破不了黄炎培老先生所说的"周期律"？

"真实繁荣"不是一件简单的事

改朝换代之后，建立新王朝的帝王们往往励精图治，此时若出现一两位"英明"的子孙，往往会把新王朝的繁荣推向鼎盛。但随之而来，积累的社会矛盾开始显现，当社会矛盾发展到一定程度的时候，便演绎成黄炎培老先生的"政怠宦成""人亡政息"或"求荣取辱"，然后通过老百姓造反或者外族入侵实现了改朝换代。遗憾的是，每次改朝换代并没有实现制度上的重大突破，老百姓也没有享受到改朝换代带来的生存权改进，只是换了一个家族进行统治。

既然社会矛盾演绎到一定程度，最后都是通过老百姓革命，或王朝衰败导致外敌入侵的方式结束王朝的命运，"先贤们"是否考虑过主动地去化解这些已经积累的社会矛盾，去改革导致社会矛盾产生的原有制度（即改革），避免王朝的更迭或国家的衰败？既然矛盾是通过不断积累最后集中爆发的，"先贤们"是否考虑过通过主动地不断调整制度安排，把这些矛盾在开始显现的时候就化解为无形，让经济体或王朝实现"真实繁荣"？

"先贤们"的确思考和践行过这些想法，当社会矛盾开始凸显时，他们也试图通过有效的改革，来延续他们的王朝，或实现"真实繁荣"，然而成功的凤毛麟角。取得相对成功的案例，只有"废井田，开阡陌"、建立军功爵位制和统一度量衡的商鞅变法，以及实行"一条鞭法"和"考成法"的张居正。但这两位改革家一位车裂身亡，一位遭死后鞭尸。内部体制改革失败的案例不在少数，从王莽的托古改制到后来的戊戌变法，最后都以惨烈的失败而告终。北宋后期的王安石，面对朝纲腐败，贪官污吏横行，推出国家加强管制的改革措施，实行"摧制兼并，均济贫乏"的社会民主，以缓解当时收入差距悬殊的社会矛盾。但国家管制反过来阻碍了经济的发展，并导致国家与民争利。变法很快又被司马光等士大夫推翻，实行国家放权，权贵垄断。这一放一缩的体制剧烈变化，直接加速了北宋的灭亡。

世界范围内试图通过改革来实现国家复兴或"真实繁荣"的成功案例也凤毛麟角。从路易十六的法式改革，到离我们较近的日本明治维新、沙俄斯托雷平的"权贵私有化"改革，再到伊朗巴列维的"白色革命"以及苏联戈尔巴乔夫的"新思维"，世界历史中企图通过改革延续繁荣的尝试从来就没有停止过。路易十六这位法国最英明的君主之一，在推行一系列激进式改革措施之后，自己被送上了断头台。明治维新的改革是成功的，但仔细分析历史，不难发现这场维新的改革成功其实是革命成功后的改革，而并非在原有的体制下进行的改革。在旧制度阻碍日本发展的当初，改革派首先提出的是"尊王攘夷"，寄希望于当时的德川幕府能进行有效的改革，但遭到的却是幕府的镇压，迫使改革派长州藩起兵。在经历了与德川幕府的鸟羽、伏见以及江户之战后，取得了战场上的胜利，才开启了明治天皇的维新改革[①]。因此，明治维新的改革更应该看作是资产阶级革命后的产物。

1905～1907年的沙皇俄国，社会的改革要求与当局的守旧立场发生了冲突，沙皇当局在镇压了"革命"之后，却令人意想不到地启用

---

① 威廉·G. 比斯利:《明治维新》，张光、汤金旭译，南京：江苏人民出版社，2012。

斯托雷平进行改革，不再守旧。斯托雷平改革八年（1907～1914 年）的成绩是显著的，常被人称为沙俄经济史上的"黄金时代"。斯托雷平采用国家强制推行与经济政策优惠双管齐下，使当时农村公社改革干脆利索，与此同时，铁腕下稳定推行的改革有助于市场导向的农场经济效益的发挥，于是产生了"斯托雷平奇迹"：改革的几年间，俄国资本投资总额即从 26 亿卢布增至 51 亿卢布，其中外资由 9 亿卢布增至 19 亿卢布。1913 年与 1900 年相比，俄国人口增长 22.35%，煤产量增长 121%，棉花加工量增长 62%，出口总额增长 112%，国民总收入增长 78.8%，制造业国民收入增长 83%，农业国民收入增长 8.6%，这些成绩在沙俄经济史上都是空前的。但斯托雷平的激进式改革缺乏公民基本原则意义上的"起点平等"。他的改革设计以权贵利益本位为出发点，贵族、地主和富农享受改革的利益，而由贫弱阶层承担改革的代价。尽管由于市场经济总体性增长，下层的绝对生活水平实际上也有所提高，但他们的相对地位却因改革规则设计得不公平而恶化，不公平竞争的力量与反竞争的"公正"要求不断积聚，最终导致了"十月革命"，他自己也于 1911 年被革命民粹派人士刺杀死于非命①。

　　既然社会矛盾都已经显现，而这些改革都是去化解这些社会矛盾的，这么容易达成共识的理想事情，为何实践下来成功的概率会那么小？为何改革者的命运如此多舛？既然旧制度安排已经不适应经济和社会进一步发展，而改革可以化解这些矛盾，延续经济体的繁荣，为何还会遇到那么强大的阻力？

---

　　①　秦晖：《共同的底线》，南京：江苏文艺出版社，2013。

第二节 放眼世界：求索繁荣成为新焦点

通往"罗马的道路"的东西方探索

翻开历史，不难发现东、西方各大经济体都在寻求"真实繁荣"之路，但我们发现东方和西方在探索繁荣制度和制度安排方面，历来差异性就很大[①]。

在古罗马时期，西方有三权制衡的"民主"基础，法治和民主制衡的共和体制在当时就已经产生。在古罗马共和国，除了摄政官、独裁官、骑兵长官外，其他高级官吏均由民众大会选举出来。民众大会、元老院和执政官分别掌握立法、司法和行政这三种权力。公元前451年，标志着罗马法的诞生的《十二铜表法》得以颁布实施。在古罗马，法律是这个国家政策的核心和主要形式。同时，古罗马大多数官职都设有具有协议性的同僚：他们职位相等，权力相同，职责范围内的任何一项决策的做出都需要全体同僚的一致同意。此外古罗马设有监察官和保民官，监察官"握有降低骑士地位，把生活放荡而又目无法纪的元老驱逐出元老院的大权"，保民官算不上政府官员，其职位是限制官吏的权力，取消过多的权威。在共和时期的罗马，除了元老外，几乎所有的官吏都有任期限制，且官吏都有一定的年龄限制，如执政官的法定年龄是

---

① 这方面与阿西莫格鲁的观点有相一致的地方，他认为国家的代理人——"精英集团"或"统治集团"利用手中的政治权力（诺斯称为暴力的垄断权）通过成本－收益的比较来确定经济制度。制度的目的是最大化他们自身的收益而不是社会产出，只有这两个目标恰巧一致时，根据激励相容的原则，好的制度才会出现。因此制度的变迁是偶然的，不存在必然的历史规律性。Acemoglu, Daron, Simon Johnson and James Robinson, 2004, "Institutions as the Fundamental Cause of Long－Run Growth", www. nber. org/papers.

年满 42 岁[1]。这种体制造就了古罗马的繁荣。

　　而中国，从汉代起就提倡人治，"皇权至上"，这种非制衡的制度安排在西方看来缺乏"民主和自由"，弊端重重。但这种制度安排在历史上大多数时间，并没有妨碍中国称强全球。中国过去各历史朝代，绝大多数时候 GDP 总量都是世界前列，直到鸦片战争之后的一百多年，中国的经济发展才相对较弱。

　　由于古代没有哪个经济体或者王朝实现过"真实繁荣"，因此，我们很难得出哪种制度或制度安排更优。

　　演绎到了近代两三百年以来，西方成熟经济体都继承了古罗马时期的三权制衡的"民主政治"，经济制度安排秉承"开放社会"的理念，建立了可以随时"纠错"的西方式民主和自由制度[2]，呈现了稳态和"反脆弱性"。从这段历史来看，应该说西方成熟经济体的发展经验取得了暂时的成功，以发展经验为基础的发展理论也很好地解释了过去西方发达经济体繁荣的原因。

　　近代史上，中国走向快速繁荣之路应该是 1978 年改革开放之后。过去三十多年的快速发展，其工业化之路很多发达经济体都经历过，不过中国发展过程中的很多制度安排都与西方所推崇的理论框架相冲突，具有中国自己的特色。正是由于这种冲突的存在，每当中国经济遇到困难时，"中国崩溃论"就会盛行，很多研究者就想去证伪这一不符合西方发展之道的正确性。从 20 世纪 90 年代的"中国国有银行破产论"，到 2012 年之后的"中国债务危机论""地方政府破产论"等，这些在西方经济理论看来都无解的经济现象，通过一系列的有效改革，最后都

---

① 爱德华·吉本：《罗马帝国衰亡史》，席代岳译，吉林：吉林出版集团有限责任公司，2013。

② 卡尔·波普尔：《开放社会及其敌人》，陆衡等译，中国社会科学出版社，2009。

被"无形之手"或"有形之手"化解，不仅没有出现"危机""崩溃"，相反，还迎来新一轮的高速增长。

例如，1988年，面对市场经济的兴起，计划经济体制下的生产资料价格却是管制，中国创造性地开启了生产资料价格"双轨"体制；1996年，为解决国有银行坏账率急剧攀升，政府成立资产管理公司，对不良资产进行剥离，同时通过中央汇金注资的方式实现股份制改造；2009年，面临金融危机需要政府投资加以救助而地方政府不能主动发债的条件下，地方融资平台应运而生，实现了政府投资的快速攀升；2012年，面对民间高利贷横行，银行理财随之快速发展，而且利率之高也属罕见；2015年，经济增速仍然延续五年来的持续下行，生产资料价格持续三年多的负增长，但企业却仍然面临"融资贵、融资难"。

这些难以解释的经济现象，不仅出现在中国经济发展过程中，而且大多已得到了有效的解决。但在西方的经济理论框架下很难得到合理解释。可以肯定的是，到目前为止，受过系统西方经济理论熏陶的研究者，对中国经济高速增长的解释、对中国特殊经济现象的解释，对中国经济发展趋势和中国经济增速的预测，与很多并没有受过系统经济学理论熏陶的政府官员、企业家和所谓媒体资深人士相比，并没有体现多大的优势。就像中国的股市，到目前为止，海内外专业研究机构的策略分析师对市场的预测，与民间的股评师相比，也并没有体现多大的优势，因为中国股市的主导力量仍然是散户，市场的"制度缺陷"让他们更相信估值以外的故事。这也导致拥有西方成熟市场系统学习和经历的很多研究者和投资者，回国后都会出现不同程度的"水土不服"。

不但中国在探索适合国情的"真实繁荣"之路，经历了两三百年发展的西方成熟经济体又何尝不是在探索之中？尽管西方成熟经济体到目前已经取得了相对的成功，但谁又能证明中国选择的这条不同于西方

成熟经济体的"真实繁荣"之路不会取得最终成功呢？人类历史发展
所涉及的因素那么多，各经济体的发展水平、客观环境迥异，它们的繁
荣之路怎么可能只有一条？发展中经济体该怎样选择适合本国发展的繁
荣之路呢？过去，全球多个发展中经济体都在不断"移植"、效仿西方
成熟经济体的发展模式，或探索本国经济发展的模式，为何有的成功，
有的却以失败告终？

其他经济体对"真实繁荣"的现代期待

自 20 世纪 70 年代起，随着发达国家主导的全球新秩序和资本主义
全球化的建立，"新自由主义"[①] 在西方兴起并逐渐发展成为资本主义
指导经济摆脱贫困、走向繁荣的主导理论。

二战之后，随着凯恩斯主义的兴起，一些发达经济体开始主张国家
干预经济的政策，但美景不长，20 世纪 70 年代迎来了持续"滞胀"。
1979 年撒切尔出任英国首相和 1980 年里根当选美国总统后，"新自由
主义"理论及政策迅速得到推广，并把全球经济带出了"滞胀"的泥
潭。20 世纪 80 年代初，拉美国家因陷入严重的债务危机致使经济发展
裹足不前，玻利维亚采用萨克斯开出的药方——"休克疗法"，秉承新
自由主义理论，改革效果显著：玻利维亚年通货膨胀率从 1985 年的
23000% 下降到 1987 年的 15%，GDP 增速从 1984 年的 -12% 提升到
1987 年的 2.1%。一时间创造了"玻利维亚奇迹"[②]。威廉姆森以此总

---

① 新自由主义是在古典自由主义思想基础上建立起来的一个新的理论体系，该理论体系
强调以市场为导向。它是在继承资产阶级古典自由主义经济理论的基础上，以反对和
抵制凯恩斯主义为主要特征。其基本原则就是：贸易自由化、价格市场化和私有化。
通过对凯恩斯革命的反革命而著称于世。"华盛顿共识"的形成与推行，则是新自由主
义从学术理论嬗变为经济范式和政治性纲领的主要标志。见诺姆·乔姆斯基著《新自
由主义和全球秩序》，徐海铭、季海宏译，南京：江苏人民出版社，2000。
② 庄起善：《俄罗斯转轨经济研究》，复旦大学出版社，2000，第 38 页。

结出"华盛顿共识①"。近三十多年来，不管是发达经济体，还是一些发展中国家，都青睐哈耶克和弗里德曼的"新自由主义"经济理论，开始步入"新自由主义"的改革潮之中。

例如，20世纪80年代末，墨西哥、阿根廷等国开始尝试自由化改革；20世纪90年代初，为打破当时的经济困境，以新自由主义理论为基础的"休克疗法"开始在俄罗斯和东欧国家大刀阔斧地推行。20世纪90年代，以印度、泰国、印度尼西亚和韩国为代表的亚洲国家也在积极推行着"新自由主义"金融改革。

然而，到了20世纪90年代中期，一些践行"新自由主义"改革的发展中国家和地区纷纷遭遇了经济危机和金融动荡，例如，1994～1995年墨西哥金融崩溃，1997～1998年东南亚金融危机，紧随其后的

① 20世纪80年代，绝大多数拉美国家陷入了长达10余年的通货膨胀暴涨、债务危机爆发的经济困难。威廉姆森执笔写了《华盛顿共识》，系统地提出指导拉美经济改革的各项主张，包括实行紧缩政策防止通货膨胀、削减公共福利开支、金融和贸易自由化、统一汇率、取消对外资自由流动的各种障碍以及国有企业私有化、取消政府对企业的管制等，得到世界银行的支持。"华盛顿共识"虽然成为全球主流的发展理念，但仍不免遭遇其他思想的挑战。主要的挑战来自两个方面。更加有力地对"华盛顿共识"的挑战是以美国经济学家斯蒂格利茨为代表的一批西方学者提出的"后华盛顿共识"。"后华盛顿共识"强调与发展相关的制度因素，认为发展不仅是经济增长，更是社会的全面改造。因此，"后华盛顿共识"不仅关注增长，还关注贫困、收入分配、环境可持续性等问题，它还从信息不对称出发，指出市场力量不能自动实现资源的最优配置，承认政府在促进发展中的积极作用，批评国际货币基金组织在亚洲金融危机前后倡导的私有化、资本账户开放和经济紧缩政策。另外的挑战来于"欧洲价值观"。"欧洲价值观"基于欧洲传统的社会民主主义价值理念，在强调经济增长的同时强调"以人为本"，倡导人权、环保、社会保障和公平分配。但由于近20年来，欧洲福利社会型的资本主义在与美英自由市场资本主义的竞争中处于劣势，欧洲国家在政策导向上整体向"华盛顿共识"靠拢，因此"欧洲价值观"对"华盛顿共识"的挑战是软弱乏力的。见Williamson, John, 1989, "What Washington Means by Policy Reform", in: Williamson, John (ed.): *Latin American Readjustment: How Much has Happened*, Washington: Institute for International Economics 1989. Stiglitz, Joseph E. 2002, *Globalization and Its Discontents*. New York: W. W. Norton, 2002.

俄罗斯、巴西、土耳其、阿根廷陆续发生金融风暴等。特别是俄罗斯的"休克式""新自由主义"改革，带来了经济发展的倒退、国有资产遭遇权贵掠夺和三次金融危机。这些现象的出现导致全球经济研究者和实务操作者开始怀疑"新自由主义"开出的改革"药方"是否具有普适性。而同期，中国根据本国的客观情况做出的改革安排，却获得了高速发展，一时间，"北京共识"[①] 似乎取代了"华盛顿共识"。20 世纪 90 年代之后，印度也秉承"渐进式"改革理念，经济实现了平稳快速的发展，近年来随着中国经济的调整，"孟买共识"的呼声日渐强大，甚至有研究者觉得到 2040 年，"孟买共识"将会取代"北京共识"和"华盛顿共识"[②]。

　　同样选择了"新自由主义"的改革，为何不同的经济体，有的走向了繁荣，有的带来的却是危机？既然历史的文化、习俗等都会影响一国国民的经济行为，那么在寻求繁荣的制度安排时，是否也需要根据本

---

① 美国《时代》周刊高级编辑乔舒亚·库珀·拉雷默指出中国通过艰苦努力、主动创新和大胆实践，坚决捍卫国家主权和利益以及循序渐进、积累能量，摸索出一个适合本国国情的发展模式。他把这一模式称为"北京共识"。见 Ramo, Joshua Cooper, 2004: "The Beijing Consensus", The Foreign Policy Centre. London, URL: http://fpc.org.uk/fsblob/244.pdf.

② 萨默斯认为："到了 2040 年的时候，'孟买共识'将会最终战胜'华盛顿共识'和'北京共识'。他认为'孟买共识'是既不同于过时的自由放任的资本主义思想（'华盛顿共识'），也不同于不会取得持久成功的专职资本主义思想（'北京共识'），是所谓建立在民主发展式国家的思想基础上的，不是受到从重商主义角度重视出口，而是受到以人为本地注重提高消费水平和扩大中产阶级的推动。印度与中国经济相比的优势在于：中国在经济增长方面过度依赖出口和投资，因而需要加强私人消费的作用，以使经济增长较为均衡。印度已经达到中国想要达到的水平。与中国经济相比，在印度经济中，消费发挥着大得多的作用。因此，印度无须实行让全球经济变得扭曲的政策。事实上，印度从世界其余国家购买的东西要比卖出的多。印度的经济增长受国际经济冲击的程度要小得多。"见 Aleksandr V. Arapov, 2012: "Three Sets of Recommendations for Developing Economies", *World Applied Sciences Journal* 18 (Special Issue of Economics), pp: 175 – 178.

国的国情和客观发展情况来确定？对于一个落后的经济体，又该怎样去根据经济发展的不同阶段做出制度安排设计实现跨越式发展，延续经济体的繁荣？繁荣的经济体又怎样去建立制度体系实现"真实繁荣"？

第三节　当下中国：30年周期如何破局

"后发优势"遇到"30年周期陷阱"

21世纪之初，杨小凯教授和林毅夫教授曾经在《经济学〈季刊〉》围绕制度而展开关于"后发劣势"和"后发优势[①]"的讨论。持"后发劣势"的杨小凯教授认为，落后国家模仿发达国家的技术相对容易，但模仿发达国家的制度难。落后国家倾向于模仿发达国家的技术和管理而不去模仿其制度，这虽然可以帮助落后国家的经济在短期内获得快速增长，但会强化国家机会主义，从而无法通过"渐进式"的改良解决其与长期经济社会发展之间的矛盾，最终只能是积重难返，使长期发展变为不可能。因此杨小凯教授建议落后国家应该由难而易，先学习发达国

[①]　"后发优势"这一概念最早是由美国经济史学家亚历山大·格申克龙在总结德国、意大利等国经济追赶成功经验的基础上，于1962年提出。这一理论的主要内容为：落后经济体的工业化往往比工业革命的先行经济体享有更快的发展速度——这种"优势"来自于落后经济体可以直接采用当时最先进的技术，而不用承担从一开始逐步发展这种技术的代价。落后地区通过引进、模仿和学习先进地区的技术和制度，获得后发利益，而其学习成本又大大低于创新成本，使得"后发优势"不小于先发优势，从而让后发地区获得追赶式的高速增长。与此同时，即便给定技术和制度不变，资本积累的边际收益递减规律也决定了：在要素存量水平较低的落后地区，要素的投入产出比相对较高，资本积累的边际收益往往相对巨大。并且，相对于技术和制度的模仿和学习而言，资本积累往往只需要体制改革，例如通过改革开放国内市场，就可以吸引国际资本的流入，这种效果通常立竿见影。因此，落后经济体只要在促进经济发展的过程中践行有利于当期发展阶段的制度安排，维护好适合经济发展的社会和政治稳定，那么"后发优势"就会彰显。

家的制度，才能克服"后发劣势"①，否则很难实现"真实繁荣"。而持"后发优势"的林毅夫教授则认为，后发优势中的"制度瓶颈"能够通过经济与政治的不断互动而形成长期的良性演进。以新制度经济学的结论来论证，林毅夫教授认为制度都是内生的，最优制度内生决定于经济当中的很多因素。如果政府的政策诱导企业在每一个发展阶段，都充分利用要素禀赋结构所决定的比较优势来选择产业，那么后发优势就能够充分发挥，要素禀赋结构能够得到快速提升，产业结构会以"小步快跑"的方式稳步向发达国家接近②，如此便能够实现经济的"真实繁荣"。

毫无疑问，中国过去几十年的快速发展，充分显示了"渐进式"改革所释放出来的"后发优势"。经过 30 多年渐进地改革不适应市场经济发展的经济体制，国民收入、人均生活水平，以及综合国力，都得到了空前的提高，创造出了"中国奇迹"。但改革红利已经释放了 30 年，经济在 2008 年也已经遇到了增长回落的困境，未来能否延续"中国奇迹"？能否实现"真实繁荣"？

20 世纪之后，30 年确实是一个特殊的数字，中国似乎每经历 30 年就会迎来发展道路的选择。1919 年孙中山作为国民党首脑当选政府总理，但 30 年后的 1949 年，中国共产党建立了新中国。1949 年之后，中国在以"阶级斗争为纲"的条件下走过了 30 年，到了 1979 年，转变为聚焦在经济建设上的发展道路。

翻阅全球经济发展史，我们发现 30 年也是一个很有趣的数字。假若我们利用二战之后这些选择性样本来进行不完全归纳，很容易发现许

---

① Jeffrey Sachs、胡永泰、杨小凯：《经济改革和宪政转轨》，《经济学（季刊）》2003 年第 2 卷第 4 期，2003 年 7 月，第 961～988 页。

② 林毅夫：《后发优势与后发劣势——与杨小凯教授商榷》，2003，http://cpfd.cnki.com.cn/Area/CPFDCONFArticleList-BDGF200307001.htm。

多经济体在经济发展每 30 年就会面临一次大调整的经济"陷阱"。

二战结束以后率先复兴的是美国、德国、法国和英国，从 1945 ~ 1973 年，经过近 30 年的快速重建，各大经济体都开始转变增长方式，从军用经济转向民用经济，但 30 年的高速增长之后，迎来的是石油危机、社会动乱以及持续近 10 年的经济滞胀。1980 年里根上台，通过"太空刺激计划"，经济逐步恢复增长，美国经历了 28 年的高速增长期，直到 2008 年迎来次贷危机和全球金融危机，到现在也没有完全走出危机的阴霾。

出于冷战的需要，美国开始扶持日本，以改变东亚的地缘格局。1958 年，在吉田茂首相的带领下，日本开始复兴并经历了 31 年的高速增长期。但到 1989 年，日本经济开始出现衰退直至今日，已经过去了 20 多年，经济也没有任何恢复的迹象。20 世纪 60 年代，由于越战持续，美国把很多武器的加工订单交给了"亚洲四小龙"，与此同时，日本为实现产业结构升级，国内一些初级加工业也开始转移至这些国家及地区，"亚洲四小龙"经济的快速腾飞创造了世界经济奇迹。然而经历了 30 年的高速发展，到 1998 年，迎来的却是东南亚金融危机。

1950 年之前，阿根廷的工业主要是食品加工业和简单装备业，为改变分工格局，1950 年之后，阿根廷开始重视重化工业的发展，通过进口替代的工业化发展模式，大力发展机械工业和化学工业。但经历了 30 年的发展，到 1982 年，阿根廷陷入了严重的经济危机和债务危机，整个 80 年代成为了阿根廷"失去的 10 年"。

尽管我们认为这是不完全归纳法的结果，很容易被证伪。但巧合的是，中国经济从 2008 年之后就出现了增速回落的困境，距改革开放后也是恰好 30 年。曾经拉动中国经济增长的动力为何会出现衰竭？曾经通过"后发优势"创造出来的"增长奇迹"，现在为何会出现调整的忧虑？未来会否演绎出"后发劣势"？中国需要怎样主动改革已有的制度安排，才能克服"后发劣势"，延续"后发优势"，从而走出"30 年周期"陷阱？怎样去实现"真实繁荣"？

不确定性：张力多元化的时代

2011 年，有一次出差，在坐出租车去机场的路上，一朋友与我电话聊到当时温州金融改革的事情。挂完电话，出租车司机可能听我聊到改革，就开始与我交流对改革的看法。我们知道，北京出租车司机"政治觉悟"很"强"。这位出租车司机说道：当前对改革的看法分为三种人，一种人是极力主张改革的，因为他们已经依靠过去的体制获取了巨大的财富，需要通过改革来使自己的财富永久化；一种人是主张推迟改革，希望维持现状，因为他们还在发财的过程中，害怕改革阻碍自己发财；还有一种人是没有发财的，眼睁睁地看着周围很多人都发财了，而自己却没有变得富有，进而归因于改革开放，巴不得改回到改革开放前的年代。我当时笑着说道，这三种人只代表了三种诉求：产权清晰化问题、持续发展问题和经济发展中的共同富裕问题。其实，当前各群体对改革的诉求远不止这些。

改革历来就面临三个方面的问题：第一，要不要进行改革；第二，如何改革；第三，怎样实现改革。对于中国"要不要改革"这一议题，目前似乎已经达成共识——中国需要进一步改革，不同的群体都想通过改革来实现各方面的"帕累托改进①"。但是不同的群体，对如何改革

---

① 帕累托改进又称帕累托改善，是以意大利经济学家帕累托（Vil‑fredo Pareto）命名的，并基于帕累托最优基础之上。帕累托最优是指在不减少一方福利的情况下，就不可能增加另外一方的福利；而帕累托改进是指在不减少一方的福利时，通过改变现有的资源配置而提高另一方的福利。见伊特韦尔等编《新帕尔格雷夫经济学大辞典（第三卷）》，北京：经济科学出版社，1996，第 856 ~ 870 页。

有着不同的诉求，这些诉求甚至存在天壤之别。有的要求社会更加公平，诉求政府采用"打土豪，分田地"式的均等化改革；有的要求政府在确立私有产权方面更有作为，"有恒产者有恒心"，必须通过制度性建设确保私有产权神圣不可侵犯；有的要求启动国有企业民营化，以突破垄断；有的则要求进一步加强国有企业的垄断，以确保经济安全和实现非常时期就业的相对稳定；等等。这么多"两难冲突"，似乎都是很难调和的矛盾，也导致决策当局不管选择什么样的改革，都会面临一些群体的指责和抨击，一旦这些指责和抨击得到放大或者被利益集团利用，就可能会影响到社会的稳定。

对于怎样去实现改革，有的主张改革采用"激进式"，也即"休克疗法"的方式完成，觉得"人不可能通过两步去跨越一条鸿沟"。但也有的认为，改革都是对原有利益格局的破坏，"揠苗助长"往往会事与愿违，主张"渐进式"的改革，可以减少社会因为改革所带来的震荡。不管是"激进式"，还是"渐进式"，既然是改革，就是对原有制度安排的改变，在这过程中就会对原有的经济系统产生冲击，甚至是颠覆，由于每一个经济体都存在特殊性，那么在改革过程中必然会衍生出在改革设计之初很难预估和防范的风险。

正是因为存在这些不确定性，所以，历史上当社会矛盾加剧时，去选择主动改革的经济体并不多见。由于推动改革时，社会矛盾已经开始集中体现，而改革的推进导致矛盾被利益集团利用或者放大，最后加剧了经济体或者王朝没落的先例不胜枚举。因此，任何领域的改革都是一项系统工程，需要其他领域的配合，而且选择改革也应当非常谨慎。

中国过去三十多年，通过主动式改革实现了经济体的快速繁荣，创造了中国"增长奇迹"，但现在一些领域的矛盾已经比较集中，这促使我们思考，为何经过经济的快速发展，温饱问题基本得到了解决，老百姓的生活水平也都提高了很多，对进一步改革的诉求还会如此强烈呢？为何我们过去一直在实行改革开放，现在面临的问题还是需要进一步改革？为何只有通过改革才能够进一步释放经济增长的潜力？我们在启动下轮改革之初是否充分考虑了改革过程遇到的阻力和可能带来的风险？改革为何就不能一劳永逸地设计出绝对正确的制度安排？未来能否通过主动式改革不断释放和创造经济发展的潜力，实现经济的"真实繁荣"，不断延续"中国增长奇迹"？如何进行下一步改革？是效仿西方的发展方式，还是继续特立独行，创造出一套新的经济发展模式和一套使中国经济能实现繁荣的理论？中国下一步的改革又该选择怎样的路径，是进一步秉承"渐进式"改革，还是采取"激进式"？很多领域都需要改革，我们如何选择突破口，实现改革的事半功倍？

第 二 章

繁荣不能"真实"之源

翻开历史，很多经济体的繁荣都是"昙花一现"，中国的历代王朝更是避免不了朝代更迭的"周期律"，所谓的"帝国"或"盛世"只能风骚几十年或几百年，为何实现不了"真实繁荣"的梦想？既然能探索出繁荣之道，为何就探索不出"真实繁荣"之道？繁荣经济体走向衰亡的根源又在何处？

　　"真实繁荣"是遵循社会发展规律、健康可持续的繁荣，但很遗憾的是曾经繁荣过的经济体都只能"各领风骚数年"，不能实现持续"风骚"。为何曾经繁荣过的经济体不能实现"真实繁荣"？为何中国古代会陷入朝代更迭的"周期律"？二战之后作为战胜国的"日不落帝国"为何会被美国取代，走向衰退，而作为战败国的德国和日本却能快速发展？繁荣交替背后的根源到底是什么？

第一节　农耕社会：多种前提因素"共振①"

自然禀赋是国家兴衰的前提

　　在工业革命之前，一国发展主要依靠农林牧渔业，工商业的发达也以农林牧渔业为依托。因此，一国财富的多少，富裕的程度，与农林牧渔的发展程度密切相关。而农林牧渔业的发展与该国的地理、气候或生态环境密切相关。四大文明古国所处的地理位置，都是在赤道以北的亚热带和温带地区，与此同时，都有大河相伴，例如，古中国拥有长江和黄河两大流域，古印度文明诞生在恒河流域，古巴比伦文明产生在两河流域（即幼发拉底河和底格里斯河），古埃及文明产生于尼罗河流域。这些地方显然有利于农作物的生长，同时也有利于人类的生活起居。人类一旦开始聚集，便会出现各种文明。因此，在第二次世界大战以前，很多学者认为一国的兴起和强盛与该国所处的地理位置密切相关。

---

　　① 共振是物理学上的一个运用频率非常高的专业术语，是指一物理系统在特定频率下，相比其他频率以更大的振幅做振动的情形。自然中有许多地方有共振的现象：乐器的音响共振，太阳系一些类木行星的卫星之间的轨道共振，动物耳中基底膜的共振，电路的共振等。

古希腊的先贤很早就在探讨其强大和高度文明的原因。在对国家繁荣进行归因的时候更多的是偏向"地理决定论"。柏拉图认为人类精神生活与海洋影响有关①。亚里士多德认为地理位置、气候、土壤等会影响个别民族特性与社会性质，他认为希腊半岛处于炎热与寒冷的气候之间，从而赋予希腊人以优良品性，故天生能统治其他民族。古希腊人的文化和性格特征与他们的航海探险和商业贸易活动有关。他们不主要从事农业生产也与地理环境相关。希腊的自然地理条件不利于发展农业生产，境内多山，土地贫瘠，可耕地不多。然而凭借曲折的海岸线和众多的岛屿以及比较发达的手工业和商品种植业，古希腊具备了发展航海事业和对外贸易的有利条件。所以雅典很快就成为当时的世界贸易中心，同时强大的海军能够为海上贸易保驾护航，两次波希战争都是依靠强大的海军奠定胜局②。但是亚里士多德未曾想到，强大的古希腊最后会被古罗马消灭。

繁荣的古希腊尽管成为"过去时"，但围绕亚里士多德的"地理决定论"思想却聚集了很多粉丝。16 世纪初期法国历史学家、社会学家博丹在他的著作《论共和国》中认为，民族差异起因于所处自然条件的不同，北方寒冷，使人们的体格强壮而缺少才智，南方炎热，使人们有才智而缺少精力。因此，统治国家的决定因素也应当有所不同：北方民族依靠权力，南方民族依靠宗教，中部民族依靠正义与公平。到了18 世纪，这种"地理决定论"思潮变得更加盛行，特别是在哲学家和历史学家中，被人们称为社会学中的地理派，或历史的地理史观。例如，法国启蒙哲学家孟德斯鸠将亚里士多德的论证扩展到不同气候的特殊性对各民族生理、心理、气质、宗教信仰、政治制度的决定性作用，

① 柏拉图：《理想国》，郭斌和、张竹明译，北京：商务印书馆，1986。
② 苗力田编《亚里士多德全集》，北京：中国人民大学出版社，1993。

认为"气候王国才是一切王国的第一位",热带地方通常为专制主义笼罩,温带形成强盛与自由之民族[①]。有的历史学家觉得个人和民族的特征服从于自然法则,认为英国"由于位置在众港湾从各方面包围的中央,所以自然地成为海洋的统治者。"甚至还有研究者机械地搬用达尔文生物进化理论来研究人类社会,认为地理环境从多方面控制人类,对人类生理机能、心理状态、社会组织和经济发达状况均有影响,并决定着人类迁移和分布。这种环境控制论思潮在一个相当长的时期里,成为欧美地理学的理论基石[②]。这些思想在 20 世纪初也很快为德国的纳粹所吸收,演化为地理政治学,为法西斯主义向外扩张和侵略提供理论依据,鼓吹"优等民族"有权力建立世界"新秩序",地理政治学可以为每个国家规定"生存空间"。

1917 年,埃尔沃斯·亨廷顿在《经济季刊》上发表"气候变化和农业衰落是罗马帝国衰亡的原因"一文。他的论证方法非常奇特。美国加利福尼亚地区有一种树龄达到 3000 多年甚至 4000 年的红杉树,这种红杉树每一年都长出一个年轮,根据年轮数可以推断树龄,而且这种树的年轮纹理之间的距离是随着气候的变化而变化的。气候有利时,也就是降水量大的年份,年轮纹理间距比较大,反之则较小。所以根据红杉树的年轮纹理的间距可以推断出该地区降水量的历史。亨廷顿据此推断认为加利福尼亚地区的降水历史与罗马统治时期地中海地区的降水情况大体一致。基于红杉树的特点和两地降水历史大致相同的假设,亨廷顿认为,西罗马帝国的衰亡是由于公元 4、5、6 世纪降水量不足而造成的。[③]

① 孟德斯鸠:《论法的精神》,北京:光明日报出版社,2012。

② E. G. Semple, "The Influences of Geographic Environment on the Lower St. Lawrence", *Bulletin American Geographical Society*, Vol. 1904, XXXVI, pp. 464－465.

③ M. 罗斯托夫采夫:《罗马帝国社会经济史》,马雍、厉以宁译,商务印书馆,2005。埃里克·尼尔森:《罗马帝国》,邢锡范等译,辽宁教育出版社,2006。

即便到现在，有些学者也提出"地理决定假说"，认为从长期来看各国在财富上的差距，主要是由各自的地理环境决定的。该理论包括两种版本：一是简单地理决定假说（不考虑时间变量对地理因素的影响），如认为地理因素影响疾病环境、交通成本和技术从而能够决定长期经济增长，那些拥有丰富的资源、便利的交通、有利于人类健康和农业发展的优越条件的国家，获得了发展①。二是复杂地理决定假说（引入时间变量），它包括一系列的假说，分别强调了不同的时间序列地理变量对收入的影响。如"气温转移假说"，认为赤道地区最适合早期农业的发展，农业技术得到改进之后，温带地区则能够获得更高的产出②；"资源禀赋假说"，认为有些国家因富含工业化所必需的资源，如便利的港口、煤、铁等资源，从而搭上了工业革命的快车，那些缺乏煤铁和出海口的国家则正好相反③。

这些学说具有很强的迷惑性。曾经有一位朋友问我，你知道为何在国内革命战争中，毛主席领导的共产党打败了蒋介石领导的国民党吗？我当时毫不犹豫地说，顺应民心者得天下。而他觉得"主要原因是毛主席把共产党的中央搬到延安、西柏坡和北京所致。因为历史上，中国的南北之间发动的统一战争，战争的胜利者从来都来自北方。三国时候北方的魏国统一了蜀国和吴国，北方的隋文帝杨坚俘虏南方的陈后主，成吉思汗和铁木真从北边打败了南边的宋朝，明朝的朱棣从北方打败了

---

① 见 Mellinger, A. D., Sachs, J. D., & Gallup, J. L., "Climate, Water navigability, and Economic Development", Papers, 2000, 83 (3), pp. 446 – 456. 和 Sachs, J. D., Mellinger, A. D., & Gallup, J. L., "The Geography of Poverty and Wealth", *Scientific American*, 2001, 284 (3), pp. 70 – 75.

② Dell, M., & Olken, B. A., "Temperature Shocks and Economic Growth: Evidence from the Last Half Century", *American Economic Journal Macroeconomics*, 2012, 4 (3), pp. 66 – 95.

③ Antweiler W, Copeland B R, Taylor M S, "Is Free Trade Good for the Environment?", *American Economic Review*, 2001, 91 (4), pp. 877 – 908.

南方的侄儿皇帝朱允炆，努尔哈赤与多尔衮击败了大明朝。"当然我否认这种观点，答道："只能说在冷兵器时代，北方人粗犷彪悍，更善战。到了火炮时代，这一优势就丧失了，你看共产党领导革命指挥战争的绝大部分都是南方人。即便在冷兵器时代，这一观点也似'不完全归纳法'，汉灭匈奴，唐灭突厥，朱元璋率领的义军不也把盘踞北方的蒙古军打败了？"

　　毫无疑问，在工业革命以前的农林牧渔社会，地理因素是影响一国繁荣的重要因素。不同的地理条件、气候和初始的资源禀赋确实影响一国的经济发展水平。它通常可以通过三个途径影响经济发展：首先，它可以直接影响一国的收入水平；其次，影响一国的一体化程度也就是基础设施、贸易、市场范围的大小；最后是影响在此基础上形成的政治、社会和经济制度。后两者的结果也会最终影响该国的经济发展水平。正如黑格尔所说："山隔离开人们，河与海使人们接近。"① 我们也可以看到在工业革命以前强盛的帝国，都依托于适合农林牧渔发展的自然资源禀赋，不是位于温带适合农作物生长的平原地带，就是依靠海洋。例如古希腊、葡萄牙、西班牙、荷兰和大英帝国，都是依靠海洋，通过海上贸易的发展促进了经济的繁荣；中国、古罗马、波斯帝国等，都依赖强大的农业和畜牧业，建立起了繁荣的经济体。即便时至今日，我们也可以看到，全球相对富裕的经济体，几乎都靠近海洋，这与可以依靠廉价的海上运输进行全球贸易密切相关。

　　但如果认为国家走向繁荣富强完全是由地理因素所决定，显然存在缺陷。更准确地说，应该是：地理条件只是决定一国繁荣的条件之一。

　　例如，日本同样属于岛国，但是日本的古代文化却接近中国的农业

---

　　①　许平中：《经济史研究中的地理条件和人口变量》，http：//www. shangxueba. com/lunwen/25696_ 1. html。

文化。农业的生产方式决定了日本民族文化和民族性格的基本特征。日本人从几千年前开始一直以种稻为主，过着农耕生活。自给自足的农业自然经济的长期发展，也使日本民族在相当长的历史时期中，具有严重的排外情绪和保守性。与此同时，受中国中央集权的影响，日本也一直奉行强有力的中央集权统治，使日本民族形成了一种强烈的国家意识以及为国家利益勇于献身的武士精神①。这与日本作为岛国更应该像希腊或西班牙等国一样发展其海洋文化明显相悖。即便同样是依靠强大的农牧业走向繁荣的古罗马和古中国，其生产方式也存在很大的差异，即存在所谓的"亚细亚生产方式"和"古希腊罗马的生产方式"。在解释这种差异的时候马克思说得好："不是土地的绝对丰饶性，而是它的差异性，它的天然产物的多样性，组成社会分工的天然基础，并使得人因为其周围条件的多种多样而多样化自己的需要、能力、生产的手段和方式"②。

既然走向繁荣强大的经济体都依赖自然资源的禀赋，为何这些自然禀赋都没有发生变化，但这些经济体在历史上会出现一段时间繁荣一段时间衰亡，中国还会出现朝代更迭的"周期律"，为何没有哪个经济体或王朝凭借资源禀赋实现了"真实繁荣"？为何全球那么多农林牧渔资源丰富的经济体例如南美国家、非洲国家没有出现繁荣时期？很显然，这些现象很难用"自然资源禀赋决定论"去解释。

人口波动推动着"古典式循环"

在解释古代强国兴衰或者王朝更迭时，我们习惯于"古典式循环"

---

① 张明锁：《关于地理环境与民族文化、民族性格关系的对话》，《郑州大学学报（哲学社会科学版）》1990 年第 2 期。

② 卡尔·马克思：《资本论》（全三册），北京：人民出版社，2004。

的解释：由于生产技术和生产方式没有改变，和平时期人口就会出现快速增长，有限的自然资源慢慢变得很难满足日益增长的人口生存需求，自然资源开始被破坏，气候条件也随之改变，饥荒、灾害、瘟疫等随之出现，百姓造反或外敌入侵便随之而来，强国开始衰退，王朝开始更迭。这种"古典式循环"，我们也称之为"马尔萨斯陷阱"。

最初探讨人口增长会影响经济增长和国家兴衰的其实不是英国经济学家马尔萨斯，而是中国清乾隆年间的洪亮吉进士，这位翰林院编修于1793 年写出了著名的蕴含着人口论思想的专著《意言》，比马尔萨斯的《人口论》发表整整早 5 年，可以说是世界上最早的人口论专著。这本专著的第六篇《治平篇》集中地表现了洪亮吉进士的人口论思想，提出了"治平"中潜伏着严重的人口问题，否定"多子有福"这一传统观念。他在书中指出"然言其户口，则视三十年以前增五倍焉，视六十年以前增十倍焉，视百年、百数十年以前不啻增二十倍焉。""田与屋之数常处其不足，而户与口之数常处其有余"[1]。

马尔萨斯创造性地建立了他的人口理论。他认为，与食物相比，人口趋向于以更快的速度增长。如果人口缺乏控制，人类数量将趋向于以几何级数增加，但是由于土地供给的有限性以及农业收益递减原理，食物供给将只以算术级数增加。这样将产生贫穷和不幸，需要政府干预人类的生育[2]。

在农林牧渔社会，生产水平的提高更多地依赖于劳动力的增加，军

---

[1]　洪亮吉（1746 ~ 1809 年），字君直，号北江，晚号更生，清朝阳湖（今江苏常州市）人。乾隆五十七年，洪亮吉奉命到黔地考察，历时一年。这其间，他在与社会各阶层广泛的接触中，敏锐地看到了人口过快的繁衍速度与经济发展速度之间的矛盾。在《治平篇》中，洪亮吉首先指出，历经康熙、雍正、乾隆三朝百余年，社会较安定，而人口出现了急剧增加。

[2]　马尔萨斯：《人口原理》，北京：商务印书馆，1992。

事的强大也需要更多年轻强壮的士兵，人口的增长自然而然的结果是
"人多力量大"。因此，在农林牧渔社会没有哪个统治者会去像马尔萨
斯所建议的一样对自己的臣民实行"晚婚、婚前守洁和自愿限制同房
的频率"等"道德限制"。当然更不会想到像马寅初提出的"计划生
育"①。事物的发展总是动态的，随着人口的不断增长和生产发展带来
的收入水平提高，对物质的需求和对自然的破坏必然会急剧放大，这种
对自然的破坏主要体现在：由于取暖、大兴土木等导致对森林的破坏加
剧；牛羊马等放牧的快速增长，必然会加大对植被的破坏。自然环境破
坏带来的是气候的变化，自然灾害、瘟疫和饥荒便随之而来，即陷入所
谓的"马尔萨斯式危机"。此时假若政治体制表现出了较高弹性，那么
人口膨胀所带来的"马尔萨斯式危机"随着瘟疫的出现导致人口的减
少，或者强势政府采用侵略他国实现掠夺来满足国内的需求，危机便得
以化解，经济的繁荣呈现周期性。假若政治体制呈现脆弱性，那么一国
或者一个朝代就因此而终结，这种终结不是被外敌入侵实现，就是以内
部革命实现，建国或者建立王朝时所梦想的"真实繁荣"之路就此破
灭。

　　这从中国的历史数据可以管中窥豹。剔除掉隋元两代对外拓疆，中
国历代的垦田数均在 900 万公顷之下。根据侯家驹老先生的整理：汉平
帝元始二年（公元 2 年），垦田数为 8270536 顷；汉和帝元兴元年（公

---

① 马寅初的"新人口论"认为放任人口增长会影响国家经济的发展。其主要理由有二：
其一，由于中国人口过多，劳动力廉价，人们不愿意改进技术实现机械化，进而无法
提高生产率；其二，人口过大，会导致大量的国民收入用于消费，会减少用于扩大生
产和再生产的资金比重。"怎样实行计划生育，最重要的是普遍推行避孕……关于提倡
晚婚问题，我希望青年们不要视结婚为完全私人的事，我们正在养成集体生活的习惯，
难道结婚不是集体生活的一部分吗？每对夫妇生几个最合适？有人主张生三个。我认
为两个就够了，男孩代替父亲，女孩代替母亲。我还主张两个有奖，三个有税，以税
作奖，不会加重国家负担。"见马寅初《新人口论》，长春：吉林人民出版社，1997。

元 105 年），垦田数为 7320171 顷；汉质帝本初元年（公元 146 年），垦田数为 6930123 顷；宋真宗天禧五年（公元 1021 年），垦田数为 5247584 顷；明太祖洪武二十六年（1393 年），垦田数为 8507624 顷；明思宗崇祯年间（1628~1644 年），垦田数为 7837524 顷；清世祖顺治十八年（1661 年），垦田数为 5493576 顷；清德宗光绪三十年（1904 年），垦田数为 7420000 顷[①]。

由于耕地面积的限制，当中国各朝代的总人口突破一定数量时，饥荒、瘟疫、灾害或战争便随之而来。因此中国的总人口根据已有记载的确切人口统计，即由汉平帝元始二年（公元 2 年）至光绪二十七年（1901 年）的 1900 年，每年平均只增加 193080 人，年平均增长率只有 0.0324%。用侯家驹老先生话来说："唐玄宗天宝十四载，人口已渐趋饱和，即使没有安史之乱，天下亦必然动荡，其后金国亦步后尘，章宗时人口已近唐代天宝之高峰，以半个中国的疆域如何能供养之？以致即使没有南下之蒙古铁骑，金亦难自存。[②]"

因此，纵观中国两千多年历史，到清王朝快结束时，总人口的增长率并不大，但人口数量的波动比较大。太平时期人口数量直线上升，农业生产难以负荷，政治上产生动乱，人口大减，政治渐趋稳定，人口趋增。根据侯家驹老先生的整理，"大致上，自秦汉到唐代安史之乱，每次大的动乱（改朝换代），大约要减少 2/3 的人口（其中，三国时减少最多，近 7/8）。"尽管之后，这一比例有所降低，但波动仍然比较大。根据侯老先生对衰时户口占盛时户口比率的统计整理：汉初为 35.2%；汉光武中元二年（公元 57 年）为 35.2%；三国鼎盛时（220~264 年）为 13.5%；唐太宗贞观年间（627~649 年）为 33.37%；宋高宗至道

---

① 侯家驹：《中国经济史》（上、下），新星出版社，2010，第 816 页。
② 侯家驹：《中国经济史》（上、下），新星出版社，2010，第 815 页。

元年（995 年）为 83.40%；宋高宗绍兴三十年（1160 年）为 43.88%；元世祖至元二十七年（1290 年）为 79.35%；明太祖洪武十四年（1381 年）为 79.51%；清世祖顺治十八年（1661 年）为 33.14%[①]。

公元 960 年，北宋创立，当时的人口只有 6000 万左右，到 13 世纪末，也就是南宋开始被蒙古军入侵前，人口数量却已经翻倍，达到 1.2 亿。之后由于蒙古军与宋军的交战，到元朝建立时，人口又下降到 6500 万~8000 万左右。到了明朝末年，也就是 17 世纪初，人口又恢复到 1 亿至 1.5 亿人口左右。后来随着大清王朝的建立，以及出现"康乾盛世"，人口出现了膨胀式的扩张，到 18 世纪末人口规模达到 3 亿，到鸦片战争前夕，人口规模达到 4 亿[②]。

在农林牧渔社会，一国或一个朝代的建立都经历过战争，不断战争的结果是劳动人口急剧减少，但战争结束之后，随着国家的稳定，人口便开始不断增长。在一国或一个朝代建立之初，由于劳动力相对于土地紧缺，此时人口的增加有助于更多的劳动力投入生产和戍边，从而有利于经济发展和国力强大。此时，人口的增加带来了"人口红利"，促进了经济繁荣。但随着人口的快速膨胀，对物质需求急剧膨胀，对自然资源的破坏也急剧增加，饥荒、瘟疫、灾害等都随之而至，一定程度上加剧了强国或者鼎盛王朝的衰退，以致"人们对中国的通常看法是：该国由于人口增长超过资源承受力，因而是在马尔萨斯主义的危机边缘摇来晃去。"[③]

毫无疑问，人口变化影响了一国或者一个朝代的兴衰甚至"真实

① 侯家驹：《中国经济史》（上、下），新星出版社，2010，第 812 页。
② 侯家驹：《中国经济史》（上、下），新星出版社，2010，第 813~814 页。
③ 王国斌：《转变的中国》，李伯重、连玲玲译，南京：江苏人民出版社，2010，第 23 页。

繁荣"，但它不是决定性因素。因为我们很难用它去解释为何有的国家或王朝强盛的时间长，可以达到几百年，而有的却只有几十年？就像中国，拓展疆土最广的是元朝，该朝代的人口变化并不显著，但该王朝存活的时间却相对较短。

随着人类社会的发展，用人口波动来解释国家的兴衰就更难具有说服力了。农业技术的快速发展导致收益递减不断地被技术增长所弥补，人类避孕技术的发展为控制人口提供了可行性①。马尔萨斯做梦也没有料到：农业技术的突破能让农田单产快速攀升；而人类富有之后并不想结婚生孩子，例如，2014 年日本 30 ~ 34 岁男性未婚率达到 47.3%，35 ~ 39 岁的未婚率仍为 35.6%②。

既然在农林牧渔社会，自然资源禀赋的差异和人口的波动都只是一国或者王朝走向兴衰的影响因素，并不能起决定作用。那又是什么力量决定了一国或王朝的兴衰？

制度安排僵化和利益集团固化决定了强国的衰亡

在工业革命以前，由于对农林牧渔的依赖，地理因素和人口因素自然对一国的兴衰起到非常重要的作用。但一个强盛的国家最后走向衰败，起主导作用的是国家在强盛过程中形成的利益集团对僵化制度安排的保护。

15 世纪后期，西方强盛国家在殖民地的扩张过程中，引起了富裕的或贫穷的殖民地国家原有的社会组织和制度安排发生了根本的改变，

---

① 根据马尔萨斯的人口学说和农业收益递减的结论，"古典经济学家对静止状态的长期预测的确是悲观的"，但与马克思观点不同，"这样一种状态并不是资本主义的缺陷"。Harry Landreth and David C. Colander, *History of Economic Thought* (4th edition), Gengage Learning, 2002。

② 日本政府 2015 年发布的《少子化对策白皮书》。

从而出现了"命运逆转"。在当时的富裕地方，大量的财富和人口使掠夺性制度对西方殖民者而言更有利可图，他们以此为手段从当地大肆掠夺财富，强迫当地居民劳动，或接管原有的税收、贿赂渠道对当地居民征收高额税收，充分享受"掠夺红利"，为此，他们就在富裕地区建立起或保留了原有的掠夺性制度。由于权力主要集中于少数社会精英（即利益集团）手中，对绝大多数国民而言，因为担心财产随时存在被没收的风险，因此缺乏进一步投资的积极性，从而出现经济增长放缓。与之相反的是，在当时的贫穷地区，由于人口稀少，从而可以不断吸引并且能够容纳大量西方移民进入，这些移民便在这贫穷地区建立起了同他们原来国家同样的私有产权制度，为范围广泛的社会成员提供产权保护，其结果必然是激发私人投资，并最终实现良好的经济绩效。制度安排上的差异导致了不同国家经济增长的不同[1]，前殖民地国家收入"命运逆转"的根本原因其实是制度安排逆转。

我们打开历史书籍，发现在描述一个帝国或一个朝代的兴衰时，过程几乎是清一色的：开国之初百废待兴，利益集团在改朝换代的战争中已经消亡，统治者励精图治，国力快速恢复，然后开始了帝国的扩张之路，此时的经济、社会和军事达到繁荣鼎盛，但好景很难持续，随之而来的是统治者骄奢淫逸，官场腐败横生，经济随之衰落，自然灾害四起，最后由于武装叛乱或人民起义或外族进攻而消亡。这种描述隐含了一个帝国或一个朝代的兴衰与利益集团的兴起和制度安排的僵化密切相关。

在帝国的兴衰史中，最具有代表性的应该是古罗马的兴衰。从古

---

① Acemoglu Doron, Simon Johenson and James A. Robinson, 2002, "Reversal of Fortune: Geography and Institutions in the Making of the Modern World Income Distribution", *Quarterly Journal of Economics*, 118, pp. 1231 - 1294.

罗马在公元前 9 世纪诞生，到西罗马帝国于公元 4 世纪陨落，东罗马帝国公元 15 世纪被占领，整整延续近两千年，即便算起统一的古罗马帝国，也延续了近千年之久，可以说是延续时间最长的帝国。但很遗憾的是即便繁荣近千年，也并没有实现"真实繁荣"，最终仍以衰败结束。

对于古罗马帝国的衰败原因有很多研究，例如前面谈到的有学者认为是降雨量的持续减少，也有的认为是后期大量土地的沙漠化①，还有学者认为是过度的扩张导致国力下降②，当然到了帝国后期，许多帝王荒淫腐化，贵族地主醉生梦死，致使民不聊生、政局动荡等。毫无疑问，这些因素对古罗马的衰败均具有一定的解释力，但并不是决定原因。要想探讨其背后的决定因素，我们仍然需要从制度、制度安排和利益集团的变化入手。

古罗马采用有权力制衡的元老院制度取代了古希腊城邦民主制度，这种制衡机制被近代思想家如卢梭③、孟德斯鸠④等人极力推崇，并在此基础上衍生出了较为系统的"三权分立""人民主权"等权力制衡理

---

① 1916 年，维兰德密·斯密科维奇在《政治科学季刊》上发表《罗马衰亡的重新考察》一文。他认为，罗马的灾难开始于共和国时期。共和国晚期，意大利很多地区的农业已经衰落了。各个行省的耕地逐渐沙漠化，荒地无限扩大。大量土地抛荒导致仍然耕种土地的农民税收负担加重，农业劳动生产率降低，社会生存所依赖的物质条件恶化。

② 凯茨在《世界文明史中的争论》中所指出的那样，罗马帝国的衰亡"关键是罗马帝国的内部因素导致了罗马的国力和抵抗力的衰落，这就是皇帝和贵族对帝国的控制、膨胀的官僚集团、强迫性的法律规范、对中产阶级和自由民的过分的税收、用大部分的国力去支撑漫长国境线的防御、中央权威的不断削弱、贫富差距的扩大"等。Joseph R. Mitchell/Helen Buss Mitchell/William Klingaman/R. K. Mccaslin, *Taking Side Clashing View on Controversial Issue in World Civilizations*, Volume 1, Dushkin/McGraw – Hill A Division of the McGraw – Hill Companies, 1998.

③ 卢梭：《社会契约论》，北京：商务印书馆，2003。

④ 孟德斯鸠：《罗马盛衰原因论》，婉玲译，北京：商务印书馆，1997；孟德斯鸠：《论法的精神》，北京：商务印书馆，1982。

论，这些理论被西方人奉为民主政治的圭臬，并在近代一些欧美国家的政体中得以实施。权力制衡是古罗马政治制度安排在创立之初的灵魂，但随着国家的繁荣和对外连年征战，逐渐壮大的贵族利益集团和军事集团不断地对制度安排进行调整，遗憾的是，他们的调整不是为了避免制度安排的僵化，而是朝着更有利于军事利益集团权力的扩张，使古罗马的政体从最初的民主制演变为君主独裁制，脆弱性急剧增加，最后衰败。

古罗马的历史分为王政时代、共和时代和帝国时代。

王政时代的古罗马实行的是"军事民主制"：①勒克斯（王），是军事首领、最高审判官和最高祭司；②库里亚大会（民众大会），由全体氏族成年男子参加，有权决定本氏族的一切重大问题；③元老院（长老议事会），相当于库里亚大会的预决机构。王政朝代的罗马政体是一种原始的共和体制。

随着古罗马的发展和领土的不断扩张，奴隶主贵族利益集团不断壮大，相对平等的民主制已经阻碍了他们的发展。为了获取特权，必然会渐进地修改政体，贵族利益集团操控的寡头政治也就应运而生，从而使古罗马过渡到了古罗马共和时代。

古罗马共和国的政治制度特点主要体现在：其一，除了摄政官、独裁官、骑兵长官外，其他高级官吏都是由民众大会选举出来；其二，民众大会、元老院和执政官分别掌握立法、司法和行政权这三种权力，公元前451年，标志着罗马法诞生的《十二铜表法》得以颁布实施，在古罗马，法律是这个国家政策的核心和主要形式；其三，大多数官职都设有具有协议性的同僚，他们职位相等，权力相同，职责范围内任何一项决策的做出都需要全体同僚的一致同意；其四，设有监察官和保民官，监察官"握有降低骑士地位，把生活放荡而又目无法纪的元老驱逐出元老院的大权"①，保民官算不上是政府官员，其职位是限制官吏的权力，取消过多的权威②；其五，除了元老外，几乎所有的官吏都有任期限制，且官吏都有一定的年龄限制。官职不得连任，担任同一官职必须有一定的间隔期，例如执政官的间隔期是 10 年③。

尽管看上去政体的设置仍然以分权制衡为核心，但此时的执政官不但拥有最高军事权力，而且拥有最高行政权力，虽然执政官由选举产生，但已演变为由贵族把持。与此同时，等级森严的森都利亚民众大会取代了原来的库里亚大会，所谓民众大会的实权已由贵族掌握。从中不难看出，古罗马共和制实质上已经过渡到由少数贵族利益集团专政的寡头政体，不仅满足了贵族获取特权的野心，也使他们获得更多的物质利益，但这种政体演变又进一步刺激军事首领的集权。古罗马军队根据少数贵族利益集团的意志东征西讨，不断扩展疆域，也导致权力不断地向军事首领的执政官集中。不断获胜的执政官往往会野心膨胀，想去确立个人的军事独裁。终于这一"任务"在恺撒的干儿子屋大维手上完成，使古罗马的政体从共和制转变为军事独裁的君主制。

古罗马帝国的君主制分为两种，帝国时代前期实行普林斯制，后期实行多米那特制。普林斯制保留共和时代的民众大会和元老院，但这些国家机构的职能被大大削弱，而帝国元首集军事、行政和宗教大权于一身，并且过渡到了终身制，演变为实质上的皇帝，大大加强了中央集权，巩固了君主的个人权力。公元 3 世纪左右，罗马帝国的局势再度混乱，迫使军事专制再次加强，帝国的政体从普林斯制转变为多米那特制。多米那特制意为君主制，后期的古罗马帝国政体终于除去了表面共

---

① 杨共乐选译《罗马共和国时期（下）》，北京：商务印书馆，1998，第 78 页。
② 杨共乐选译《罗马共和国时期（上）》，北京：商务印书馆，1997，第 51 页。
③ 阿庇安：《罗马史（上）》，北京：商务印书馆，1997，第 132 页。

和制的伪装，实现了公开的君主专制。

步入了君主专制，其后来衰败的命运便与中国各朝代一样：朝代在建立之初，君王励精图治，随后利益集团兴起，制度安排僵化，走向没落。

从古罗马的兴衰中我们可以看到，王政时期和古罗马共和时期制衡的民主体制，令古罗马快速强大，由一个不知名的蕞尔小邦发展成为"威震亚欧"的强国，也使得它"繁荣"的延续时间创造了历史。但"成也萧何，败也萧何"，导致其衰败的根源也是制度①。随着古罗马共和制的发展，贵族利益集团不断培育和壮大，尽管有着分权制衡，但全社会的资源和权力逐步向利益集团集中，掌握着社会资源的利益集团必然会影响或者要求政治结构服务于他们。由于在冷兵器时代，国家的强大伴随而来的是"连年征战"，这就导致社会权力向掌握着兵权的执政官倾斜，权力的一步步集中，使古罗马从共和制演变为君主专制。君主专制的出现又进一步加剧了利益集团固化和制度安排的僵化，从而使政体必然呈现极度的"脆弱"。

利益集团的不断强大和制度安排的僵化导致一国的衰败，同样可以解释靠海洋技术强大起来的葡萄牙、西班牙和荷兰为何最后走向衰败。依靠海外的掠夺，国内的皇族和贵族变得富有，依靠"富有"的资本食利取代海外奔波逐步成为国内壮大的利益集团的选择，由于这些资本食利的利益

---

① 很多学者认为是经济的衰败导致了古罗马帝国的衰亡，见道格拉斯·C.诺斯《经济史中的结构与变迁》，陈郁、罗华平等译，上海：上海人民出版社，1994。但这应该只是现象，并不是原因。美国学者哈伯德和凯恩认为古罗马的衰败是由于罗马皇帝哈德良对政治秩序的践踏导致政治制度失衡、从图拉真皇帝到奥勒留皇帝对货币贬值的无知导致货币失衡以及罗马军队的集体行动导致管理失衡。见格伦·哈伯德和蒂姆·凯恩《平衡——从古罗马到今日美国的大国兴衰》，陈毅平等译，中信出版社，2015。但我们需要质疑的是：又是什么原因导致这些失衡的呢？这些失衡现象产生的背后逻辑是什么呢？这就是本书讨论的核心。

集团又决定了国内的政治权力，这就必然导致国内资源对战力的支持减弱，同时他们又竭尽全力去维系僵化的食利制度安排，其结果便是食利阶层骄奢淫逸，腐败横生，从而导致国力衰退，在与他国的争夺中走向衰亡。这种"循环"表现出来就是葡萄牙被西班牙吞并，西班牙被荷兰取代，荷兰又被英帝国取代，呈现的是繁荣的不断"更迭"。

第二节 中原王朝："周期律"之惑与 "李约瑟之谜"

兴衰周期：利益集团更迭下的王朝枯荣

中国王朝的"古典式循环"就像前面黄炎培老先生所言，很难跳出兴衰的"周期律"。因此，中国的史书也在不断重复：一个英雄，天降之于大运，开创新的朝代，子孙中出一位英明的贤君，把王朝推向鼎盛，然后党争开始，宫廷内乱，王朝开始衰退，饥荒和昏君出现，内部起义和外族入侵，再次改朝换代。从秦、汉朝到后来的唐宋元明清，重复的不过都是秦、汉的故事。

让人费解的是，中国的史学家也特别强调贤君的作用，正如费正清老先生所言："中国的历史学家受儒家所坚持的政府以伦理为基础观点的影响，在解释王朝循环时总是强调个人因素。像汉高祖这样成功地接受天命的王朝建立者不仅被看作是强者，而且还被看作是超人。而像夏桀和商纣这样失去天命的末代君王不仅被当成是不幸或软弱的人，而且还被当做万恶的昏君。"①

---

① 费正清、赖肖尔主编《中国传统与变革》，陈仲丹等译，南京：江苏人民出版社，2012，第65页。

中华文明拥有丰厚的底蕴和悠久的历史，为何一直没有探索"真实繁荣"之路？尽管我们强调个人的品德、才能和抱负，但为何在开国初期容易出明君，而到王朝的末期容易出昏君？

我们从利益集团和制度僵化的角度去分析往往能得到更合理的解释。在王朝开启之初，争夺君王的战争把绝大多数旧势力利益集团都已消灭干净，国内较为团结，国民所创造的财富也都上缴到国库。此时，经济快速发展，人口快速增长，国库充盈，粮仓鼎实，强大的中央政府开始修建宫廷、城垣等标志性建筑物。贤明的君主在此时也随之出现，例如汉武帝，唐太宗，宋高宗，元世祖，明成祖，清圣祖康熙等。但此时，皇族、贵族和官僚等利益集团开始迅速膨胀，丰富的物质基础让他们开始追求奢华的生活方式，这就使得越来越多的产出将用于满足这些利益集团的奢华生活，最后必然导致缴纳到中央财政的收入不断减少。收入减少而支出不断增加，结果就是国库开始出现亏空。为了弥补亏空，只好加重百姓的负担，导致民怨沸腾。与此同时，不断强大的利益集团，不断追求私利满足自己的奢华生活，伴随而来的是腐败日趋严重，行政效能在利益集团面前也变得低下。壮大了的利益集团开始挑战中央权威，导致党争日趋严重，宫廷出现分裂。此时，君王看见这些问题一般试图扭转，开始主动变革，以求改变这种僵化的制度，例如汉朝王莽的托古改制，宋朝的王安石变法，明朝的张居正改革，清王朝的戊戌变法。但由于利益集团已变得异常强大，他们维护着既有的制度体系，改革最后都无疾而终：王莽被确定为"篡党夺权"；宋神宗驾崩后，王安石的变法都被还原；张居正死后被鞭尸；戊戌六君子血祭菜市口。后来，随着人口的不断增加，对自然资源环境破坏加大；税收的加重，导致民怨沸腾；国库的亏空，导致运河和堤坝常年失修，自然灾害频繁出现。再加上官僚效能的低下和腐败横行，农民起义便随之频繁出现。此时，若又遇见较强的外族，衰败的官僚系统和军队系统便不堪一击，随之而来的就是改朝换代。

因此，所谓的王朝更迭只不过是不同利益集团之间的更迭而已。任何新王朝的诞生，就是新的利益集团不断被培育和壮大，之后逐步走向固化，固化的利益集团维系着僵化的制度，以满足他们奢华的生活，此时，社会矛盾也开始不断积累，演绎到一定时候便不可调和，王朝继而走向衰败。

"李约瑟之谜"：一个值得深思的发展困惑

科学技术能促进生产力快速提高和人类快速进步，中国古代出现了那么多"明君"，为何就没有努力去提升中国的科学技术水平？人类加速发展的工业革命在欧洲兴起，为何就没有在技术方面曾经领先过的东方兴起（即"李约瑟之谜"）？[①]　中国四大发明的出现比欧洲要领先许多年，但最后却被欧洲人发扬光大。水钟在中国的唐代就已经出现，为何中国却没有出现钟表工业？火药为中国所发明，结果西欧用它来制成枪炮打开中国的大门。指南针为中国所发明，但海洋大国却一直为西方垄断。

对于"李约瑟之谜"的解释，半个多世纪以来，研究文献汗牛充

[①] 李约瑟：《中国科学技术史》，北京：科学出版社，2011。这一著名的"李约瑟之谜"（Needham Puzzle）："如果我的中国朋友们在智力上和我完全一样，那为什么像伽利略、托里拆利、斯蒂文、牛顿这样的伟大人物都是欧洲人，而不是中国人或印度人呢？为什么近代科学和科学革命只产生在欧洲呢？……为什么直到中世纪中国还比欧洲先进，后来却会让欧洲人着了先鞭呢？怎么会产生这样的转变呢？"1976年，美国经济学家肯尼思·博尔丁称之为"李约瑟之谜"（人们称之为狭义的"李约瑟之谜"）。很多人把"李约瑟之谜"进一步推广，出现"中国近代科学为什么落后""中国为什么在近代落后了""工业革命为何在欧洲兴起，而没有在东方兴起"等问题（人们称之为广义的"李约瑟之谜"）。

栋，社会学家、科学史专家、历史学家、哲学家、政治学家、地理学家、经济学家等从地理、资源、环境、生态、人口、技术、制度、文化、政体等方面进行研究分析。

从地理资源方面寻找原因

李约瑟本人对此的解释更偏向于从地理资源的角度分析。他认为："如果中国人有欧美的具体环境，而不是处于一个广大的、北面被沙漠切断，西面是寒冷的雪山，南面是丛林，东面是宽广的海洋的这样一个地区，那情况将会完全不同。那将是中国人，而不是欧洲人发明科学技术和资本主义。历史上伟大人物的名字将是中国人的名字，而不是伽利略、牛顿和哈维等人的名字。"李约瑟甚至说，如果那样，将是欧洲人学习中国的象形文字，以便学习科学技术，而不是中国人学习西方的按字母顺序排列的语言[①]。这种地理上的阻隔使中国不像欧洲，没有机会或不可能像欧洲在强大繁荣的时期可以认识到古代希腊、罗马文明的价值而加以学习消化。

毫不否认，地理环境、资源禀赋对于一国的科技发展具有很重要的约束力，就像前面分析其对一国的经济发展具有很重要的约束力一样，他们对一国的文化、意识形态都会产生一定的约束力[②]。随着航海技术的发展，这种约束力显然在逐步减弱。中国大明朝的时候，郑和几次大规模地下西洋，说明远洋运输的技术和能力已充分具备，也与许多国家进行了充分的交流。因此，很难仅用地理环境去解释工业革命前后中国

[①] 当著名的熵增原理提出后，有人便试图用物理学的原理来解释李约瑟问题，认为古代中国基本上是一个近似于封闭的体系，所以国家社会趋于混乱，导致近现代科学的起源不在中国。

[②] 见文贯中《李约瑟之谜与经济地理学的启示，答皮文的评论》，《经济学（季刊）》2006年第6卷第1期，第325~336页。文贯中：《中国的疆域变化与走出农本社会的冲动，李约瑟之谜的经济地理学解析》，《经济学（季刊）》2005年第4卷第2期，第519~540页。

技术落后和经济发展落后的原因。

从宗教意识形态寻找原因

从宗教意识形态来解释工业革命为何在欧洲诞生，而没有出现在中国，马克斯·韦伯开启了这一先河。韦伯认为近代欧洲非常重要的一件事便是宗教改革，基督教新教的诞生。他通过对基督新教教义的研究发现，基督教新教的教义具有激励人们节俭、诚实、勤奋以及对陌生人宽容的功能，从而有效地促进了欧洲的工业革命。相比较而言，中国一直延续了董仲舒的"独尊儒术"。韦伯认为由于儒教对于许多民间教派的信仰展现相当宽容的态度，因而，从来没有，也没有试着将他们统一为单独的宗教教义。与一般形而上学的宗教教义不同的是，儒教提倡"中庸之道"，也就是教导人们要顺着这个世界进行调整和修正。精英学子应该避免追求财富（虽然没有贬低财富本身），也因此，中国变成了一个做官比商人拥有更高社会地位和更高利益的国家，即我们通常所说的"万般皆下品，唯有读书高""学而优则仕"。韦伯进一步对儒教和基督教新教进行了比较，认为儒教的目标是取得并保存"一种文化的地位"并且以之作为手段来适应这个世界，强调教育、自我完善、礼貌，以及家庭伦理。相反，基督教新教则以那些手段来创造一个"上帝的工具"，创造一个能够服侍上帝和造世主的人。但这样强烈的信仰和热情的行动则被儒教美学价值观念所排斥。因此，韦伯得出结论认为这种在精神上的差异便是导致资本主义在西方文明发展繁荣、却迟迟没有在中国出现的原因。①

对于工业革命没有在中国出现的原因，韦伯认为，虽然当时的中国有一些对资本主义经济发展有利的因素存在（长期的和平、运河的改

① 马克斯·韦伯：《中国的宗教：儒教与道教》，康乐、简惠美译，广西师范大学出版社，2010。

善、人口增长、取得土地的自由、迁徙至出生地以外的自由，以及选择执业的自由），然而这些有利因素都无法抵消其他因素的负面影响（大多数来自宗教）：

（1）技术的改革在宗教的基础上被反对，因为那可能会扰乱对祖先的崇敬、进而招致坏运气，而调整自身适应这个世界的现状则被视为更好的选择。

（2）对于土地的卖出经常被禁止，或者被限制得相当严格。

（3）扩张的亲戚关系（根基于对家庭关系和祖先崇敬的宗教信仰之上）保护家庭成员免受经济的困境，也因此阻挠了借债、工作纪律，以及工作过程的理性化。

（4）那些亲戚关系也妨碍了城市特殊阶级的发展，并且阻挠了朝向完善法律制度、法规和律师阶级崛起的发展。

韦伯的这些研究为后续的研究者所强化。贝克尔提出了基督教影响受教育程度的一个机制，即新教改革对读经重要性的强调，大大提高了信徒的识字率，从而促进人力资本的提升[1]。宗教研究新范式的领军人物斯塔克和芬克认为宗教具有两个基本属性：文化属性（超自然信仰和来世信仰）以及制度属性。文化属性使它区别于其他世俗组织，制度属性则使得宗教区别于巫术等非制度化的超自然信仰。这些属性影响了人力资本的发展，从而影响了科学技术的发展[2]。伊安纳肯认为宗教会形成价值观、信仰，由此会进一步影响经济行为和决策[3]。

---

① Becker, S., and l. Woessmann, 2009, "Was Weber Wrong? A Human Capital Theory of Protestant Economic History", *Quarterly Journal of Economics*, Vol. 124 (2), 531 – 596.

② Stark, R., and R. Finke, 2000, *Acts of Faith : Explaining the Human Side of Religion*, University of California Press.

③ Iannaccone, L., "Introduction to the Economics of Religion", *Journal of Economic Literature*, 1998, Vol. 36 (3), pp. 1465 – 1495.

梁漱溟认为应该从儒家文化发展的角度去解释"李约瑟之谜"。他认为，中国的文化属于早熟现象，导致中国文化"幼稚""老衰""不落实""落于消极"和"暧昧不明爽"。结果它"心思偏于理性，但短于理智""忽失于物，而看重人""科学不得成就"并"把农工商划出学术圈外"。①

尽管从宗教文化的角度去分析有一定的合理性，但它很难解释，同样是崇尚儒教的大宋朝，为何科技、文化、经济能得以迅速发展？

从专业化分工方面寻找原因

沿着斯密定理的分工框架，研究者们认为缺乏不同国家、组织相应的合作、协调，就不可能有更大范围内市场的扩张，从而劳动分工和生产专业化就不可能进一步深化②。由于地理环境和制度的原因，中国封建社会更多时候是闭关锁国，不愿与外部国家进行交流，知识很难传递、交流，再加上当时国内的交通也不发达，即使有一部分人在搞一些研究，但很难起到规模经济的作用，更多的是自给自足的小农经济，其本质上是排斥科学的，在封建社会末期更是严重地阻碍了科技的发展。分析其原因，可以设想一个封建小农家庭，其产品都由自己家人消费：第一，自己生产自己消费，可以在实践经验中不断完善，因此无需对产品的数量与质量进行严格的定量检验等外部硬约束；第二，投入与产出均在家庭内部完成，拥有高弹性，无需进行严格的专业化核算；第三，没有市场需求，自己家庭的需求有限，因此无需思考专业化、规模化生产的问题；第四，家庭的能力有限，除忙于日常生产外，根本无力顾及其他；第五，小农家庭经营规模过小，一项新技术即使能够使产量成倍增加，对小农家庭来说，也没有什么吸引

① 彭美玉：《分工、专业化与李约瑟之谜》，《现代管理科学》2006 年第 1 期。
② Yang, Xiaokai, "Endogenous vs Exogenous Comparative Advantage and Economies of Specializatoin vs, Economies of Scale," *Journal of Economics*, 60 (1), 29–54 (1994).

力。缺乏市场的规模化需求，必然影响劳动分工和生产专业化的进一步深化，因此，科技在中国古代很难形成气候①。欧洲则不一样，多元社会所具有的开放经济和发达的劳动分工，与中国社会所具有的自给自足的自然经济和劳动密集型的农业形成鲜明的对比②。

从交易成本和市场分工的角度可以解释为何自给自足的小农经济天然排斥科学技术的进步。由于缺乏市场的进一步扩大，导致科学技术很难得到有效的反馈。但该角度的分析很难解释：同样的地理环境，为何中国改革开放之后，自给自足的小农经济就被打破？为何封建社会就要闭关锁国去维系自给自足的小农经济，而不去发展工业经济？

而且根据彭慕兰的研究，工业革命前后，中国家族企业的会计制度远比大家想象的复杂。很多家族企业在当时已经存活了数百年之久，这些企业筹集到的资本足够可以跨区域从事经营活动，并且能进行多行业经营，甚至达到一种实质的垂直统一管理的程度。据考证，19世纪初陕西省的大木厂，每家雇佣的工人都在3000到5000人之间，这在当时都应该是全球大企业之一，显示其能够筹集到足够的资本从事任何早期的工业活动，而不是有些研究者所认为的中国经济处于一种自给自足的小农经济③。

从科学发展体系的差异去寻找原因

爱因斯坦 1953 年给美国加利福尼亚州圣马托的斯威策

---

① 林毅夫（1995）试图从发明模式的角度将中国技术进步内生化，但并没有解释西方技术的发展是怎样进一步内生化，这一方面的延续工作是姚洋（2003）通过引入工业部门之后得以进一步地拓展。见 Lin, J., "The Needham Puzzle: Why the Industrial Revolution Did Not Originate in China", *Economic Development and Cultural Change*, 1995, 43（2），269–292. 姚洋:《高水平均衡陷阱：李约瑟之谜再思考》，《经济研究》2003年第1期，第71～79页。
② 见陈平:《文明分岔、经济混沌和演化经济学》，北京：经济科学出版社，2000。
③ 见彭慕兰:《大分流：欧洲、中国及现代世界经济的发展》，史建云译，南京：江苏人民出版社，2010，第205～206页。

（J. E. Switzer）的一封信中这样写道：西方科学的发展是以两个伟大的成就为基础，那就是希腊哲学家发明形式逻辑体系以及发现通过系统的实验可以找出因果关系。

希腊观念以一个永恒的第一动因或外在的造物主为特点，所以希腊自然科学的动力就是去发现造物主设下的宇宙秩序规律。在古希腊，柏拉图的学生亚里士多德发明了三段论等形式逻辑，欧几里得发明了欧式几何，都是建立在形式逻辑之上。到了文艺复兴时期，达·芬奇"实验乃是确实性之母"的名言使大家认识到并且开始使用实验的手段去发现验证因果关系。到了伽利略时代，伟大的伽利略结合了形式逻辑和实验手段两方面的利器，终于开创了近代科学的先河。在伽利略的基础上，牛顿将形式逻辑和实验手段继续发扬光大，建立了不朽的牛顿经典力学。

支持此观点的认为古代中国是不具备"形式逻辑体系和通过科学实验发现因果关系"这两个基础的。中国古代进行科学技术发明主要是以经验为主，强调实用性，在传承上更多也是"师傅带徒弟"的模式。所以中国古代的技术发明者更多是扮演着"匠人"的角色，属于工匠文明，没有严密的逻辑体系，从而没有形成科学理论。因此，在古代中国没有产生近现代科学，中国古代的一切技术只能归结为经验技术，而非科学技术①。

这样的分析显然有以偏概全之嫌。大明朝的时候，中国科学就已经相当注重数学化或定量化的描述，而且还诞生了近代实验科学萌芽。例如李时珍《本草纲目》，朱载《律学新说》，潘季驯《河防一览》，程大位《算法统宗》，徐光启《农政全书》，宋应星《天工开

① 任鸿隽：《说中国之无科学的原因》，刘钝、王杨宗编《中国科学与科学革命：李约瑟问题及其相关问题研究论著选》，沈阳：辽宁教育出版社，2002。

物》，徐霞客《徐霞客游记》，吴有性《瘟疫论》等都是具有世界水平的著作。而且当时中国学者与国际交流相当地频繁和前沿，例如徐光启和利玛窦合作翻译《几何原本》，现在几何上的很多用语，比如点、线、面、三角形、平行线等，都来自于《几何原本》；大明朝大量翻译西方著作，如《建筑十书》《各种精巧的机械装置》《哥白尼天文学概要》等；大明朝还编著了《崇祯历书》，着重介绍了西方数学和天文学知识。

又例如，目前系统生物学与工程、系统医学等在全球迅速兴起，这些学科的兴起是源于罗吉尔·培根提出的中、西医学结合形成系统心理学等系统科学范式，但构成实验与系统方法二维度科学的基础却是希腊炼金术与中国炼丹术的结合，由此诞生了医疗化学实验方法①。

尽管这在一定的范围为"李约瑟之谜"提供了解释，但是这些解释很容易被证伪为非决定性作用。工业革命使人类社会快速繁荣，但它没有在中国产生，其中的原因还需要我们从利益集团固化和制度安排僵化的角度去分析。

利益集团固化排斥新事物

对东西方发展而言，1644 年是个转折点。这一年，英国封建王朝

---

① 曾邦哲 20 世纪 80～90 年代考察中国与欧洲，提出了一个近现代西方科学、工业革命与现代艺术是建立在中国科技、文化、体制与思想的成果基础上，如果没有中国的这些成就同样不会有近现代西方文明，所谓欧洲文艺复兴以来的西方文明其实形成的是一种不同于古代希腊、罗马文明，还是已经融合了东方尤其中华文明的精华之后形成的一种地球文明－紫色文明的全球文化模式。依据曾邦哲的观点，解决难题的关键——科学范式的问题。孔德的实证主义哲学、丹皮尔的科学史等，以及科学哲学和科学社会学等是专门研究这个问题的学科——也就是回答什么是科学的问题，通常所说的科学方法的诞生——通常是指培根总结出了归纳逻辑和实验方法，如果不首先把科学是什么弄清，也就没法回答为什么科学诞生在近代欧洲，不是古代欧洲，也不是近代中国。

被打败，为资产阶级革命的胜利奠定了基础，其后虽有反复，但 1688 年"光荣革命"成功以后，在君主立宪制度下，英国开始在资本主义道路上前进。而中国由于清军入关，残酷的战争中断了科学发展的进程。落后的奴隶制游牧民族入关建立了清王朝。到了康熙时期，全国已基本上统一，经济也得到很大发展，而且有懂科学的传教士在身旁帮忙，国内、国外的环境都不错，这是中国有可能在科学上于欧洲近似于"同步起跑"的时机。然而由于康熙皇帝一系列错误的科学政策，失去了发展机会。

从制度的视角去探讨工业革命为何没有在中国产生，似乎更容易解释。诺斯认为，18 世纪英格兰专利法的发展使发明家获得与他们全部工作价值更接近的报酬，因而可能对工业革命的技术突破产生影响[1]。很显然在 20 世纪之前，中国并没有这样的法律使财产所有权得到应有的尊重和保护[2]。工业革命之所以在英国产生，是由于英国进行了一场由圈地运动而引起的土地改革，这场土地改革极大地提高了企业精神和资本对生产的广泛控制力，从而提供了工业革命的基础。但中国在 20 世纪之前都没有进行这样的土地革命，因此工业革命没有在中国出现也就不意外了。有学者认为最终的问题根源是国家（皇帝）——官僚阶层（地方政府）——商人集团之间的权威配置和利益分配出现了问题[3]。体制的不合理必然会产生民间投资阻塞问题，因为中央集权的官僚体制下的政府拥有正式权威，而主导投资的民间却不拥有正式权威或

---

① 道格拉斯·C. 诺斯：《经济史中的结构与变迁》，上海：上海三联书店，上海人民出版社，1999。

② 黄仁宇：《资本主义和二十一世纪》，北京：生活·读书·新知三联书店出版社，1997。

③ 张宇燕、高程：《海外白银、初始制度条件与东方世界的停滞：关于晚明中国何以"错过"经济起飞历史机遇的猜想》，《经济学（季刊）》2005 年第 4（2）期，第 491 ~ 518 页。

非正式权威①。尽管有人认为中国缺乏基础科学的研究，更多地集中于经验发明，但有研究者认为基础科学与发明的关系是直接相关的，而且中国有足够的科学知识使发明前进。他们认为中国没有出现工业革命的原因在于缺少经济激励，阻止了必要的"试验和改进"，这种缺少经济激励的根源在于社会制度②。也有学者认为中国没有成功地爆发科学革命的原因在于科举制度，它使知识分子无心于投资现代科学研究所必需的人力资本③。

"同步起跑"但错过了科学发展时机的康熙皇帝其实笃信西方的天文学和数学知识。1669 年，他下令钦天监监副南怀仁监造天文仪器。1673～1674 年间，他又让南怀仁给他讲几何学和力学等知识。康熙皇帝对科学的兴趣还惊动了法国国王路易十四，法王下令向中国派遣精通科学的传教士。从 1688 年起，康熙皇帝曾向法国传教士安多、张诚等学习几何学、代数学和天文学，向法国传教士白晋、巴多明等学习解剖学。为此，传教士们编译了满文《几何原本》《借根方》《钦定骼体全录》等书。但康熙皇帝对科学的兴趣仅停留在个人层面，或者想发展的是御用科学，所谓御用科学必须由皇家来掌握、控制和垄断。为了服从他的专制愚民统治，康熙皇帝对耶稣会士的学术活动加以严格控制，他们的科学活动在相当程度上仅局限于宫廷一隅，一旦传教士的活动超

---

① 皮建才：《李约瑟之谜的解释：我们到底站在哪里？——与文贯中、张宇燕、艾德荣等》，《经济学（季刊）》2007 年第 1 期。

② 埃尔文提出"高水平均衡陷阱"假说，该假说认为，由于中国历史上的农业实践把传统技术和生产要素组合到尽善尽美的程度，以致维持了一个与欧洲早期历史相比更高的生存水平，从而人口增长很快，相应导致劳动力过多和过于廉价，使得劳动节约型的技术不能得到应用。Mark Elvin, *The Pattern of the Chinese Past*, Stanford University Press, 1973, Stanford。

③ 林毅夫：《李约瑟之谜：工业革命为什么没有发源于中国》，载《制度、技术与中国农业发展》，上海：上海人民出版社，2005，第 202～203 页。

出了他许可的范围，他就严加禁止。例如 1708 年康熙皇帝命法国传教士白晋、雷孝思、杜德美等人测绘了全国的地理和经纬度。这次大地测量在世界大地三角测量史上都没有先例。最后编绘成地图的《皇舆全览图》是当时世界上最先进的实测地图。非常遗憾的是这地图由传教士寄回法国公之于世，在欧洲广为人知，但在中华大地上却深藏大内，当作珍籍秘不示人。四库馆臣对清代官方的西学政策总结得十分精辟，即所谓“节取其技能而禁传其学术”。在康熙皇帝的影响下，钦天监虽然聘用了耶稣会士，采取了西法，但其任务和工作却服务于皇宫，并不让国人了解西法和西学，也没有建立任何科研机构，最终导致在中西交流频繁的康乾盛世，国人对近代科学毫无感知[①]。这种为了维系自身利益集团的统治，保证皇族利益集团的功业和固化，采用闭关锁国、专制愚民的僵化的制度安排，才是工业革命没有在东方出现，而产生于西方的根本原因。

中国为何没有走出“古典式循环”的怪圈

除了出现了科学技术的差异，“收入逆转”同样发生在 18 世纪末 19 世纪初的工业革命时期。制度安排的差异决定了不同的国家是否能够参与工业革命，而工业革命便成为了国家间贫富差异的分水岭。在工业革命之前，由于投资机会集中于农业，不同制度所产生的经济增长差异可能并不明显，因为掌握权力的少数精英只要投资农业并雇佣劳动力从事劳动，就能实现农业产出的增长。到了工业革命时期，这一状况发生了改变，工业化要求更广泛的投资群体，如众多的中产阶级、发明家等，而不仅仅是少数社会精英参与到投资中来，还需要雇

---

① 王扬宗：《康熙大帝与清代科学——历史的曲折和启示》，《光明日报》，2014 年 08 月 14 日。

用到有才能的企业家。假若缺乏私人产权制度，更多的群体加入到工业革命之中，那么就会由于缺乏投资而丧失机会，出现经济增长的停滞。这是因为，首先，统治精英不一定拥有企业家的才能，进行投资的可靠性较低，而统治集团之外拥有企业家才能的人，由于在原有的制度安排下，他们的产权缺乏保护而不愿意参与投资；其次，当新的工业化投资使统治集团外部而不是其自身获利的时候，统治集团会想方设法阻碍投资，特别是当他们担心新技术的使用会威胁到自身的政治权力时①。

　　建立在利益集团固化基础上的中原王朝，为延续其家族王朝，一旦遇到任何可能产生不确定性的新鲜事物，出于利益集团统治的需要，便会排斥新事物，以免对祖宗留下来的僵化制度安排产生冲击。因此，中原王朝更迭难逃"古典式循环"的怪圈，也甩不开"李约瑟之谜"。由于改革可能带来不确定性，从而固化的利益集团为了维系他们现有的奢侈生活，或者习惯于固有的规则②，自然固守僵化的制度安排，害怕和反对变革，导致社会矛盾不断积累，最后演绎为通过老百姓造反或者外族入侵而衰亡。固化的利益集团因为因循守旧，害怕新鲜事物，从而缺乏对科学技术创新发展的培育。

---

① Acemoglu Doron, Simon Johenson and James A. Robinson, 2002, "Reversal of Fortune: Geography and Institutions in the Making of the Modern World Income Distribution", *Quarterly Journal of Economics*, 118, pp. 1231 – 1294. Acemoglu, Daron, Simon Johnson, James A. Robinson and Pierre Yared, 2004, "From Education to Democracy?", http://econ - www. mit. edu/index. htm? prof_ id = acemoglu.

② 弗朗西斯·福山认为："建立制度是为了满足特定情况的需求，但随着情况发生变化，制度往往无法适应。认知问题是一大重要原因：人们一旦对世界发展形成思维定式，即使在现实中遇到矛盾证据，也会固执己见。另一个原因是集团利益：随着制度的诞生，从中获利的内部人士受维护自身利益的驱使，不愿改变现状，对改革充满抵触。"见 Francis Fukuyama (2014), "America in Decay——The Sources of Political Dysfunction", *Foreign Affairs*, September/October 2014. pp. 1 – 18.

第三节 现代国家：创新而兴，僵化而亡

现代强国的更迭

英国在掀起工业革命提高生产技术之后，利用自身强大的海军舰队维系着相对稳定的国际环境和国内环境，在这稳定的环境之下，便不遗余力地发展国际贸易，成为了全球自由贸易的坚决捍卫者。中国当年的清王朝由于采用了拒绝开放港口等妨碍英国自由贸易的政策，遭到英国的炮轰，引发了鸦片战争。在国际贸易和经济不断发展的同时，英国加快对外扩张，到 19 世纪末，英国的殖民地遍布全球，其中也包括香港地区，强盛的英国号称"日不落帝国"。然而 20 世纪后，其他国家的科学技术也获得了快速进步，例如德国和日本，在技术快速进步之后，经济也获得快速发展，国力同步增长，他们想挑战英国的企图也越来越明显。1914 年，心急的德国人为了真正掌握霸权做出了一个冲动的举动，挑起了第一次世界大战。但在强大的英帝国面前，严谨的德国人最终还是输了，并付出了沉重的代价。

不服气的德国人在休整十几年之后，又挑起了第二次世界大战[1]，当然结果还是被打败了。虽然英国打赢了第一次和第二次世界大战这两场战争，但元气大伤，"日不落帝国"走向了衰落，全球霸主地位随之

① 保罗·肯尼迪在《大国的兴衰》一书中阐述的关于经济，军事与大国兴衰之间的关系。他认为一个国家的崛起很大程度上受经济水平的影响，而且这种水平是相对于邻国而言，当一个国家在所在地区一定范围内，经济发展水平处于领先地位时，这个国家便一定程度上具有了区域性大国的地位。经济发展到一定程度上，对军事的投入开始提高，国家野心开始变大，而这种对军事强大地位的追求也意味着从此之后的不稳定及国家的衰落。见保罗·肯尼迪《大国的兴衰》，陈景彪等译，北京：国际文化出版公司，2006。

被美国所取代。与此同时，在二战后，大批英国殖民地在民族独立运动浪潮中赢得独立，大英帝国殖民体系分崩离析。这个曾经拥有50多个殖民地的"日不落帝国"，在20世纪之后短短的几十年里，只剩下屈指可数的几个岛屿殖民地了。一些小领地，例如塞浦路斯、索马里等地区，曾经被认为是"永远也不可能取得完全独立的"，后来也都相继离开英联邦。香港地区在1997年回到了中国的怀抱。击败丘吉尔上台的工党政府（1945～1951年）曾计划修建一座富丽堂皇的殖民部大楼。最终这个计划未能实现，假如修建的话，也许它落成之时，也估计没剩几个可供英国统治的殖民地了。

第一次和第二次世界大战让欧洲受到了沉重的打击，老牌的殖民国家纷纷削弱，美国却借机快速兴起。美国从1776年独立算起，至今才有近230年历史。但是，它却由一个人口不足300万，土地面积89万平方公里，在原英属13个殖民地基础上建立起来的弱小农业国，发展成为一个拥有937万多平方公里土地，人口2.5亿以上，国民生产总值超过10万亿美元，占世界国内生产总值32%（2001年）的超级大国。

俄罗斯的历史比中国短得多，但却比美国长了9个世纪。其历史经历和形成的特点与美国有明显不同，直到20世纪初，俄罗斯仍然是一个落后国家，在第一次世界大战中濒于崩溃，人民的苦难达到极点。1917年11月7日（俄历10月25日）列宁领导布尔什维克党发动起义，推翻临时政府，建立起世界上第一个社会主义国家——苏联。苏联成立后经历了斯大林、赫鲁晓夫、勃列日涅夫和戈尔巴乔夫时期，国力得到了较快速度的发展，特别是在军事领域成就斐然，但也让苏联人昏了头，他们大力发展核导弹、核潜艇、航母以与美国相抗衡，却无法解决人民的温饱问题，重工业和轻工业发展严重不匹配，最终苏联解体，终归昙花一现。

二战让德国和日本成为挑战世界秩序的失败者，为此也付出了沉重的代价。战争结束之后，放弃军事发展的两国经济都得到了快速腾飞，一度跃居全球的第三大和第二大经济体的位置。新千年之后随着经济快速发展，中国逐渐成为仅次于美国的第二大经济体，在此期间，日本经济则相对停滞。

工业革命之后，信息已经相对透明，国际资本也可在全球范围内实现相对自由的流动，为何有的经济体一直处于贫困状态之中，有的由落后步入繁荣强盛，有的却由强盛走向衰落，还有的由落后走向强盛再走向衰落？其背后的原因到底是什么呢？当前强大的经济体有没有可能打破历史，实现"真实繁荣"？

兴衰变迁背后的逻辑

尽管这些经济体在工业革命之后，更准确地说是二战之后，有着不同的政治体制、法律制度和社会文化，但并没有妨碍这些经济体都走向了强大，即使苏联的强大只维系了一段时间，但曾经创造的奇迹，让"发展经济学""计划经济学"都为之癫狂。为何这些国家的制度安排不同，二战之后经济会快速腾飞，而作为宪法制度相对完善的英国却走向了衰退？

其根本原因是经济的发展会使利益集团逐步固化，而固化的利益集团会阻碍制度的创新发展，僵化的制度安排必然制约经济的发展。奥尔森根据自己对不同历史时期世界各国发展状况的考察和研究得出结论："允许自由地建立各种组织而又长期没有动乱或入侵的国家，其经济增长受到分利集团的阻碍和危害也就更严重；极权主义政府或外来入侵者削弱或废除了分利集团的那些国家，在建立了稳定或自由的法律秩序之后，其经济就会相当迅速地增长"。他还认为，分利集团的数目及其成立时间的长短同经济增长具有统计学意义上的显著负相关①。

第二次世界大战后，英国虽然取了胜利，但这种胜利也让它的国内政治结构、社会结构保持相对稳定，已有的利益集团不仅没有因为战争的影响而受到削弱，反而因为战争的胜利得到进一步加强。这些利益集团由于满足于已有的发展和分配格局，害怕制度安排的创新会动其"奶酪"，结果必然会阻碍制度安排的创新。社会其他阶层也因为在相对固化的社会分层结构中，获取发展的成本相对较高而望而却步。因此整个经济体呈现"守成"格局，变得老气横秋，毫无活力，自然国力衰退。

与之相反的是，战后的苏联、日本、联邦德国等欧洲其他经济体都出现奇迹般的增长。其主要原因是在战争之后，这些国家国内原有的政治结构都发生了变化。用我们的话讲就是"打烂重做"或"灾后重建"，已有的利益集团由于战争都已退出历史舞台，新的利益集团还没有培育出来，全社会各阶层的人都能在努力创造的过程中得到快速认可，因此，只要此时社会相对稳定，制度安排体现了经济发展的需要，那么经济发展的活力就会得到快速释放。

英国在 19 世纪进行殖民统治时，向印度进行了政治经济制度的移植，还制订了"一套比当时英国更具人性化的法典，也是当时世界上最开明的法典之一"②。尽管印度种族问题一直存在，但可能出于政治制度相近的情结，西方经济体的媒体、咨询公司、投行研究者在进行中印比较时，似乎都更愿意鼓吹印度将取代中国，他们觉得印度有比中国

---

① 奥尔森：《国家的兴衰：经济增长、滞胀和社会僵化》，李增刚译，上海：上海世纪出版集团，2005。

② 迪帕克·拉尔：《印度均衡——公元前 1500 ～ 公元 2000 年的印度》，赵红军主译，北京：北京大学出版社，2008。

"优越"的民主政体、语言优势和年轻的人口结构等，这些都会使印度未来超越中国[1]。特别是当中国经济一旦出现调整，"印度象会超越中国龙"的声音又甚嚣尘上。其实这种声音在尼赫鲁时期就已经存在，1949 年 10 月 2 日，尼赫鲁在给各邦首席部长的信中就称："今天全世界都公认亚洲的未来将强烈地由印度的未来决定。"而在 1950 年的时候，印度人均国民生产总值 150 美元，新中国当时却只有 52.55 美元，印度是中国 2.85 倍。但到了 1978 年，尽管中国一直奔波于"阶级斗争"之中，但人均 GDP 为 979 国际元，已经超越了印度的 966 国际元[2]。"到 20 世纪 70 年代晚期，与其他各种各样的国家，特别是东南亚国家相比，印度的发展历程已有些令人失望。"[3] 根据世界银行的数据，到 2014 年，中国的人均 GDP 为 7380 美元，而印度人均 GDP 仅为 1610 美元。当然前一章节已经谈到 20 世纪 90 年代渐进实行"新自由主义"改革之后，印度经济发展相对较快。为何印度之前的发展不尽如人意？主要的原因在于：尽管印度实现了民族独立，摆脱了英联邦的管控，但国内利益集团也已经形成，并且逐步固化。在此条件下，若缺乏有效打破固化利益集团的制度安排，是很难实现经济的"真实繁荣"。缺乏有效的制度安排，人口结构的优势并不一定会演化为"人口红利"，相反很可能会演化为"马尔萨斯陷阱"。

　　尽管印度实现了民主政体，但利益集团的固化必然导致任何制度安排的变化都会受到利益集团的影响，所以我们看到印度政府很多政策在

---

① 例如：2010 年 6 月德勤会计事务所和美国竞争力委员会联合发布调查报告，声称印度制造业 5 年之内赶上中国；2011 年 10 月美国安永咨询公司发布报告，声称 2013 年印度经济增速将力压中国等。

② 梅新育：《大象之殇》，北京：中国发展出版社，2015。

③ 迪帕克·拉尔：《印度均衡——公元前 1500 ~ 公元 2000 年的印度》，赵红军主译，北京：北京大学出版社，2008。

执行中朝令夕改。尽管法典完善，但由于利益集团的影响使司法体系难以保障实质正义，2006 年光新德里高等法院积压的案件就需要 466 年才能审理完毕，有钱人通过律师完全可以影响法律的有效执行。张居正有言："天下之事，不难于立法，而难于法之必行"。20 世纪 90 年代以来，印度沿着新自由主义的思路进行了一系列改革，但这种借助于全球产业转移实现的经济发展结果，也使固化利益集团的财富快速膨胀，导致贫富差距急剧放大。2005 年收入低于国际贫困线的人口占印度总口的 41.6%，收入低于印度国家贫困线的人口比例高达 27.5%（中国是 2.8%）。与此同时，2004 年 6 月印度富豪米塔尔嫁女耗资 6000 万美元，2012 年新德里奥朗则布大道平均每平方英尺地价高达 1.7 万英镑，相当于英国最贵区域肯辛顿的 14 倍，而印度的人均收入只有英国的二十七分之一①。前些年有朋友谈到印度贫富分化的时候，说在孟买，富人小区的房价达到 8 万~10 万/每平米，而边上的贫民窟，在一、二月份的时候，晚上很多人披着一块布料围着燃烧的牛粪取暖。2014 年全球遭受现代奴役的人数约为 3580 万人，其中印度就达到 1400 万人，高居全球榜首②。尽管受印度文化和宗教传统主张对现实逆来顺受、寄希望于来世的影响，反抗和暴力冲突相对较小，但反政府武装、地方豪强的私人武装在边远地区引发的国内冲突却层出不穷。

　　因此，利益集团相对固化的印度，有可能实现数年较高速度的经济增长，但要走向"真实繁荣"，目前来看唯一路径是通过制度改革去打破固化的利益集团。利益集团固化的条件下，经济越发展，社会矛盾积累得越快，经济体的"脆弱"性就越强。

---

① 梅新育：《大象之殇》，北京：中国发展出版社，2015。
② 《全球逾三千万人仍遭奴役》，转引自《参考消息》，2014 年 11 月 26 日。该数据依据
　澳大利亚人权组织"行动自由"基金会发布的《2014 年全球奴役指数》。

对于过去曾经取得成功的制度安排，不仅是已有的利益集团不愿意去打破和改良，即便是普通的社会成员也容易沉浸在过去的辉煌之上。这就像我们 A 股市场上很多投资经理一样，在 2005 至 2007 年时，得益于重化工业的经济周期达到顶峰，很多重仓配置周期型行业的投资经理获得丰厚的回报。到了 2012～2015 年期间，尽管经济在转型，传统产业的景气周期不断下降，那些曾经在传统周期性行业里面获取丰厚回报的投资经理，总还是恋恋不舍地关注着那些传统的周期性行业，总觉得他们的估值相对便宜。其实估值便宜只是理由，更多的原因是这些行业曾经让他们辉煌过。"成功"总是在不经意间成为"失败"之母。

二战之后，西欧各经济体和日本经历了快速发展，利益集团逐步形成，社会阶层也慢慢走入固化，固化的利益集团必然会维系僵化的制度安排，制度安排的僵化不可避免会制约经济的发展①。假若缺乏强有力的制度安排去打破这种社会结构，未来它们走向衰落是很难避免的。

但二战之后的美国，其制度安排所释放出来的国内竞争活力、调节机制和创新精神等不可低估。从数字移动、网络经济、智能手机，到纯电动汽车的发展，技术不断创新，不断为美国经济的发展提供动力。20世纪 80 年代之后一大批创新型企业，例如微软、IBM、Facebook、亚马逊、苹果等，都诞生于美国，足见其制度安排对创新发展所体现的优势。目前全美企业中 99% 的都是小企业，他们的不断创新发展成为促进美国经济发展源源不断的动力。但美国能否实现"真实繁荣"，打破历史上没有一个国家可以保持持续强大的记录，还依赖于美国精英群体

---

① 哈伯德和凯恩认为日本经济失衡困境的根源在于政治停滞，要解决这个问题"日本需要来一场 21 世纪的'明治维新'"。见格伦·哈伯德和蒂姆·凯恩《平衡——从古罗马到今日美国的大国兴衰》，陈毅平等译，北京：中信出版社，2015。

未来是否会固化，制度安排能否灵活调整①。就如著名学者约瑟夫·奈所说："美国不会永远保持霸权地位。如果我们自傲自大，对外部麻木不仁，浪费我们的软实力，我们就会增加受到攻击的危险，卖空我们的价值观，加速我们优势的丧失②"。

历史上没有出现过"真实繁荣"，但并不意味着未来不可以实现。这就让我们不得不思考未来如何去实现中国的"真实繁荣"。目前中国经济体的总量规模已经成为全球第二，只要中国选择好恰当的适合经济发展的制度安排，依照目前的发展速度和态势，经济总量取代美国成为全球头号经济大国，在不久的将来有望实现。历史上中国只要不陷入战乱，绝大多数时候经济总量也都在世界前列。

1949 年中国革命的胜利，打破了原有的利益集团，建立了新中国。在利益集团没有形成之际，又进行了一系列的"革命运动"，经济发展相对停滞。由于没有稳固的利益集团，1978 年的改革开放相对容易，经济在合适的制度安排下得到迅速发展。但不可忽视的是，随着经济的不断发展，利益集团将逐步形成，例如，官二代普遍从事公务员的工作，富二代普遍从事资本经营和接"家族企业"的班，教育资源为上一代精英的后代所垄断，等等。演化下去必将使阶层固化，阶层一旦固化，更多的制度安排都担心将偏向利益集团固化的方向发展并且最后僵化，到那时不仅制度缺少应有的活力，而且企业和经济的活力也将大为降低。

---

① 哈伯德和凯恩认为"几十年来，两党意识形态越来越僵化，公众看到的不是更注重行动、更负责任的政府，而是政治更加僵化。"提出美国经济的继续繁荣仍然需要的是政治改革。见格伦·哈伯德和蒂姆·凯恩《平衡——从古罗马到今日美国的大国兴衰》，陈毅平等译，北京：中信出版社，2015。

② 约瑟夫·奈：《美国霸权的困惑——为什么美国不能独断专行》，郑志国等译，北京：世界知识出版社，2002。

第三章

通向"真实繁荣"的"密码"

经典经济理论都在探讨如何实现资源的有效配置和寻求最优经济增长路径，但理论分析框架的前提假设是：制度是有效的、静态的。很显然，这种"理想化"的前提假设是反现实的，演化的结果就是"理想丰满、现实骨感"：自由市场会出现市场失灵，政府干预会出现干预失效，探讨出来的最优经济增长路径都是"瞬时的"，实现不了持续增长。如果自由市场和政府干预都可实现资源配置，经济学家们为何又争来争去？为何经典理论要去做这种理想化的假设，让最优经济增长路径成为"空中楼阁"？

对经济繁荣的理论探讨，研究者们可以说是不遗余力，特别是经济学家们，总在不断地寻求如何提升经济增长潜力，如何实现经济增长的稳态平衡，如何实现收入水平的提升。但很遗憾的是研究者们很少去关注经济的持续繁荣，他们更多的偏重于短期效率的研究。即便是对短期经济发展的探讨，也没有形成共识：不同阶段的经济体如何实现经济快速发展？不发达经济体如何实现对发达经济体的追赶？

1978 年之后，中国开始探索一条具有自身特色的发展道路，因为没有任何先例可以参照或借鉴，所以在进行制度安排的时候，中国领导人提出了采用"摸着石头过河"的方式来探索前行。尽管缺乏理论指导，这条在特定阶段提出的中国特定时期的发展道路，取得了惊人的"中国增长奇迹"，但付出的成本也很高。

"摸着石头过河"的经济发展之路并非完全"走一步看一步"，目标、路径和遵循的原则也并非不明确。"摸着石头过河"的经济发展的目标和结果是确定的，即要"过河"，不是留在河中，也不是留在河的这边，而是要过去。经济体制改革的"过河"，也就是要实现经济的持续健康发展和人民生活水平的不断提高。如何"过河"的方式也是确定的，即采用"摸着石头"的方式，不是采用游泳的方式，也不是采用坐船的方式。更为重要的是在"摸着石头过河"的过程中，要根据河中地形的变化，河水湍急程度的不同不断地调整相应的过河安排。过河的原则也是确定的，是摸着"石头"，不是在河中牵着水草或者依靠鱼虾带路。

历史地看，经济理论发展和政策实践也是"摸着石头过河"的过程，追求繁荣的"过河"目标是明确的。人们也摸着"效率"这块"石头"实现了经济发展，但是从更广阔的时空来看"效率"这块"石头"，能把人们带向"真实繁荣"的彼岸吗？

第一节　纠缠于效率之争的主流理论

　　每一位经济研究者都希望捕捉到经济的规律①。每一位投资者也希望把握住经济运行规律，因为若能预测一个经济体的发展未来，那么就能够获得先知先觉所带来的"投资超额收益"。一国政府，若能把握经济的运行规律，就可以运用政策工具让经济总是处于稳态并实现"真实繁荣"。在经济学研究的长河中，最终我们发现，主流经典理论对经济现象的认知、对经济的试图驾驭始终停留在"左右手"的此消彼长阶段，都在围绕制度有效和静态不变的前提假设条件下探讨自由市场与政府干预哪一个对资源的配置更有效率。其实，假若制度非常有效，不论是自由市场，还是政府干预，都会实现资源配置的优化，促进经济的持续增长。假若制度缺乏效率，则不管是自由市场还是政府干预，都会出现"失灵"。因此，经济制度安排的效率需要在制度是否有效的前提下去探讨。

　　所谓"右手"就是亚当·斯密认为的"市场无形之手"，通过市场自发调节，能够有效地解决市场运行中的不和谐。所谓"左手"，就是奥尔森的"政府干预之手"，在共荣利益的指引下采用政府干预，其后果也能与社会利益一致，即不管市场是否有效，政府干预也能实现帕累托改进②。

---

① "经济规律，即经济倾向的叙述，就是与某种行为相关的社会规律，而与这种行为有主要关系的动机的力量能用货币价格来衡量。""社会规律，是一种社会倾向的叙述，那就是说，我们可以期待的某一社会集团的成员在一定情况下所有的某种活动的趋向的叙述。"见马歇尔《经济学原理》（上卷），朱志泰译，北京：商务印书馆，2005，第53页。

② 奥尔森认为"当从对权力的破坏性使用转到对权力的建设性使用的时候——就如霍布斯所说的'人人为战'的状态被一个专制政府的秩序所取代的时候，结果的改善就会产生，这要归功于另外一只看不见的手。这只看不见的手——或许我们应该把他叫左手——在共荣利益的指引下使用权力，其后果至少在某种程度上与社会利益是一致的……"见曼瑟·奥尔森《权力与繁荣》，苏长河、嵇飞译，上海：上海世纪出版集团，2005，第10、16页。

经济学始于纠缠不清的"左右手"

重商主义和经院哲学均认为市场并不和谐，这种不和谐会破坏经济体的有效运行。因此，经济体的运行过程中，需要政府进行限制或者干预。他们认为，经济研究者能洞察到经济体中的某些缺陷，能完全把握经济体的运行，因此，要修补这些市场缺陷，应该允许政府干预经济体的运行，或者通过政府变革制度结构。他们自诩为能包治经济体百病的医生："他们能有效地诊断出有缺陷的经济体，并且借助政府干预完成对经济体的修复治疗[1]。"但在复杂的社会现象面前，人类的认知非常有限。

针对重商主义和经院哲学需要借助政府干预经济运行的理论，亚当·斯密提出了完全相反的看法。他认为相比政府做出的任何安排，经济体在自然运转中可以更有效地解决市场运行中的不和谐。亚当·斯密提倡自由放任的市场经济，认为尽管市场并不完美，但竞争性市场在很大程度上还是存在的，在一个相对竞争的市场之中，市场做出的选择通常会比政府干预产生更好的效果[2]。但是需要强调的是，亚当·斯密的理论是根据他所处时代的历史和制度结构而形成的真知灼见。他的市场理论是经济体运行在一个自由平等、道德和法制健全的社会之中的强假设条件下探讨的，因为只有在这样一种社会

---

① Harry Landreth and David C. Colander, 2002, *History of Economic Thought* (4th edition), Gengage Learning.

② 亚当·斯密认为"个人的利害关系和情欲，自然会使他们把资本投在通常最有利于社会的用途。但若由于这种自然的倾向，他们把过多资本投在此等用途，那么这些用途利润的降落，和其他各用途利润的提高，立即使他们改变这错误的分配。用不着法律干涉，个人利害关系和情欲，自然会引导人们把社会的资本，尽可能按照最适合于全社会利害关系的比例，分配到国内一切不同用途。"，亚当·斯密《国民财富的性质和原因的研究》（下卷），郭大力、王亚南译，北京：商务印书馆，2007，第199页。

中，竞争性市场才能形成，"经济人"才会遵循理性原则，做出理性判断，并且付诸实际，市场机制的作用才能得到充分发挥。但"理想总是很丰满，现实总是很骨感"，假若一个经济体不具有这样的道德和法制基础，并没有形成相对竞争的市场格局，或者参与市场的群体并不提倡契约精神，那么亚当·斯密所认为的市场本身能有效地解决市场运行中的不和谐的结论，是需要商榷的。即便如此，"纳什均衡"也对亚当·斯密"看不见的手"原理提出了挑战，从"纳什均衡"中引出了一个悖论：从利己目的出发，结果损人不利己，即既不利己也不利他。

围绕政府干预和市场自然运行谁更有效率，也就是"左右手"谁对经济发展的促进作用更强，经济学界一直存在争论。在选择国家发展的路径上，各国政策的制定者和执行者，似乎更偏向于重商主义和经院哲学的政府干预理论，特别是追赶型国家，最为典型就是德国。强大的英国要求自由贸易的时候，李斯特等德国经济学家提出了德国走向繁荣的保护政策，觉得自由放任的市场经济只适合于经济实力强大的英国，对于落后的德国而言，那将意味着永远失去追赶的机会。后来美国学者戴维·兰德斯从经济史的角度对自由贸易做出总结："历史上的最坚强的自由贸易主张者——维多利亚时代的英国、第二次世界大战以后的美国——在它们自己的成长阶段都曾是最有利的保护主义者。他们叫别人不要做他们过去做的事情，而要做他们现在能做得起的事情。"①

针对亚当·斯密绝对比较优势理论假设条件的过于苛刻，经济理论模型的祖师爷李嘉图先生，运用两个国家两种产品、一种生产要素，抽

---

① 见戴维.S. 兰德斯《国富国穷》，门洪华等译，北京：新华出版社，2012，第286页。

象地构建了在不变规模报酬条件下的相对比较优势理论。其追随者更是在其模型方面对假设条件进一步扩充到两种生产要素，从而构建了比较优势贸易理论体系①。但是这一贸易理论体系由于没有考虑到不同国家之间要素替代弹性的差异和不同国家之间对不同商品的嗜好差异，因此也就忽略两国之间分工会出现要素密集度逆转②的情形，从而动摇了比较优势贸易理论体系的基础③。1977 年，迪克西特和斯蒂格利茨发现，即使两国的初始条件完全相同，没有李嘉图所说的外生比较优势，但如

---

① 继李嘉图的比较利益说之后，后续研究者不断地去放松假设条件，完善该贸易学说，主要有四大贸易定理：HO 定理，要素价格均等化定理，SS 定理和鲁氏定理。对于有两种生产要素和不变规模报酬的赫克歇尔—俄林模型（HO 定理）认为在缺乏李嘉图外生技术比较优势时，只要国家之间存在着外生禀赋差别，也可能会产生分工经济，如果一个国家劳动力和资本的比例大于另外一个国家，则此国出口劳动密集型产品，进口资本密集型产品。要素价格均等化定理（简称 FPE）认为商品的自由国际贸易将使要素价格在国家之间实现均等化。斯托尔珀和萨缪尔森定理（简称 SS 定理）认为若 X 相对 Y 为资本密集的，则当 X 与 Y 的相对价格上升时，资本与劳动力的相对价格也会上升。而鲁宾辛斯基定理（简称鲁氏定理）认为，当劳动力相对资本增加时，劳动密集型产品产量上升而资本密集型产品产量下降。杨小凯、张永生（2001）曾做过详细的分析，见杨小凯、张永生，《新贸易理论、比较利益理论及其经验研究的新成果：文献综述》，《经济学（季刊）》第 1 卷第 1 期，2001 年 10 月，第 19 ~ 44 页。

② 要素密集度逆转是指生产的某种商品，在劳动力相对丰富的国家中属于劳动密集型产品，但在资本相对丰富的国家中则属于资本密集型产品。

③ 阿罗等数理经济学家就指出，对于 CES 生产函数模型，假若生产函数在两国之间相同，但只要替代弹性在生产 X 和 Y 中不一样，就有可能产生所谓的"要素密集度逆转"。只要有要素密集度逆转，即便不变规模报酬的生产函数在两国完全一样，也一定有一个国家会违反比较优势禀赋理论，出口其相对要素禀赋稀缺的产品，因为，当替代弹性在两个产业不同时，生产 X 的相对要素密度是否大于生产 Y 的相对要素密度，与相对要素价格相关。见 Arrow, K. J., Chenery, H. B. and Solow, Rom., "Capital - Labor Substitution and Economic Efficiency", *Review of Economics and Statistics*, 1961, XLIII, 225 - 251. Bhagwati, J. and Dehejia, V., "Free Trade and Wages of the Unskilled: Is Marx Striking Again?" in *Trade and Wages: Leveling Wages Down?*, eds. By J. Bhagwati and M. Kosters. Washington: American Enterprise Institute, 1994.

果存在规模经济，则两国可以选择不同的专业，从而产生内生的绝对优势[1]。

　　古典经济学家们对于经济的持续发展和国家的"真实繁荣"总是持悲观态度，这更多的是受马尔萨斯人口理论的影响。马尔萨斯认为，

---

[1]　所谓规模经济，从中观的产业角度来讲，是指劳动力、资本、技术等生产要素在特定产业的集中度达到一定水平后所形成的经验累积、管理和生产水平的提高，由此形成的该产业单位产品成本的下降；或者说，产业的生产收益是由于规模扩大而引起的增加。人们将迪克西特—斯蒂格利茨模型（简称 DS 模型）称为新贸易理论。克鲁格曼（Krugman，1979）将 DS 模型应用到分析国际贸易中工业制成品问题，很好地解释了林德贸易模式，即为什么国际贸易主要发生在先天条件相近的发达国家之间，而比较利益较多的发达国家与落后国家之间的贸易，反而大大少于条件互相类似的发达国家之间的贸易。在克鲁格曼等经济学家（Helpman，1987；Brainard，1993，1997；Harrigan，1993，1996；Hummels and Levinsohn，1993，1995；Davis and Weinstein，1996）的推动下，关于规模报酬递增的国际贸易一般均衡模型在 21 世纪之前一直成为国际贸易理论中的研究主流。21 世纪国际贸易理论的最新进展主要体现为异质企业贸易模型和企业内生边界模型在国际贸易中的广泛使用。目前，Meltz 等对贸易模式和贸易流量的解释，已经日渐进入企业层次的微观研究，这些研究将原来的 CES 偏好假设放松为异质企业的假设，并且运用企业层面数据展开实证分析。Baldwin、LarryQiu 等学者将关于异质企业贸易模型和企业内生边界模型的理论称为"新新贸易理论"。见：Krugman，Paul，"Increasing Returns，Monopolistic Competition，and International Trade"，*Journal of International Economics*，1979，（9），469 – 479. Helpman Elhanan，"Imperfect Competition and International Trade，Evidence from Fourteen Industrial Countries"，*Journal of the Japanese and International Economy*，1987，1（1），62 – 81. Brainard S Lael，"An Empirical Assessment of the Factor Proportions Explanation of Multinational Sales"，NBER Working Paper 4583，www. nber. org/papers/w4583，1993. Brainard S Lael，"An Empirical Assessment of the Proximity/Concentration Trade – off between Multinational Sales and Trade"，*The American Economic Review*，1997，87（4），520 – 544. Harrigan James，"OECD Imports and Trade Barriers"，*Journal of International Economics*，1993，35（1 – 2），91 – 111. Harrigan James，"Openness to Trade in Manufactures in the OECD"．*Journal of International Economics*，1996，40（1 – 2），23 – 39. Hummels David，"Levinsohn James A. Product Differentiation as a Source of Comparative Advantage?"，*The American Economic Review*，1993，83（2），445 – 449. Hummels David，Levinsohn James A，"Monopolistic Competition and International Trade，Reconsidering the Evidence"．*Quarterly Journal of Economics*，1995，110（3），799 – 836. Davis Donald R，Weinstein David E "Does Economic Geography Matter for International Specialization?"，NBER Working Paper 5706，www. nber. org/papers/w5706.

与食物相比，人口趋向于以更快的速度增长。如果人口缺乏控制，人类将趋向于以几何级数增加，但是由于土地供给的有限性以及农业中收益递减原理，食物供给将只以算术级数增加。这样将产生贫穷和饥饿，最终将出现马尔萨斯式的危机①。

主张自由放任的新古典"黑板经济学"

剑桥大学诞生了一位集大成的经济学大师——马歇尔，他通过数学工具深化了"市场主导"的古典经济学研究成果，奠定了"新古典经济学"理论体系的基础。他运用连续原理和边际增量②来分析经济现象中的局部均衡③，以此为基础形成了其均衡价格理论。局部均衡最大的特点就是分析经济体中各组成部分之间的相互交错影响时，通常假设"其他条件保持不变"，从而去孤立地分析某种因素发生的变化及其影响。

在产生交易的过程中，交易量和价格都受到嗜好、资源的拥有量、生产条件以及各市场之间相互作用的影响，这些相互作用会形成无数的反馈链条。与此同时，价格与交易量之间又相互作用也将形成无数的反馈链条，因此，抽象的理论模型尽管越来越直观和逻辑严谨，越来越接

---

① 马尔萨斯：《人口原理》，朱泱、胡企林、朱和中译，上海：商务印书馆，1992。

② 什么是连续原理，马歇尔并没有明确的答案，他认为社会现象不能有严格的区分，它们之间存在着连续的关系，"时间的因素——这差不多是每一经济问题的主要困难之中心——本身是绝对连续的：大自然没有把时间绝对地分为长期和短期"，见马歇尔《经济学原理》（上卷），朱志泰译，北京：商务印书馆，2005，第13页。所谓"边际增量"，就是"在他要买一件东西的时候，他刚刚被吸引购买的那一部分，可以成为他的边际购买量""边际增加量中'边际'这个名词，我是从屠能的《孤立国》一书中借用的"。见马歇尔《经济学原理》（上卷），朱志泰译，北京：商务印书馆，2005，第112、15页。

③ 局部均衡理论（方法）指的是讨论某种商品或生产要素的供求状况对于该商品或该要素价格的影响、决定作用，而把其他情况假定不变。见马歇尔《经济学原理》（下卷），陈良璧译，北京：商务印书馆，2005，第17～42页。

近"科学分析",但离现实却越来越远。这种偏离现实但又具有严密逻辑体系的特点,为后来的经济研究者所诟病,被"新制度经济学"的奠基人科斯称为"黑板经济理论"① ——更适合于教学。确实,也许是马歇尔当时缺乏处理角点解的库恩—塔克条件,导致新古典经济学采用纯消费者和纯生产者分离的分析框架,这一理想化的框架自然就解释不了城市的出现、货币的出现、市场的扩大、生产力的提高、比较优势及贸易依存度的变化等经济现象②。

也正因为如此,马歇尔的徒弟,那个沉迷于通过炒股票发财致富以及穿梭于政府部门为国家决策提供政策建议的经济学家——凯恩斯,完全抛弃了马歇尔的理论体系,自己独立门户做起了总需求不足的研究。

为了使经济分析更接近于现实,另外一位"新古典经济学"的创始人代表——瓦尔拉斯,则开创性地把所有经济部门纳入经济模型中进行分析,形成了一般均衡理论③。与局部均衡分析相比,一般均衡分析允许更多的经济变量是变动的,因此,很多时候我们可以把局部均衡分析看作一般均衡分析的补充。但是,一般均衡分析并不是允许所有的变

---

① 黑板经济学是指新古典经济学理论成立的前提条件过于抽象,不能解决实际经济(社会)问题。科斯曾把西方 20 世纪初形成的主流经济学称为"黑板经济学",这种经济学只注重抽象的演算,忽视现实的经济现象,就如同闭门造车。见科斯《企业、市场与法律》,盛洪、陈郁译,上海三联出版社,2009,第 18 页。

② 杨小凯、张永生:《新兴古典经济学与超边际分析》,北京:社科文献出版社,2003。

③ 瓦尔拉斯认为"整个经济体系处于均衡状态时,所有消费品和生产要素的价格将有一个确定的均衡值,它们的产出和供给,将有一个确定的均衡量"。他还认为在"完全竞争"的均衡条件下,出售一切生产要素的总收入和出售一切消费品的总收入必将相等。见瓦尔拉斯《纯粹经济学要义》,蔡受百译,商务印书馆,1989。阿罗和德布鲁对一般均衡理论做了经典的研究,这一研究正式探讨了竞争性经济体一般均衡的存在及其稳定性的证据,从而使一般均衡理论日臻完善,也使一般均衡理论逐步取代了马歇尔的局部均衡理论,为主流经济学家所追捧。见 Arrow, K. J. , and Debreu, G. , "Existence of An Equilibrium for A Competition Economy", *Econometric*, Vol. 22, NO. 3, Jul, 1954, pp. 265～290.

量都可以变动，只有那些被看作经济学范围内的变量才允许变动。例如，一般均衡分析将个人的品位和偏好、生产产品的可利用技术，以及经济与社会的制度结构都假设为既定的。这种强假设无疑会使其分析偏离现实。

从中我们不难看出，"新古典经济学"的研究范围，从来就是被正统地限制在一些在数学上可以处理的分析变量上。"新古典经济学"提倡通过理论模型分析经济问题，其所提倡的经验化和定量化，直到今天依然被经济研究者列为必备分析方法。不可否认，"新古典经济学"使经济学更加严谨，科学性更强。而且，在某一时点上的一些局部市场模型，是相当成功的。例如，在金融方面，新古典模型发展而来的资产定价模型和新的金融工具的选择，奠定了整个金融市场发展的基础。

但是，由于很多理论模型都是基于比较静态分析，这些分析都只对特定规律的特定参数值区间成立，假若将理论模型的前提假设稍作变动，或者在同一模型中将参数的数值加以变动，比较静态分析所归纳出来的经济规律就会改变。而且，"新古典经济学"探讨的是局部市场的均衡，即便瓦尔拉斯的一般均衡模型也仅仅是分析一个局部市场的总体均衡。但经济整体中的各经济变量是相互作用的，即便某些局部市场可能成立的一些经济规律，在一个经济整体之中，这些规律也难以成立。因此，"新古典经济学"理论并不被国家政策的制定者待见，因为离实际操作太远。

即便"新古典经济学"在局部均衡领域的理论研究较为成熟，但实务操作者和制度设计者们发现，依照"新古典经济学"理论中一些局部理论来制定局部领域的经济政策，或进行局部市场的制度设计时，这种非关联的理论有时候也会带来很多问题。因为"新古典经济学"为了获得较强的理论结论，模型都会抽象甚至剔除掉一些可能影响结果的经济变量，而这些"被抽象"或"被剔除"的既定变量对现实世界经济运行的影响可能举足轻重，它们的加入与否会影响整个理论结论。抽象化的理论低估了现实的复杂性，用它们来探讨市场效率、市场是否失灵、能否实现经济的"真实繁荣"，显然不太现实。

凯恩斯革命：自由放任向政府干预的回归

面对"新古典经济学"的不足，一场经济学的"革命"悄然来到，而领导这一场革命的恰恰是把"新古典经济学"发挥到极致的经济学大师马歇尔的得意弟子——凯恩斯。能进行"革命"的领导者，往往具有很多特质，并且这种特质可能与生俱来，因为循规蹈矩突破不了前人的思维范式。凯恩斯这位仁兄确实很特别：尽管他后来娶了一位漂亮的俄罗斯舞蹈演员做他的妻子，并且还为她在剑桥修了一座剧院，但在娶漂亮老婆之前，他却是一位同性恋者；尽管他在后来职业生涯中总表现出西装革履、文质彬彬，带有磁性的声音还迷倒了不少人，但在剑桥大学读书的时候，却是一位随地大小便的"自由主义者"。这样一位学生，假若在当今的中国大学里读书，估计早被开除了。当然当时剑桥不开除他，也可能是看着他老爸的面子。他老爸——老凯恩斯，是剑桥大学终身经济学教授。很遗憾，从职位上来说，凯恩斯一辈子也没坐上剑桥大学的终身教授，没有超越他老爸，尽管到现在绝大部分经济研究者也搞不清楚他老爸研究的是什么[1]。

凯恩斯遵循了一条完全不同于"新古典经济学"的研究路径和经济分析方法。他直接从总量分析开始，运用宏观分析取代"新古典经济学"的微观分析，从而使经济学的研究从过去主要关心个别厂商和

---

① 阿兰·曼：《魔鬼凯恩斯》，余江译，北京：中信出版社，2009。

消费者的经济行为过渡到了关注全社会整体经济活动。同时在理论上，凯恩斯否定了以厂商供给为基础的"萨伊定律"，认为存在"有效需求不足""需求会自己创造自己的供给"①，并以此为基础积极倡导政府干预经济的运行。

更为重要的是，凯恩斯摒弃了传统经济学"解析理论"研究范式，直接从现实假设着手。传统经济理论为了使经济研究更具科学性，往往借助演绎逻辑，在一种环境真空中进行理论研究，他们研究时首先从经济学的"最初原理"开始，然后进行假设，但这些假设并不先去考虑现实问题，而是首先去理解各变量之间的相互逻辑，然后在假设的基础上推出结论。凯恩斯并不从经济学的"最初原理"开始，而是直接采用现实引导假设，似乎是带着解决经济问题的目的进行的经济分析，从而很容易得出政策结论，这种有理论研究背景的政策结论很快为想"有所作为"的各国政府"爱不释手"，当然是我们所说的"左手"。

---

① 凯恩斯对萨伊定律进行描述和否定。"自从萨伊和李嘉图时期以来，古典经济学家们都在讲授供给创造自己的需求的学说——其大意是：全部生产成本必须直接或间接地被用来购买所生产出来的产品""在约翰·穆勒的《政治经济学原理》中，该学说被明白地陈述如下：构成偿付商品的手段的东西还是商品。每人所持有的偿付其他人的产品的手段就是他自己所拥有的产品。既然如此，所有的卖者不可避免地会成为买者。如果我们能突然使一国的生产能力加倍，那么，我们会在每一个市场上使供给加倍。但是，与此同时，我们也会使购买力加倍。每人都会具有双倍的需求和供给。每人所购买的是过去的两倍，因为，他在交换中能提供给别人的也是过去的两倍"。见梅纳德·凯恩斯《就业、利息和货币通论》（重译本），高鸿业译，北京：商务印书馆，2007，第23页。"萨伊定律所意味着的整体产量的总需求价格在一切产量上都与总供给相等的说法就相当于到达充分就业不存在任何障碍这一命题"。见梅纳德·凯恩斯《就业、利息和货币通论》（重译本），高鸿业译，北京：商务印书馆，2007，第32页。"我认为这种状态可以被归之为他们忽视了有效需求的不足所造成的对经济繁荣的障碍"。见梅纳德·凯恩斯《就业、利息和货币通论》（重译本），高鸿业译，北京：商务印书馆，2007，第39页。

凯恩斯这种开创式的研究范式，尽管受到了同时代威廉姆森①和熊彼特②等经济学家们的批评和嘲讽，但这丝毫不影响他有一大批忠实的"粉丝"。这些"铁杆粉丝"们不断对凯恩斯理论进行完善，其中最具有代表性的是以萨缪尔森为代表的新古典综合学派③和以琼·罗宾逊夫人为代表的新剑桥学派④。在他们的不断努力下，凯恩斯宏观理论体系得以完善。现实中，愿遵照其研究结论进行实践的"铁杆粉丝"也不逊于其理论研究方面的粉丝。20 世纪 60 年代，根据其"有效需求总是不足"的理论，在其狂热追随者、又想为国家"做点什么"的肯尼迪

---

① 约翰·H. 威廉姆森和凯恩斯相识，他曾说"在他的例子中，是政策导出了他的'理论'"，见亨特·刘易斯《经济学的真相：凯恩斯错在哪里》，曹占涛译，上海：东方出版社，2010，第 8 页。

② 熊彼特评价写凯恩斯"即使人们可能认为凯恩斯的社会看法是错误的，其命题都是误导性的，他们也会崇敬凯恩斯"。"在进行补救式批判抨击时，其猛烈程度又令人倒抽凉气"。见道格拉斯·多德《资本主义经济学批判史》，熊婴、陶李译，南京：江苏人民出版社，2008，第 194～195 页。

③ 面对对凯恩斯理论的质疑，后续的研究者进一步地弥补了凯恩斯《通论》中的不足，采用折中和综合，试图把传统的微观经济学和凯恩斯的宏观经济学结合起来，主要代表人为汉森、萨缪尔森、诺德豪斯、索洛、托宾、奥肯、莫迪利安尼等。他们把当代资本主义称为政府管理的公共经济部门和市场机制发挥作用的私人部门构成的"混合经济"。萨缪尔森在其《经济学》中用"新古典综合"一词来描述后凯恩斯经济学。他们的主要贡献体现在 IS－AD 均衡、乘数模型、国民收入决定理论、经济增长理论等方面。见保罗·萨缪尔森和威廉·诺德豪斯《经济学》（第 18 版），肖琛译，北京：人民邮电出版社，2007，第 285～289 页。"后凯恩斯主义经济学家关注的理论的所有原理：宏观自不待言，但也关注'微观理论、分配理论和贸易理论'"。"美国后凯恩斯主义经济学的基本信条……是：①区别于可计算风险的不确定性的普遍存在；②生产与其他所有经济事件以不可逆转的方式发生的历史时期；③远期合同的信用货币经济的存在，在这种经济中，货币供应量的生产成本几乎为零；④单个产品是按计划过剩产能下运作的支配性寡头垄断部门的单位主要成本加成法定价的；⑤供求分析与劳动力市场无关，一般物价水平主要外生地取决于集体议价下的名义工资；⑥货币供应量的内生性；⑦资本主义固有的不稳定性"。见道格拉斯·多德《资本主义经济学批判史》，熊婴、陶李译，南京：江苏人民出版社，2008，第 246～247 页。

④ Friedman, M., "The Role of Monetary Policy", *American Economic Review*, 1968, Vol. 58, pp. 1–17.

总统①的大力倡导下，美国经济迎来了"黄金增长期"②。但过度透支带来的"后遗症"却需要尼克松总统不断消化。随着"后遗症"的持续发酵，20世纪70年代到80年代初，美国出现了近十年的"滞胀"。面对长时间的"滞胀"，凯恩斯理论开始受到人们的质疑。货币主义学派直接攻击凯恩斯理论缺乏对货币供给和通货膨胀的关注③。新古典宏观经济学派则直接攻击其整个理论框架，指责凯恩斯理论缺乏微观经济理论的支持，不能满足经济学的"第一原理"④。在两大学派的攻击下，凯恩斯理论体系已经被批评得"体无完肤"。更令人遗憾的是，"卢卡斯批判"⑤出现之后，凯恩斯理论体系中的经验支持也受到了严峻的挑

---

① 肯尼迪总统在就职演说中说"不要问你的国家能为你做些什么——而要问你能为你的国家做些什么"。这句话被自由主义者弗里德曼等人认为是家长主义的演说，"带有组织性的，'你能为你的国家做些什么'意味着政府是主人或神，而公民则为仆人或信徒"。见米尔顿·弗里德曼《资本主义与自由》，张瑞玉译，北京：商务印书馆，2007，第4页。

② 1960年肯尼迪就任美国总统，启用了一大批凯恩斯主义者当他的经济顾问，例如海勒、托宾、奥肯等。在"有效需求总是不足"的理念支配下，他们主张即使在经济上升时期，也要实施扩张性政策，人为进行刺激，实现了美国经济的"黄金增长"。1962年开始一直到1969年10月，历时106个月，按不变价格计算的国民生产总值（GNP）9年内增加了45.4%，失业率也从1961年的6.5%下降到了1969年的3.4%。见张世贤主编《西方经济思想史》，北京：经济管理出版社，2009，第298~299页。

③ 见弗里德曼和施瓦茨《美国货币史（1867~1960）》，巴曙松等译，北京：北京大学出版社，2009。

④ "现在经济学的'第一原理'（first principle）是行为最大化，即经济主体的行为总是要在既定约束下最大化自身的利益。这一原理最早在微观经济学领域获得了广泛的应用，新古典宏观学派成功将其引入宏观经济学研究，从而导致了该领域的理论范式转换：总量经济关系不再是传统凯恩斯主义式的直接先验设定，而是经济主体行为最大化的直接后果。新古典宏观经济学派主要通过两个次级假设来贯彻这一原理：理性预期和市场持续出清。"见张世贤主编《西方经济思想史》，北京：经济管理出版社，2009，第324页。

⑤ 卢卡斯认为，个人的行为取决于其所预期的政策。因此，随着一项政策变得过时，模型的结构将发生改变。但是，如果模型的基本结构改变了，适当的政策也将改变，模型就不再适合了。因此，运用经济计量模型预测未来政策效果就不适宜了。见 Lucas, Robert E. Jr. (1976), "Econometric Policy Evaluation: A Critique", in K. Brunner and A. H. Meltzer (eds.), *The Phillips Curve and Labor Markets*, *Carnegie-Rochester Conference Series on Public Policy*, Amsterdam: North Holland, pp. 19-46.

战。随着真实经济周期理论①的横空出世，理性预期②和一般均衡模型逐步成为宏观研究的主流标准，凯恩斯理论中最重要的思想——非自愿失业和货币非中性③也"寿终正寝"。

当然凯恩斯更关注的是短期问题，即便在他的《通往繁荣之路》中探讨的也是如何解决短期困境，对于中长期，他似乎觉得"薄雾浓云愁永昼"④，自然也就不会去关注"真实繁荣"的事情。

"滞胀"让"自由主义"重放光芒

当凯恩斯在剑桥挥起"左手"大旗的时候，他的邻居们——以罗滨斯、贝弗里奇为首的伦敦政治经济学院的经济学家们则举起亚当·斯密所倡导的"右手"——自由市场经济，与其针锋相对，并把远在维也纳的哈耶克也纳入他们的阵营。让凯恩斯没想明白的是，这些邻居中对凯恩斯的理论批评最执著、最全力以赴的要算他私交很好的朋友⑤——哈耶

---

① 真实经济周期理论（Real Business Cycle Theory），也称真实商业周期理论，该理论认为，市场机制本身是完善的，在长期或短期中都能自发地使经济实现充分就业的均衡；经济周期源于经营体系之外的一些真实因素，如技术进步的冲击，而不是市场机制的不完善；真实经济周期理论否定了把经济分为长期与短期的说法，经济周期本身就是经济趋势或潜在的或充分就业的国内生产总值的变动，并不存在与长期趋势不同的短期经济背离。见 Kydland F. and E. , Precott, " Time to Build and Aggregate Fluctuations", *Econometrica*, 1982, Vol. .50, No. 6, Nov. , pp. 1345 – 1370.

② 理性预期最早由穆斯引入经济分析。他认为在经济系统中，信息是稀缺的，从而不会被浪费，经济主体会利用一切公开信息来形成预期，推测未来的经济状况。见 Muth, John F. , 1961, "Rational Expectations and the Theory of Price Movements", *Econometrica*, Vol. 29（6）, pp. 315 –335.

③ 卢卡斯从理性预期的角度分析了货币中性，货币中性是指货币供给的增长将导致价格水平的相同比例增长，对于实际产出水平没有产生影响。见 Lucas, Robert E. Jr. , 1972, "Expectations and the Neutrality of Money", *Journal of Economic Theory*, Vol. 4, pp. 103 – 124.

④ 约翰·梅纳德·凯恩斯：《通往繁荣之路》，李井奎译，北京：中国人民大学出版社，2016.

⑤ 艾伯斯坦：《哈耶克传》，秋风译，北京：中信出版社，2014，第 71 页。

克。这位受庞巴维克、米塞斯思想影响最为深刻的奥地利学派的捍卫者，从凯恩斯的思想开始萌芽时，就对其进行无情的批判。哈耶克在维也纳的时候，曾经是凯恩斯的粉丝，当他对经济学方面的问题有困惑的时候，写信给凯恩斯请教，凯恩斯还耐心地回信解答。二战的时候，伦敦政治经济学院搬到剑桥大学，哈耶克在校园里还经常与凯恩斯一起散步。但这些日常的交流丝毫没有改变哈耶克对凯恩斯理论的攻击，并且表现得最执著。说他最执著，丝毫不过分。随着凯恩斯《通论》发表之后，以前属于同一阵线的伦敦政治经济学院的老师们庇古、贝弗里奇、卡尔多等相继投奔凯恩斯，连哈耶克的得意学生、其曾经的忠实粉丝希克斯和勒纳也都相继追随凯恩斯。但即便成为孤家寡人，哈耶克依然坚信自由市场是经济持续发展的关键，矫正市场失灵的最佳途径都是通过市场本身，"市场有其自身的逻辑，也有它天然的补救"[①]。

哈耶克认为价格是理解生产过程的关键，也是理解整个经济运行的基础，价格的基础来自商品的稀缺性，而不是凯恩斯所认为的来自储蓄和投资的失衡以及与生产"实际成本"之间的关系。同时他认为凯恩斯的政府干预政策集中于短期效应，而忽视经济运行的长期效应，其结果可能会把经济带入困境。他认为公共债务的大规模存在所带来的摩擦和障碍，远远大于私人债务带来的摩擦和障碍，"以强制信贷扩张的方式对抗萧条，无异于以招来邪恶的手段治愈邪恶"。由于经济规划者无法了解他人的意志，最终会采取专制行动[②]，他认为"没有一个人，哪怕是'全知全能的独裁者'，能够了解经济体中所有个体的想法、欲望

---

① 尼古拉斯·韦普肖特:《凯恩斯大战哈耶克》，闫佳译，北京:机械工业出版社，2013，第62页。

② 哈耶克:《通往奴役之路》，王明毅等译，北京:中国社会科学出版社，1997，第78~79页。

和期待。如果一个集权统治者，甚至心怀善意的非政治'规划者'，基于自己能够准确了解他人思想的假设来干预经济，必然会挫败、阻碍个人的幸福和自由，哪怕他口口声声说自己是代表每个人的利益行事。①"因此，政府的强干预会使社会通向一条"奴役之路"。

由于凯恩斯的理论恰好迎合了人们急于摆脱二战前后经济萧条的愿望，哈耶克相信市场这一看不见的"右手"能实现自我修复的思想自然为大家所抛弃。在长达数十年的岁月里，哈耶克成了孤独的自由主义捍卫者。这样一位后来的诺贝尔经济学奖获得者，在提倡学术自由的芝加哥大学应聘时，竟然进不了经济学系。为了生存，哈耶克只能接受社会思想委员会的聘请。就这样，直到后来回到他的祖国，在弗莱堡大学当老师，他才得以回到他所希望的经济学系教学。要不是后来经济出现持续滞胀，里根总统和撒切尔夫人重新倡导哈耶克的自由市场思想并把经济带出困境，这位孤独的经济学思想者很有可能被世人遗忘。

一时孤独并不代表持续的孤独。哈耶克的"粉丝"们在继承"自由大统"的基础上发展了众多经济学流派，例如，货币学派和理性预期学派。弗里德曼的货币学派认为资本主义经济体系本质上是稳定的，货币供应量的变动是引起经济活动和物价水平发生变动的根本原因，只要实行"单一规则"的货币政策，让市场机制充分发挥其调节经济的作用，便可以稳定发展②；以卢卡斯为代表的理性预期学派则强调经济活动中的预期作用，主张理性的经济人在决定他们未来的行动时，都会衡量自己的行动对未来市场的影响，以选择

---

① 尼古拉斯·韦普肖特：《凯恩斯大战哈耶克》，闻佳译，北京：机械工业出版社，2013，第146页。
② 米尔顿·弗里德曼：《资本主义与自由》，张瑞玉译，北京：商务印书馆，2007。

效果最有利的行动，因此，政府干预经济的政策要么归于无效，要么加剧经济波动[1]。

苏联及前东欧社会主义国家的解体与转轨，让"新自由主义"的名声日益剧增，并达成我们前面章节谈到的"华盛顿共识"。

金融危机下的政府干预复兴：新凯恩斯主义

市场的自由发展也总是避免不了"市场失灵"的出现，这也激发了研究者们去思考如何弥补凯恩斯理论的不足。斯蒂格利茨、曼昆、阿克尔洛夫、伯南克和耶伦等"继承人"开始从不完全竞争和不完全信息的角度去探讨政府干预的必要性。由于外部效应、规模经济和分配不公正的存在，会产生不完全竞争的市场结构[2]；由于不完全信息和非对称信息可能使得市场失灵，使得市场均衡偏离最优水平[3]。因此，委托－代理过程中便会出现"逆向选择"[4] 和"道德风险"[5]，同时名义的和实际的工资与价格黏性也会存在[6]。从微观延伸至宏观，"新凯恩斯主义"者得出自由市场经济是不稳定的（即市场始终难以出清），并

---

[1] Lucas, Robert E. Jr. (1976), "Econometric Policy Evaluation: A Critique", in K. Brunner and A. H. Meltzer (eds.), *The Phillips Curve and Labor Markets*, *Carnegie - Rochester Conference Series on Public Policy*, Amsterdam: North Holland, pp. 19 - 46.

[2] Dixit, A. K., and J. E. Stiglitz (1977), "Monopolistic Competition and Optimum Product Diversity," *American Economic Review*, 67 (3), 297 - 308.

[3] Arnott, R.; Stiglitz, J. E. (1991), "Moral Hazard and Nonmarket Institutions: Dysfunctional Crowding out of Peer Monitoring?" *The American Economic Review* 81 (March): pp. 179 - 190.

[4] George A. Akerlof (1970), "The Market for Lemons: Quality Uncertainty and the Market Mechanism", *Quarterly Journal of Economics*, Vol. 84, No. 3 (Aug., 1970).

[5] Arnott, R.; Stiglitz, J. E. (1991), "Moral Hazard and Nonmarket Institutions: Dysfunctional Crowding out of Peer Monitoring?" *The American Economic Review* 81 (March): pp. 179 - 190.

[6] Laurence Ball & N. Gregory Mankiw & David Romer (1988), "The New Keynsesian Economics and the Output - Inflation Trade - off," *Brookings Papers on Economic Activity* 1988 (1): 1 - 65

且自由市场必然会产生大量非自愿失业这个现象，从而提出基于私营经济的市场经济需要政府干预。

2008 年次贷危机的出现，似乎让大家更加相信市场的缺陷所带来的货币供给紧缩，以及金融市场的恐慌所带来的流动性紧张和信贷萎缩①，全球各国政府在伯南克领导的"美联储"的示范效应下，高举了曾经被抛弃的"凯恩斯主义"，这也着实让"新凯恩斯主义"者扬眉吐气了一把。

就学术理论本身而言，提倡"右手"和提倡"左手"的经济思想理论，不断交锋，"东风吹，战鼓擂，'左手'和'右手'，谁也战胜不了谁"，这种没有谁强谁弱的交锋，结果自然是"各领风骚数十年"。这种假设制度作为固定变量去探讨自由市场和政府干预"谁更有效率，谁会失灵"，其结果自然无法为我们提供一套可以实现经济"真实繁荣"的经济理论。而它们实践的结果是：随着两种经济思想理论的不断争论，谁也说服不了谁，只能彼此变得慢慢交融、渗透。

第二节 "左右手"并非繁荣法器

经济运行需要政府进行短期干预，而无须过多探讨经济运行的中长期问题，"长期而言，我们都会死"（凯恩思语），但假若脱离适合的制度框架去探讨，不管是短期，还是长期，都可能会面临"洪水滔天"。对于成熟经济体，市场和政府都并非完全有效，在多数发展中经济体，市场和政府似乎都缺乏效率。因此，这种脱离制度框架的理论不太可能去指导实践——如何实现经济体的繁荣和"真实繁荣"。

---

① 本·伯南克：《金融的本质——伯南克四讲美联储》，巴曙松、陈剑译，北京：中信出版社，2014。

"右手"不给力，就想用"左手"

看到英国不断发展成熟的经济制度，以李斯特和施穆勒为首的德国历史学派认为，德国的经济发展不能秉承经济自由主义，而应该依据本国发展的特点，由国家干预经济运行，从而实现对英法经济的赶超。李斯特和施穆勒的政府强烈干预经济理论正合俾斯麦强势政府的心意。1878 年，德国政府便开启了贸易保护政策。德国提高了各项进口关税以封闭本国市场，并相继实行了保护国内市场的其他措施，如设置进口配额，征收各项国内税等[①]。在俾斯麦政府的强力推动下，德国实现了后发追赶，工业进程的加速使其与英国的差距越来越小。1880～1900年德国经济以年均 6% 以上的速度增长，速度远远超过了英国和法国。工业在 1880～1890 年就超过了法国，上升到了全球第三位。1889 年国内工业总产值超过了农业，德国成为工业国家。英国用了将近 100 年完成的工业革命，德国只用了不到一半的时间实现。经过 1870 年以后 30余年的发展，到第一次世界大战以前，德国的国力超过了英、法、俄等传统强国，是意大利或日本的三或四倍。随着国力的强盛，任何一个欧洲国家就算使出浑身解数也无法单独对付德国。但不幸的是，由于之前俾斯麦强势政府通过政府干预，经济得到迅速发展，政府在民众中的威信大增，政府本身的信心极度膨胀。这一成功经验促使了后来的威廉二世利用强势政府开启了战争扩张之路，直至一战战败。这似乎又验证了之前提到的"成功是失败之母"。

德国的快速发展并没有给倡导自由放任市场经济的英美经济体带来多少震动，但当"大萧条"出现的时候，这一看法逐步发生了改变。

---

① 李斯特：《政治经济学的国民体系》，邱伟立译，北京：华夏出版社，2009。

据估计，1929 年美国整个工业的开工率只达到 80%。投资额（用 1958 年美元计算）从 1929 年的 404 亿美元降为 1930 年的 274 亿美元，进而减少到 1932 年的 47 亿美元。投资的缩减导致了生产资料生产企业的破产和工人的失业。1931 年失业人数占劳动人口的比例为 15.3%，1932 年达到 22.5%。在美国各城市，排队领救济食品的穷人长达几个街区，劳动者不得不排着更长的队伍等候在劳务交易市场内。① "大萧条"给经济体带来的破坏性，令英法美等国不得不思考自由放任的市场经济这只无形的"右手"存在的弊端。与此同时，苏联高度集权的计划经济带来的快速工业化进程，让人们开始向往政府干预经济的"左手"带来的"魔力"。

为避免经济崩溃，各国政府都在寻找灵丹妙药，以尽快摆脱民众失业的痛苦。此时凯恩斯主义应运而生，各国政要狂热地追求凯恩斯的需求不足理论，丘吉尔在制定经济政策的时候要与凯恩斯一起商量，甚至远在大洋彼岸的美国总统罗斯福也要找机会与凯恩斯一起喝个茶。面对"大萧条"，罗斯福实践政府干预经济，大建公共工程毫不含糊，在上任第一年就要内政部长伊克斯推进桥梁和公共建筑等公共工程项目，结果预算赤字一下攀升至 60 亿美元，这一数字现在看起来少得可怜，但在当时，这几乎是一个灾难性的账户，足以让预算总监道格拉斯宁愿辞职也不愿再干这事。不可否认，这些政策在短期内取得了显著的效果。到第二次世界大战前夕，美国政府支出的种种工程费用及数目较小的直接救济费用达 180 亿美元，美国政府借此修筑了近 1000 座飞机场、12000 多个运动场、800 多座

---

① 资料来源：Michael Darby, 1976, "Three and A Half Million U. S. Employees Have Been Mislaid: Or, an Explanation of Unemployment, 1934 – 1941," *Journal of Political Economy* 84.

校舍与医院。这样通过政府刺激大兴土木的规模,在世界经济发展史上已属罕见。这些工程毫无疑问会为工匠、非熟练工人和建筑业工人创造就业机会,同时还会给成千上万的失业艺术家提供形形色色的工作。美国1933年失业率为20.6%,到1934年失业率下降到16%,1935年降到14.2%,1936年,美国的生产水平就已经恢复到"大萧条"前的水平①。

假若说罗斯福总统实施公共工程刺激经济,是为解决失业所需,对凯恩斯理论是所谓礼节性的接受,属于特定环境下不得已而为之,那么美国另外一位青年才俊总统肯尼迪,及其继任者约翰逊,对凯恩斯的思想却是骨子里的崇拜。这可能与肯尼迪在哈佛的读书经历有关。肯尼迪在哈佛有一位指导老师叫加尔布雷斯,他的这位老师在凯恩斯的《通论》出版之后,成为凯恩斯最忠实的粉丝,在数千份报刊上发表文章,成为凯恩斯主义观点在美国的主要普及者。在加尔布雷斯的吹风下,肯尼迪总统在他的顾问班底中任命了包括托宾、戈登、狄龙、赫勒等一大批凯恩斯主义的忠实信徒。肯尼迪总统不像罗斯福那样在选民面前对公共工程的政府刺激还"犹抱琵琶半遮面",他直接告诉美国人民,他"不光会在商业周期触底时采用凯恩斯主义的对策,还要把它作为推动全国生产力的一般性政策工具"②。很可惜,这位坦率直接、精力旺盛的才俊在自己的雄心壮志刚刚实施不久,就遇刺身亡。其继任者约翰逊在接管政府之后发誓要在每一个方面都秉承前任的政治遗产,把凯恩斯主义进行到底。

在两位铁杆粉丝的强力推动下,凯恩斯的思想在美国被发挥得淋

---

① 加里·M. 沃尔顿和休·罗考夫:《美国经济史》(第十版),王钰等译,北京:中国人民大学出版社,2013。
② 尼古拉斯·韦普肖特:《凯恩斯大战哈耶克》,闾佳译,北京:机械工业出版社,2013。

漓尽致，成果显著：美国的失业率从 1964 年占劳动力的 5% 至 1965 年的 4.4% 再到 1966 年的 3.7%，美国的经济增长从 1961 年 2 月持续扩张至 1969 年 11 月；通货膨胀率 1964～1965 年低于 2%，到 1966 年略微增长至 3%①。在这些辉煌的成果面前，凯恩斯的经济理论成了经济发展的一副"万灵"神药。也正是凯恩斯主义在美国实践的成功，一时间他的《通论》在各国"洛阳纸贵"，一跃成为经济学理论的传世经典。与此同时，一些新兴经济体的政府干预和苏联的计划经济也都展现了巨大的成功，这些实践似乎都在彰显政府干预这一"左手"可以成为促进经济发展最为重要的力量。

但遗憾的是，好景不长。到 1969 年，美国的通货膨胀率开始上升，达到 4% 左右，随之而来的是财政赤字不断攀升。为了平衡预算，尼克松总统只好削减开支，结果失业率从 1970 年 1 月的 3.9% 上升至年底的 6.1%。在尼克松和福特的反复努力下，经济仍没有出现任何好转，相反，却出现背离"菲利普斯曲线"② 的现象——高通货膨胀率和失业率并存的"滞胀"。1973 年通货膨胀率加速至 6.2%，到 1975 年，达到 9% 左右（英国在这一年的通货膨胀率为 27%），失业率达到 9% 左右③。尽管后来的卡特总统也很努力工作，但在这"滞胀"面前，已是"有心杀敌，无力回天"。这种状态一直维持到 1981 年里根总统上台前。持续的"滞胀"不仅发生在美国，西欧一些发达经济体也遭遇同样的困境，当时的凯恩斯主义者相信，"菲利

---

① 加里·M. 沃尔顿和休·罗考夫：《美国经济史》（第十版），王钰等译，北京：中国人民大学出版社，2013。

② 表明失业与通货膨胀存在一种交替关系的曲线，通货膨胀率高时，失业率低；通货膨胀率低时，失业率高。见萨缪尔森和诺德豪斯《经济学》（第 18 版），萧琛主译，北京：人民邮电出版社，2008 年。

③ 加里·M. 沃尔顿和休·罗考夫：《美国经济史》（第十版），王钰等译，北京：中国人民大学出版社，2013。

普斯曲线"揭示的是一条颠扑不破的真理——失业率和通货膨胀率不可能同时上升。但持续的"滞胀",令大家发现"菲利普斯曲线"是一个伪命题,同时也就破坏了人们对凯恩斯理论其余部分的所有信心。

"左手"出弊端,又靠"右手"化解

持续的"滞胀",令特别担心失业的年轻人,已经对政府干预经济这一"左手"讨厌至极,从而重新去思考、召唤"自由放任的市场经济"这一久别的"右手"。首先举起这一"右手"旗帜的是 1979 年新当选英国首相的撒切尔夫人。这位"铁娘子"坚决反对过去那种在国家干预之下靠扩大投资、增加就业和提高消费来刺激经济发展的做法。她一上台就着手缩小公共部门的规模,减少货币供应量,减少国家干预,重视发挥市场机制作用的办法,放松对企业的法规管制。当时的英国,绝大部分造船厂和钢铁厂、铁路、公交、煤矿、电话网络、电力、煤气、自来水、航空公司、港口和机场都是属于国家的,为了激活企业活力,在对企业进行减税的同时减少国家财政赤字压力,撒切尔夫人启动了她赫赫有名的"私有化"改革,开始变卖国有资产,来偿还国家债务。在"铁娘子"卸任时,工业中的国有部分已减少了 60%。

1981～1988 年英国经济增长率和劳动生产率增长速度等都优于欧洲大陆国家和美日等主要工业化国家,显现了少有的活力。从 1981～1986 年间,经济年平均增长速度保持在 3% 左右,1987 年经济增长率达到 5.5%[①]。持续了 18 年的财政赤字从 1987 年度起也开始转为盈余。私有化改革过程推行了广泛的股权制计划,使大约 1/4 的人拥有了股份,这极大地激发了企业的活力,企业利润率得到大幅度提升,1981～1986

---

① 数据来源于 Wind 数据库。

年企业利润平均增长率高达 22%，创造出了 50 年代末以来的最高水平。在经济恢复活力的同时，通货膨胀也得到了有效的控制，在 1981 至 1986 年期间，通货膨胀率从 1980 年 5 月的 17.97% 这一高峰下降到 1986 年夏季的 3.43%[1]。

撒切尔夫人在英国重新举起自由放任的市场经济这一"右手"，极大地鼓舞了里根的竞选，也为里根的竞选提供了纲领，指明了方向。一句"我们可以不受政府干预"的竞选口号，直接让卡特败北。里根上台之后，一方面高举哈耶克和弗里德曼的自由放任市场经济这一"右手"，另一方面又结合自己的经验、接受供给学派的政策观点来形成"里根经济学"。在高举自由放任市场经济方面，他相信弗里德曼所认为的压制通货膨胀最有效的办法就是紧缩货币，所以他支持哈耶克的粉丝——当时美联储主席沃尔克，这位联储主席倡导的是稳健货币政策。同时里根总统也完全抛弃凯恩斯主义所倡导的增加公共开支去刺激"需求"的经济发展方式，而是采用通过减少行业管制和企业税收，鼓励生产商供给更多更廉价的商品来实现经济的繁荣（有人把它称为供给学派经济学[2]）。

里根总统并不满足于这些，他还倡导美国需要大幅削减收入税，来增加个人消费，形成"里根经济学[3]"。里根总统的"药方"治愈美国的"滞胀"效果较快，到了 1983 年，经济开始回升。第一季度国民生产总值上升了 1.5%，第二季度上升了 3.1%，第三季度 5.7%，第四

---

[1] 数据来源于世界银行数据库。

[2] "供应学派"由美国经济学家裘得·万尼斯基在 1975 年命名。除了裘得·万尼斯基外，罗伯特·蒙代尔和亚瑟·拉弗尔是另外两位极力推崇"供应学派"的经济学家。与凯恩斯传统"需求"经济理论相反，"供应学派"强调的是，"供应"与"需求"关系中的"供应"一边，即"供应创造自身的需求"。

[3] 里根经济学的主要内容是以供给学派的减税政策来对付经济停滞，以货币学派的控制货币供应量来对付通货膨胀。

季度 7.9% 左右，全年综合增长了 4.55%。到 1984 年第一季度的国民生产总值增长率达到了 12.4%[1]。同时，通货膨胀率明显减低，从 1980 年的 12.4% 下降到 1982 年的 3.8%。美联储随之将高达 18% 的利率调整到 8.5%[2]。

撒切尔夫人和里根总统的成功让历史天平开始往自由放任的市场经济这只"右手"倾斜。与此同时，倡导政府干预经济之"左手"的经济体相继出现问题。特别是 80 年代拉美国家的债务危机和 80 年代末 90 年代初以苏联为代表的部分社会主义计划经济体制的崩溃等一连串问题的出现，标志着政府通过经济政策干预经济运行的凯恩斯主义、倡导政府干预经济发展的结构主义和政府主导经济运行的计划经济体制，已经濒临被抛弃的边缘。世人均认为政府主导的工业化进程属于失败之举，政府的干预不仅使资源配置、市场供求被扭曲，而且还由于经济主体缺乏有效的激励机制，导致经济运行机制僵化。

英美成功的"春风"吹到了步履艰难的俄罗斯，它们选择了哈耶克和弗里德曼的最新成果——"新自由主义"的市场经济理论。在推出的改革方案中，他们以理性预期宏观经济学派为指导，倡导实行自由的市场经济政策，强调市场的配置功能，反对政府对经济的干预，认为政府应该退出资源配置领域和分配领域。后来拉美推出的综合改革方案也与此大同小异。

"右手"失灵，又想"左手"纠偏

也不知是"水土不服"，还是担心俄罗斯重新变得强大而故意在设

---

① 数据来自彭博数据库。
② 数据来源于 Wind 数据库。

计方案的时候有所保留，"休克疗法"方案推出之后，整个 90 年代，俄罗斯连续发生了两次金融危机，经济运行在高通胀的背景下一度达到崩溃的边缘，经济秩序受到了严重的破坏。从 1992 年转轨 5 年，物价上涨了近 5000 倍。卢布大幅贬值：美元与卢布比价 1991 年为 1∶59，1998 年跌到 1∶6000①。2012 年在莫斯科和圣彼得堡与接待我们的俄罗斯同仁交流，他们说现在的俄罗斯居民对通胀和金融危机还心有余悸，赚来的钱宁愿放在自家床底下，也不愿意去存银行。

拉美国家是实践哈耶克和弗里德曼自由放任市场经济理论最早的地区。20 世纪 70 年代，以智利为首的几个少数拉美国家就开始实施"新自由主义"经济改革，弗里德曼后来说，"智利是'新自由主义'的试验场"。上个世纪 80 年代是拉美国家失去的十年，拉美国家的年均增长率仅 1.0%，人均产值年均增长率为 - 1.0%。1982 年拉美债务危机爆发，为摆脱债务危机，拉美各国开始全面接受"新自由主义"并根据其推行全面改革和政策主张，在"华盛顿共识"的影响下，对各项改革进行完善，随后经济得到恢复性增长，1991 ~ 1998 年，拉美国家的年均增长率达到 3.5%，人均产值年均增长率达到 1.7%②，通货膨胀也得到了有效的控制，通货膨胀率由 1989 年和 1990 年的 1212.5% 和 1191.3%，下降到 1991 年的 199.7%，到 1998 年整个拉美地区的平均通货膨胀率下降到 11%。但很遗憾，拉美这些改革并没有彻底解决他们的经济问题，反而带来了经济与金融危机。巴西 1999 年的货币危机和阿根廷 2001 年的债务危机，再次把拉美经济拖入深渊，依靠挥舞"右手"的"华盛顿共识"改革主张并没有将拉美的经济拉出"陷阱"。

---

① 数据来自彭博数据库。

② 苏振兴：《90 年代的拉美经济：增长与动荡》，《拉美经济研究》2000 年第 1 期，第 3 ~ 10 页。

面对挥舞"右手"带来困境的俄罗斯和拉美经济体,天平似乎又开始向政府干预经济的"左手"倾斜,人们不得不又重新思考自由市场的有效性和凯恩斯主义的合理性。

经过了"里根经济学"之后,美国经济步入了较长时间的繁荣增长期,特别是 20 世纪 90 年代"新经济"的出现。但历史总是喜欢开玩笑,在经济持续繁荣了 25 年之后,大调整开始降临,由美国次贷危机引发的全球性金融危机不约而至。2007 年 4 月 2 日美国第二大次级抵押贷款公司——新世纪金融(New Century Financial Corp)宣布申请破产保护。2007 年 8 月 6 日美国第十大抵押贷款机构——美国住房抵押贷款投资公司正式向法院申请破产保护。2008 年 3 月 16 日摩根大通宣布启动收购贝尔斯登。2008 年 9 月 15 日美国第四大投资银行雷曼兄弟公司陷入严重财务危机并宣布申请破产保护。2008 年 9 月 25 日全美最大的储蓄及贷款银行——总部位于西雅图的华盛顿互惠公司(Washington Mutual Inc.)倒闭。由次贷危机引发的金融危机似乎愈演愈烈,道琼斯指数从 2007 年 10 月份的高点 14198.10 点,一路下跌,到 2009 年 3 月的 6469.95 点,下跌 54.43%,英国富时 100 指数同期下跌 49.36%,法国 CAC40 指数同期下跌 59.95%。到 2008 年末,国际原油期货价格从 2008 年上半年的高点 147 美元/桶回落到 35 美元/桶。金融对实体经济的影响也快速显现,从 2008 年第三、四季度来看,美国经济增长率分别为 -0.5% 和 -6.2%。世界主要经济体纷纷陷入衰退,2008 年欧元区第三、四季度的经济增长率分别为 -0.2% 和 -1.5%,日本分别为 -0.1% 和 -3.7%(折年率为 -1.4% 和 -12.1%)[①]。

———————————

① 数据来源于 Wind 数据库。

面对这次大危机，各国政府空前团结，纷纷启动了阔别已久的凯恩斯主义刺激计划。尽管大家都在倡导自由放任的市场经济，但是面对危机，没有哪一个政府能淡定地相信：自由市场随着时间的推移能实现自我纠偏。作为政府很难去想象和承担经济崩溃的后果：有多少人会失业，有多少人会因此无家可归、流离失所，有多少企业会宣布破产，又有多少企业家从此走上逃债的颠沛流离之路，失业的上升又会导致犯罪率上升，民怨的增大会否影响社会和政权的稳定。这也反映出经济学最为遗憾的地方：不能通过实验室去完成实验，只能在人类历史的发展中去试验。

2007年8月31日伯南克表示美联储将努力避免信贷危机损害经济发展，布什承诺政府将采取一揽子计划挽救次级房贷危机。2007年9月7日，美国财政部长保尔森宣布政府接管美国两大房屋贷款融资机构房利美和房地美，并将由美国国会新创建的机构联邦住房金融署负责管理这两家机构。2008年2月14日，总统布什签署了总额约为1680亿美元的法案，拟通过大幅退税刺激消费和投资，刺激经济增长，以避免经济衰退。2008年7月30日《住房和经济恢复法案》经布什总统签署发布。法案一方面宣布拨款3000亿美元在联邦住宅管理局（FHA）管理下建立专项基金，为40万个逾期未还按揭贷款的家庭提供担保；另一方面授权美国财政部可以"无限度"提高房利美和房地美的贷款信用额度，并承诺在必要时刻美国政府将出资购买这两家机构的股票。2008年9月20日布什政府正式向美国国会提交拯救金融系统的法案，财政部将获得授权购买最高达7000亿美元的不良房屋抵押贷款资产。后来在美参议院投票表决时，救市方案总额还从原来的7000亿美元提高到了8500亿美元。美联储更是激进，截至2008年底，进行了10次联邦基准利率的调整，目标利率水平由过去的5.25%降到0~0.25%的区间。与此同时，美联储主席伯南克启动了一系列创新型的量化宽松政策工具,一直到 2014 年伯南克退休,耶伦继任美联储主席,这些量化宽松政策还在采用。

尽管 2008 年次贷危机爆发时,很多经济学家认为这次全球面临的危机可能要超过"大萧条",但各国联合对经济的干预规模也可以说是史无前例。幸运的是,在这样一个大危机面前,我们不仅没有面对大面积失业,也没有遭遇为转移矛盾而带来的战争。

从中不难看出,在"新自由主义"者的狂热面前,凯恩斯主义本已处于分崩离析的状态,新凯恩斯主义者尚没有形成一个强大的理论体系,凯恩斯的理论和经验研究也都被主流经济研究者所抛弃[1]。但具有戏剧性的是,似乎所有这些都丝毫没有妨碍其成为政府在应对危机时的决策工具,仍为政府智囊津津乐道。

我们同时也需要清醒地看到,"是药三分毒",这种全球性的通过货币投放来解决金融危机,会带什么样的"后遗症"? 美国的量化退出会产生什么样的影响? 是产生新的流动性危机还是通货膨胀? 我们未来都将要面对。未来的发展,就算创造这次救助行动的"全球货币总指挥"伯南克先生也未必知道,或许创造新的货币政策工具本身就是"摸着石头过河",更别说执行后预测未来。就像诺贝尔经济学奖获得者萨金特先生在 2014 中国网易经济学家年会上所说的:2008 年美联储还是拿美国经济做了很多的试验,这些试验产生了很多的数据和结果,我们也从中边做边学[2]。

---

① 新凯恩斯主义一词最早由帕金提出,见 Gordon, Robert J., 1990, "What Is New - Keynesian Economics?" *Journal of Economic Literature*, Vol. 28 (3), pp. 1115 - 1171.

② 2013 年 12 月 16 日,以"重建改革逻辑"为主题的 2014 网易经济学家年会在北京举行,笔者正好与萨金特先生在一个分论坛分别发言,对他的这一演讲印象很深。萨金特是 2011 年诺贝尔经济学奖获得者。自 70 年代初以来,萨金特一直是理性预期学派的领袖人物,他和华莱士共同研究,发展出了理性预期均衡的马鞍路径稳定性特征化及政策无效性命题。

需从制度视角考量"左右手"

透过经济发展实践，为我们提出了以下思考角度。

第一，从不同时期不同经济体的发展进程来看，即便对成熟的经济体而言，我们也得不出一个在实际运行中可以遵循的"真实繁荣"理论，都是在"左手"政府干预经济和"右手"市场自由放任之间不断摇摆。尽管在"左手"和"右手"的实践交锋中，各种理论都在更靠近真理，政府对经济的驾驭水平也越发娴熟，但仍然都还处在"摸着石头过河"阶段，"实践"并没有告诉大家"真知"。总想寻找到驾驭经济的法宝，但一次次都是解决了一个经济问题的同时又衍生出了另外的经济问题。

第二，"左手"和"右手"在循环交替地被各个经济体所采用的过程中，不管是推崇"左手"的政府不断干预市场发展经济，还是仰仗"右手"的自由放任市场发展经济，在发展的先期都很好地促进了经济发展，但经历了一段时期的高增长之后，最后都以危机结束。在危机出现之后，发展方式就开始偏向另外一只"手"。探讨其原因，就需要回到奥尔森的分析：在初期，利益格局还没有形成，集体行动有利于经济的发展。随着利益集团的逐步壮大，由于制度安排的僵化，"左手"和"右手"都将膨胀化，此时的集体行动将阻碍经济的发展。[①]

因此，经济发展问题归结到底是制度问题。自由市场和政府干预是否有效关键在于已有的制度安排是否适应经济体的经济发展阶段和客观环境，可以说，对经济体的繁荣和"真实繁荣"起决定作用的是

---

① 曼瑟·奥尔森：《国家的兴衰——经济增长、滞胀和社会僵化》，李增刚译，上海：上海世纪出版集团，2007。

选择合适的制度，在此基础上再去探讨选择自由市场或政府干预似乎更为妥当。

第三节　繁荣：不仅是效率问题，还是制度问题

当我们在探讨是"左手"的政府干预，还是"右手"的自由放任市场更有利于经济的发展时，有一些研究者开始迷惑：为何有的经济体采用"左手"的政府干预有效地促进了经济的发展，而有些经济体却没有看到所期望的结果？为何有些经济体采用"右手"的自由放任市场，经济增速得到快速提高，而有些经济体却依然维持低增长甚至陷入负增长？在发展之初，发展水平都相似的条件下，为何几十年后，有的经济体变得富裕，有的经济体却依然贫穷？

现实的困惑总会指导经济学家们去理论寻源。古典、新古典和凯恩斯主义的经济学家们在"制度静态"的条件下，努力寻求资源配置效率的"帕累托改进"，希望最终实现资源的最优配置，但这种"先天的缺陷"，使他们尽管努力去寻求结果，也解决不了经济体如何动态地实现持续稳定增长的问题，也即探讨不出经济体的最优经济增长路径。为了寻求经济体的最优增长路径，探讨出经济发展的"稳态"，实现经济体的繁荣，经济学家们开始从经济增长的内生动力、经济结构和制度安排等方面去探索原因。

增长的最优路径和"稳态"

从亚当·斯密、李嘉图到杨格、熊彼特，这些经济学家们从劳动分工，报酬递减，资本、劳动力、技术进步以及新产品和新生产方法的应用等角度去分析经济增长，但探讨最优经济增长路径（即最优繁荣路

径）的现代经济增长研究却要从拉姆齐开始说起。

拉姆齐，这位 26 岁英年早逝的经济学家一生只写过两篇文章，但只要一出手，文章都划了时代。1926 年，当时拉姆齐 23 岁，他在剑桥大学道德科学俱乐部宣读了论文"真理与概率"，这篇论文为 1944 年冯·诺依曼和摩根斯坦的名著《博弈论与经济行为》提供了主观概率的哲学基础。现在，我们知道博弈论已经改写了经济学教科书而且正在改写其他的社会科学教科书[1]。1928 年，25 岁的拉姆齐在《经济学杂志》发表论文"一个关于储蓄的数学理论"[2]，这篇论文超前时代几十年，他对跨时家庭最优化的分析不仅可以应用在经济增长理论上，现代消费理论、资产定价理论和商业周期理论等都需要建立在他的最优化条件之下，拉姆齐的跨期可分效用函数已经与柯布—道格拉斯生产函数[3]一样，被经济学家们反复使用。

在凯斯和库普曼斯把拉姆齐的消费最优化分析引入到新古典增长理论之前，哈罗德—多马针对凯恩斯"短期、静态"的分析经济增长问题的缺陷，提出从储蓄率和资本产出比的角度动态分析经济增长问题[4]。

---

① 汪丁丁:《流萤穿过空庭——拉姆齐生平略述》，汪丁丁的博客，2010，http://wangdingding. blog. caixin. com/archives/8580。

② Ramsey, F., "A Mathematic Theory of Saving", *Economic Journal*, 1928 (38), pp. 543 – 549.

③ "柯布—道格拉斯函数大概是经济学上最普遍的形式，其通俗性源于它的使用特别方便和它具备经济学家理想中的极小性。它很早就引人注目地出现在分配理论中，被用来证明当生产弹性总和为 1 时的要素份额加总定理。它是许多初期的数量经济学家为获得边际产品和边际效用的理想表达。""它作为一个既是效用又是生产的函数，已被广泛地用于分析增长、发展、宏观经济学、财政、劳动以及经济学中其他任何领域的问题。"见伊特韦尔等编《新帕尔格雷夫经济学大辞典（第一卷）》，北京：经济科学出版社，1996，第 500～501 页。

④ Domar, Evsey D., "Capital Expansion, Rate of Growth, and Employment," *Econometrica*, 1946, 14, (April), pp. 137 – 147. Harrod, Roy F., "An Essay in Dynamic Theory," *Economic Journal*, 1939, 49 (June), pp. 14 – 33.

但由于他们假定不存在技术进步和产品的规模收益不变，并且采用投入要素之间不可替代的生产函数论证出只有自然增长率与均衡增长率一致时，才能实现长期稳态增长，这一系列过于苛刻的假设显然只能是"刀锋增长理论"①，这让所有相信他的经济理论的研究者，都担心长期增长的稳定性。因此，尽管他们开启了新古典经济增长理论研究的先河，但毫不掩饰地说，他们对经济增长理论的思想贡献却几乎可以忽略不计。索洛修正了哈罗德—多马模型的不足，把传统的生产要素——土地、资本和劳动力——当成影响经济增长的变量②。在土地既定的条件下，索洛认为经济增长是物质资本和人力资本（劳动力）积累的结果。索洛推断经济增长率会随着资本密集程度的变化而变化，当一个国家的资本密集程度上升时，经济增长会放缓，反之亦然。这就是所谓的"趋同假说"，各国的边际增长率最终会相等，这就是说落后国家只要能逐步地进行制度完善，最终能赶上发达国家。也许是索洛模型中资本积累只能解释经济增长的大部分，还有另一部分"索洛余值"无法解释③，而可能正是"索洛余值"背后的其他原因，在真实世界里我们没有看到"趋同收敛"，却看到国家之间的贫富差距还在拉大，哪怕有联合国和世界银行等国际机构的不断扶贫，也没有改变这一现象。

产生这一缺陷的原因是他们假定技术进步是外生变量，那么推导出

---

① 主要是描述哈罗德的"不稳定原理"，即实际增长率与有保证的增长率之间一旦发生了偏差，经济活动不仅不能自我纠正，而且产生更大的偏差。

② Swan Trevor W., "Economic Growth and Capital Accumulation", *Economic Record*, 1956, (32), pp. 334 – 361. Solow Robert M., "A Contribution to the Theory of Economic Growth", *Quarterly Journal of Economics*, 1956, (70), pp. 65 – 94.

③ 索洛余值：美国经济学家索洛发现，在经济增长中，有一部分仅凭资本和劳动是无法解释的，索洛将之归结为科技进步的作用。罗伯特·J. 巴罗、哈维尔·萨拉伊马丁：《经济增长》，何晖、刘明兴译，北京：中国社会科学出版社，2000。

来的结果就是长期人均增长率完全被模型的外生变量——技术进步率所决定。由于索洛增长模型忽视技术进步对经济增长的作用，研究者们很难去接受这一现实，技术进步如何纳入经济增长模式便提上日程。尽管凯斯和库普曼斯通过引入消费最优化，解决了储蓄的内生性问题[①]，但并没有消除长期人均增长率仍然依赖于外生的技术进步的问题。也许是由于经济的持续"滞胀"让大家都集中于思考凯恩斯理论到底错在哪里，如何补充完善？或者研究者们都被哈耶克和弗里德曼的自由主义所吸引，整个70年代，经济增长领域的研究毫无生气，研究成果极度贫乏。

但经济的长期增长是至关重要的，这种重要性要远胜于经济周期的机理或货币和财政政策的逆周期效应[②]。因为长期增长率多一个百分点或少一个百分点，其结果可能迥异，例如，1870～1990年间美国的年均增长率为1.75%，假若美国的年均增长比实际的年均增长率低1个百分点，那么现在的美国可能就不是世界第一号强国，人均GDP可能就与墨西哥、匈牙利差不多。这就是复合增长的魅力！追求财富快速积累的人们都知道，巴菲特在1965～2006年的42年间，其伯克希尔公司净资产的年均增长率为21.46%，以单年来看，这并不高，目前A股市场上很多公募基金经理和私募基金经理在一些年份都能做到，而且可能还要高得多。但巴菲特实现的是复合收益率，这么多年累积下来就惊人了，因为它累计增长了361156%，也就是1965年投资1万元，到2006年就变成了3600多万元了。当然他也要感谢美国这么多年的持续增长，

---

① Cass, David, "Optimum Growth in an Aggregative Model of Capital Accumulation?", *Review of Economic Studies*, 1965 (32), pp. 233 – 240. Koopmans, T. C., "On the concept of optimal economic growth", Cowles Foundation Discussion Papers, 1963, 28.

② 巴罗和萨拉伊马丁：《经济增长》，何晖、刘明兴译，北京：中国社会科学出版社，2000，第12页。

因为同期标准普尔 500 指数成分公司的年均增长率为 10.4%，累计增长幅也达到 6479%。

这个秘密迟早会被经济学家们发现。到了 20 世纪 80 年代，经济增长的研究沉寂了 20 年之后，终于再次焕发生机。罗默[①]、卢卡斯和雷贝多等在阿罗[②]、凯斯和库普曼斯的基础之上，把技术进步和人力资本都内生化于经济增长模型之中，后来我们称之为新经济增长理论或内生增长理论。新经济增长理论首先放弃了技术外生化的假定，认为大部分技术或知识经济主体都是利润最大化的有意识投资的产物。其次，对"劳动力"这一定义进行了拓展，拓展为人力资本——不仅包括绝对的劳动力数量和该国所处的平均技术水平，而且还包括劳动力的教育水平、生产技能训练和相互协作能力的培养等。这样新经济增长理论就自然将知识和专业化的人力资本引入增长模型框架，认为知识和专业化的人力资本积累可以产生递增收益并增进其他投入要素的收益，进而总的规模收益递增，这也就解决了经济增长的持续动力和永久源泉。

与凯恩斯的宏观经济理论和新古典增长理论不同的是，新经济增长理论更注重促进长期增长的经济政策，即关注"真实繁荣"的经济政策。例如，新经济增长理论中考虑边干边学和知识外溢效应，这对发展

[①] 保罗·罗默 1990 年提出了技术进步内生增长模型，他在理论上第一次提出了技术进步内生的增长模型，这是建立在阿罗提出的边干边学模型以及罗默提出的收益递增增长模型之上的。

[②] 在阿罗的模型中，只是将技术进步的一部分内生化了。在这一模型中，产出不仅仅是有形要素的投入，而且也是学习和经验积累的结果。体现为：资本的贡献要大于传统的贡献，因为增加的资本不仅通过其对生产的直接贡献来提高产量，而且通过其间接推动新思想的发展来提高产量。但在这一模型中技术仍然是外生的，它随着内生的资本存量的变化而变化。见 Arrow, Kenneth J. (1962), "The Economic Implications of Learning by Doing," *Review of Economic Studies*, 29 (June), pp. 155 – 173.

中国家的启发是，在经济发展过程中更应该加强对外开放，因为国与国之间发展对外贸易不仅可以增加对外贸易的总量，而且可以加速先进知识、技术和人力资本在世界范围内的传递，使参与贸易的各国在知识、技术和人力资本水平上能得到迅速提高。

在新经济增长理论中，充分重视了知识的作用，将技术进步完全内生化，认为增长的原动力是知识积累，而知识或者知识的载体——人力资本具有规模报酬递增的性质，而且存在着经济的发展将刺激知识的积累，反过来知识的积累又促进经济发展的良性循环。这一理论对我们的实践工作也是很有借鉴意义的，特别对金融企业如此。每当有金融企业高管问起如何提升企业竞争力时，我都会强调加大人力资本的投入，因为金融企业投入的生产设备就是每位员工一台电脑，那么要做大做强唯有加大资本的投入，这资本包括物质资本和人力资本，物质资本依赖于股东方，而人力资本是管理层能做到的。良性循环之后，企业就慢慢做大做强了。

按照内生增长的逻辑，任何国家步入繁荣之后应该都可以实现"真实繁荣"，因为，富强国家步入良性循环之后人力资本将快速提升，从而能促进经济的持续增长，经济持续增长又会促进人力资本的快速积累，不断循环下去。但实际情况并非如此。现实的情况是一些经济体经济快速发展之后人力资本开始变得丰富，而另一些经济体经济快速发展之后人力资本却仍然很匮乏。就经济增长而言，有的经济体实现了较长时间的较高速度增长，而有些经济体却昙花一现。如果我们放更长的时间去看经济发展，就像上一章节我们所探讨的，国家的繁荣和兴衰总在不断交替。因此，把"制度有效和静态"假设为既定的新经济增长理论，在探讨经济"真实繁荣"方面，显得缺乏足够的说服力，同时在现实面前也显苍白。

"超级政府"带来"超级繁荣"

不论是古典经济理论，还是新古典经济理论，其探讨的基础更多是西方相对成熟的经济体。这一假设条件与发展中国家的现实条件存在巨大反差，这也促使研究者们开始去寻求对所有发展中国家都适用的宏观发展理论体系。与此同时，实践的差异也促使研究者们思考经济发展理论。例如，欧美市场经济国家在 1930 年的大萧条，促使人们意识到市场机制存在严重的不完善，而 20 世纪 20 年代至 40 年代苏联却通过重化工业发展战略和计划经济模式取得了经济快速发展。

1943 年，罗森斯坦－罗丹发表了一篇论文认为，发展的良性循环从本质上取决于单个厂商水平上的规模经济和市场规模的互动。这一框架把研究者引入到从结构的角度分析发展中经济体的发展。这些研究者中有一位我们较为熟悉的学者就是张培刚先生，1945 年他在哈佛大学完成的博士论文《农业与工业化》，获得了"大卫·威尔士奖"，该论文探讨了中国这一农业国家如何在结合自身实际的前提下，借鉴欧美、苏联工业化的经验和教训，提出既要强调农业的基础地位和作用，又要不断缩小农业在国民经济中的比重，以提高工业化水平[①]。这一开创性探讨使张老被誉为发展经济学的创始人之一。

此后以刘易斯、钱纳里为代表的结构主义认为发展经济体的市场结构和社会结构不同于发达经济体，这一社会形态不同于新古典经济学理论中所描述的市场能在价格的调节下实现灵活调整。在发展中经济体

---

① 张培刚：《农业与工业化》，北京：中国人民大学出版社，2014。

中，价格对资源配置和收入分配所起的作用非常有限，因此这些经济体需要借助国家干预来实现对经济结构的改进①。依托于当时的苏联实践经验，发展经济学对解释这些二元经济体的发展有着很强的现实意义。他们所形成的一些经济理论，尽管在特定的时间里取得了一定的辉煌，但随着"新自由主义"的崛起和新制度经济学的兴起，20 世纪 80 年代拉美经济体步入沉沦的"十年"，以及伴随而来的 20 世纪 90 年代以苏联为首的一些社会主义国家经济制度和社会制度的转型，发展经济学的结构主义逐渐被经济研究者抛弃。

面对现实的困难，经济学家们对一些发展经济体和以苏联为首的一些社会主义国家如何实现经济转型发展，开出的"药方"都是秉承"华盛顿共识"，提出的政策建议都是倡导市场这一"无形的右手"能有效地实现资源的最优配置和供需调节，建议政府不要干预经济的运行。

这些"药方"有一个最大的问题：由于一些发展中经济体没有建立有效的市场体系，市场运行机制的缺陷都还相当明显，此时去比较市场效率与政府效率的高低，显然是忽视了假设条件中发展经济体经济的特殊性，因为在市场体系没有有效建立、法律精神还相对缺失的经济体中，不管是市场选择还是政府决策都会失效，没有谁优谁劣。缺乏一个可进行比较的前提假设条件，再进行后续的分析，已经没有意义。与此同时，在效率缺失的条件下，公平也受到了践踏。

当然结果和教训是惨痛的，例如，俄罗斯依照"休克疗法"，把国有企业通过股权的方式分给了俄罗斯公民，但由于法律缺失，有效的市场秩序没有建立，随之而来便是权贵资本通过"非正常手段"从公民

---

① 阿瑟·刘易斯：《经济增长理论》，郭金兴等译，北京：机械工业出版社，2015。钱纳里：《结构变化与发展政策》，朱东海、黄钟译，北京：经济科学出版社，1991。

手中再次把这些股权进行聚集,看似一场"与时俱进"的改革,结果是变相地进行了一场权贵资本瓜分全民资产的盛宴。

世界总是有奇迹发生。1978 年之后,中国通过顶层设计实现了一系列改革,实现了三十多年的"经济发展奇迹",如何解释这一"发展奇迹"?针对新古典经济理论没有考虑到中国转轨经济的特殊性,同时又考虑到发展经济学中结构主义经济理论中过多强调政府在经济发展中作用的缺陷,一些经济学家提出一些相对折中的经济理论,对这两方面的理论进行了融合。林毅夫教授就从事这方面的研究。他认为一些发展中国家之所以在经济发展一段时期之后步向衰落,主要是这些国家在政府干预的过程中忽视本国的比较优势,不顾国内资源的稀缺,去优先发展资本密集型的重工业。他采用折中的办法对"新自由主义"的理论和结构主义的经济理论进行了综合,提出了经济结构内生于要素禀赋结构,同时引入基础设置[1]概念,将其作为经济体禀赋的一个新的组成部分纳入分析框架。林毅夫把其理论称之为新结构主义。该理论指出,一国经济体的经济结构内生于劳动力、资本和自然资源的相对丰裕程度,可以通过新古典经济学的方法来研究其经济结构及其变迁,但产业升迁和发展的速度却取决于政府所提供的基础设置的质量[2]。因此该理论主张政府在产业升级的过程中对企业所面临的外部性和协调问题因势利导,做出更好的制度安排去降低企业发展过程中的交易费用。

----

[1] 林毅夫引入的基础设置概念包括硬性(有形)基础设置和软性(无形)基础设置,像高速公路、港口、机场、电信系统、电力系统和其他公共设施等,都属于硬性基础设置,而像制度、规则、社会资本、价值观体系,以及其他社会和经济安排等,都属于软性基础设置。见《新结构经济学——重构发展经济学的框架》,《经济学(季刊)》第 10 卷第 1 期,2010 年 10 月。

[2] 林毅夫:《新结构经济学——反思经济发展与政策的理论框架》,苏剑译,北京:北京大学出版社,2012。

在旧结构主义饱受批评以及实践已经证明失败的条件下，再去倡导政府干预经济能实现落后经济的"后发优势"，显然已不合时宜。故此，新结构主义承认"市场是配置资源最有效率的根本机制"，但考虑到外部性问题，他们建议在市场机制之外，在发展过程中政府仍然要发挥积极的作用。其核心仍然是通过政府的有效干预，引导经济落后国家去有效地实现"后发优势"。

尽管新结构主义对发展经济学理论和新古典经济理论方面进行了融合，对分析转轨经济体和指导发展经济体转轨有实践意义，但不论是理论方面，还是实践操作方面，都有值得商榷之处。就理论方面而言，劳动力、资本和自然资源的相对丰裕程度内生于专业化分工，这在规模报酬递增理论出来之后，已为经济学界普遍接受。但认为政府所提供的基础设置外生于经济结构，这是值得商讨的，因为像制度安排，本身也内生于经济结构，制度安排的改进会有利于经济结构的调整，同时经济结构的改进会推动制度安排进一步完善。同时，新结构主义理论的一个强假设就是政府能依据本国的要素禀赋优势"顺势而为"，即假设政府是"超级政府"，掌握了完全信息，并且能进行完美无瑕的顶层设计、政策制定和执行。我们姑且认为政策的制定者和设计者都是"道德人"[1]，而非经济学广泛探讨的"经济人"[2]

---

[1] 亚当·斯密在《道德情操论》中阐述的"道德人"。"道德人"倡导的精神就是在完全理性的条件下，他们具有同情心、正义感、行为的利他主义倾向，即坚持"毫不利己，专门利人"。见亚当·斯密《道德情操论》，陈出新、陈艳飞译，北京：人民文学出版社，2011。

[2] 新古典学派认为："经济人"就是经济活动的行为主体，一是具有功利主义本性，即以最小成本去获得自身最大的经济收益；二是具有完全理性，即掌握全部知识和信息，通过恰当选择，实现利益最大化；三是"经济人"一般包括生产者和消费者，追求利润和效用最大化；四是"经济人"通常采取劳动、资本、土地、企业家等四种要素供给者的形态。见伊特韦尔等编《新帕尔格雷夫经济学大辞典（第二卷）》，北京：经济科学出版社，1996，第57~58页。

(当然这一假设条件是有缺陷的,就像新古典理论假设市场是完全竞争市场一样,是缺乏现实性的)。在实践操作上,由于发展经济体政府效率本身就是缺乏的,法律对其约束力又相对较小,在这样一种条件下要做到顶层设计、政府决策和执行"完美无瑕",几乎不太可能。

例如,中国的汽车产业政策,在新世纪初,当时的政策导向是想通过出让市场来换取技术,但十几年过去了,市场份额已经出让,甚至已接近饱和,但核心技术却鲜有得到。2009年,中国政府为了促进战略新兴产业的发展,出台了一系列扶持战略新兴产业发展的政策,特别是新能源发展政策。由于扶持政策的出台,全国各地纷纷上马新能源项目,结果导致产能严重过剩,2013年很多光伏企业和风力发电企业面临严重亏损,最后面临兼并重组,等等。

新结构主义另一个值得商榷的问题就是它的假设是理想化的,它认为市场是相对有效率的,政府是绝对有效率的,那么这两者相互碰撞,相互的"取长补短"就能达到完美的追赶之路,实现"后发优势"。很遗憾的是,理想的丰满并不能掩盖现实的骨感,这一缺陷对探讨发展中经济体的经济发展可能是致命的,因为发展中经济体最大的特点是市场是缺乏效率的,而政府很多时候也是缺乏效率的。为何不同的发展中经济体会出现市场和政府效率的差异性?更进一步,为何有的政府能选择适合经济发展的经济制度,有的政府却选择不了?在不同的制度条件下,市场和政府的效率可能完全迥异。很显然,缺乏整个制度环境的背景,孤立地去探讨某一项经济制度安排的效率,容易陷入"只在此山中,云深不知处"。遗憾的是,从"结构"到"新结构"的发展理论都回避了这一问题。

繁荣离不开制度保障

不管是秉承新古典经济学派，还是追随凯恩斯理论，抑或是新经济增长理论，研究者们在其理论框架都做出了很强的假设条件，即在制度没有出现变迁和个人的偏好没有发生变化的条件下进行讨论。而且他们更多的是从发达经济体的现实状况来进行探讨，发达经济体具有良好的法律环境和较好的市场环境。在这种环境之下，不论是市场参与者，还是政府，都会遵从契约精神，从而他们只需要探讨是市场更有效率还是政府更有效率。现实之中，特别是对于一个发展经济体而言，制度变迁的出现较为普遍，而且很多国家还缺乏契约精神。

关于制度与经济之间关系的研究，可以说汗牛充栋。19 世纪 20 年代美国经济迅速发展，但贫富差距拉大，垄断日趋严重，社会矛盾开始尖锐，在这样的经济环境下，以凡勃伦[①]、康芒斯[②]和加尔布

[①] 凡伯伦强调社会结构的变革，这种变革的机制过程则遵从达尔文的自然选择机制，他认为"无论以何种方式产生，任何习俗、惯例与行为方式都受选择机制的影响；而与（变化了的环境）要求相一致的制度则是检验其存活适应性的标准"。"习俗、惯例的积累性发展是对传统的选择性适应的结果"。见凡勃伦《有闲阶级论》，蔡受百译，北京：商务印书馆，1964。凡伯伦的达尔文主义在战后被人们抛弃，主要是人们误解了凡伯伦的选择机制，把他的选择机制与斯宾塞的简单将社会演进与生物进化相类比的选择机制混为一谈，而后者得出的社会演变和国家发展都应遵从"适者生存"原则这一结论成为二战时纳粹德国侵略其他国家、进行屠杀的理论依据。其实凡伯伦反对将经济演化与生物进化进行简单类比。许文彬、张亦春：《信息结构、制度变迁与金融风险演进》，北京：中国财政经济出版社，2004。

[②] 康芒斯看重的是法律制度的作用，他认为社会和经济的演变并不遵从一种选择机制，他认为经济现象是人为选择而非自然的选择结果。在康芒斯看来，自然选择和人为选择是相互排斥的，在涉及人类意愿及由此导致的制度变迁（许多制度是人类意志的产物，包括国家、法院、法律、行政管理等上层建筑）是人类意志的结果。卢瑟福：《经济学中的制度》，北京：中国社会科学出版社，1999。

雷斯①为代表的制度学派开始质疑新古典经济学所认为的政府的最小干预能产生最大的社会福利。他们认为集体行为而非商品的价格才是经济学的重要主题，那种不考虑时间地点差异、不关注各种经济环境的变化，去寻求发现永恒的经济真理的静态观点是不正确的。他们认为，由于社会以及社会制度处于不断的变化之中，经济制度的演进和功能才是经济学的中心议题。

这些经济研究者通过历史归纳法从制度或结构方面来分析经济运行的变化以及存在的问题，反对新古典经济学把制度因素作为分析经济行为的前提假设，但是由于缺乏科学的分析方法和分析工具，同时其研究结果的可检验性又缺乏②，因此，制度学派一直没有被纳入主流经济学派之中。尽管科学性存在不足，但由于他们的研究内容在当时这些"后发追赶"的国家里具有很强的现实性，制度学派的理论也曾经风靡一时。直到二战之后，美国经济体系和法制体系逐步健全，制度学派的影响力才逐步让位于新古典学派。

为了弥补制度学派研究科学性的不足，新制度经济学派有效地把制度作为经济变量纳入主流经济理论。科斯提出交易费用的概念，同时借鉴新古典经济学中的核心假设（例如理性人假设、稳定偏好等）、分析方法（例如均衡分析和最大化分析）、分析工具（例如边际交易费用），使产权就像商品一样，可以通过市场交易实现均衡，从而使新制度经济学实现了与新古典经济学的融合，也很快被主流

---

① 相比二战前的制度学派，战后影响最大的制度学派代表人物就算是加尔布雷斯，他提出的"技术结构阶层"成为新一代掌权者，他的"二元体系"理论曾经轰动一时。

② 制度学派在基础理论的构建上的贡献非常有限。科斯对旧制度经济学派的评价是"他们留给后人的是一堆毫无理论价值的事迹材料，很少有什么东西能被继承下来。可以确定的说，他们对主流经济学的分析方法无任何改进。" Coase R. H. ，"The Nature of the Firm"，Oxford University Press，1996，Oxford.

经济学所接受①。对于产业企业存在的原因及其扩展规模的界限问题，科斯创造了"交易成本"来予以解释。科斯认为，当市场交易成本高于企业内部的管理协调成本时，企业便产生了，企业的存在正是为了节约市场交易费用，即用费用较低的企业内交易代替费用较高的市场交易；当市场交易的边际成本等于企业内部的管理协调边际成本时，就是企业规模扩张的界限。只要交易成本为零，那么无论产权归谁，都可以通过市场自由交易达到资源的最佳配置。施蒂格勒（1982 年诺贝尔经济学奖得主）将科斯的这一思想概括为"在完全竞争条件下，私人成本等于社会成本"，并命名为"科斯定理"。

但这一经典的定理也是有缺陷的。奥尔森认为，"科斯定理"仅仅适用于集体规模很小的情况。一旦集团成员足够多，即使交易成本为零，其成员也不会受到激励为集体产品的提供做出贡献，因为这时

---

① 交易费用理论，由科斯提出，经威廉姆森进一步发展，现在已自成一体系，在他们看来交易费用的存在导致了制度的产生，制度的运作又有利于降低交易费用。在交易费用为零时，制度安排不仅对分配有影响，而且对资源配置，及其对产出的构成有影响。关于交易费用经济学及其主要学者和贡献，请参见《企业制度与市场组织——交易费用经济学文选》中"编者的话"，上海：上海三联书店、上海人民出版社，1996。产权理论，该理论也最初是由科斯提出，经阿尔坎、德姆塞茨、张五常等人的发展，已经成为新制度学派里的一个重要的流派。在他们看来制度的基本功能就是为合作提供"共识"，在制度集合体中财产制度是最基本的制度，私有财产的首要功能在于驱使经济参与人实现"外部性进一步的内在化"。见 Demsetz, H. "Toward a Theory of Property Rights", *American Economic Review*, 1967, 57（2），347 – 359. 关于产权理论及其主要学术贡献，请参见菲吕博腾和配杰威齐《产权与经济理论：近期文献的一个综述》，载于《财产权利与制度变迁——产权学派与新制度学派译文集》，上海三联书店，上海人民出版社，1996。我国学者张维迎和周其仁等学者承接着该派的一些思想脉络，对产权问题进行了研究，特别是对我国的国有企业产权改革提出了他们的一些独到见解。我国学者关于产权和契约的一些研究文献，请参见盛洪主编《现代制度经济学》，北京：北京大学出版社，2003。

"搭便车"的潜在收益相对会更高①。

以"科斯定理"为基础建立起来制度有效论,是科斯、诺斯、贝克尔、德姆塞茨和张五常②等新制度经济学家所极力推崇的。他们认为一个社会最终会选择有效率的制度,剩余利益在不同利益集团间的分配不会影响经济制度的选择③。诺斯和托马斯从制度变迁的角度分析了中世纪西欧农奴制的解体,他们认为在刚开始的时候农奴以劳务换取保护的庄园制是有效率的制度,只是后来随着要素价格的不断变化,庄园制便不再适应发展的需要,缺乏效率,因而解体④。贝克尔认为无效率的制度是不稳定的,利益集团间的竞争最终会导致有效率的政策或制度的出现⑤。德姆塞兹从有关产权起源的角度分

———————————

① 奥尔森在他的《权力与繁荣》说道:"但是在大集团中由于集体行动问题,理性的个人行为意味着个人会尽力不去进行科斯谈判,因而常常使科斯谈判无法发生,即时交易成本是零也如此。""任何对科斯谈判会成功而抱的期望都会产生一个没有核心集的博弈,因为所有理性的人都会不断努力进入搭便车联盟的次集团中,对他们来说这样可以得到最大的收益。"见奥尔森《权力与繁荣》,苏长河、嵇飞译,上海:上海世纪出版集团,2005,第67、69页。

② 张五常指出当人们认为一项制度缺乏效率的时候,通常是因为他们没有找到暗藏的约束条件,见张五常《佃农理论》,上海:商务印书馆,2000。

③ 阿西莫格鲁将这种观点称为政治上的科斯定律(PCT, Political Coase Theorem)(Acemoglu, 2003)。科斯曾指出,在产权清晰界定且交易成本的条件下,产权的初始分配不影响资源的配置效率,交易的双方可以通过谈判来实现产出的最大化并将新增收入在交易双方间的分配。见 Coase R H, "The Problem of Social Cost", *Journal of Law and Economics*, 1960, (3), 1 - 44. 将科斯定律扩展至政治领域,便会得到这样的观点:当一项制度使一部分人获益而使另一部分人受损时,双方可以通过谈判来达成协议选择最有效率的制度然后由制度的获益者补偿受损者,这就是有效制度论。在以往的经济学文献中,制度的有效性通常是作为一个基本的方法论前提出现在经济学家的理论中。见郭艳茹《制度、权力与经济绩效——2005 年美国克拉克奖获得者阿西莫格鲁理论评述》,2006,《理论学刊》2010 年第 5 期。

④ 见 North Douglass C. and Robert P. Thomas, 1973, *The Rise of the Western World: A New Economic History*, Cambridge University Press, Cambridge UK.

⑤ 见 Becker, Gary S., 1958, "Competition and Democracy", *Journal of law and Economic*, 1, 105 - 109.

析了由于土地的私有制更有效率，所以私人产权制度代替了公共产权制度①。

以科斯定理为基础的制度效用论看上去天衣无缝，但它只是从逻辑的角度对历史制度的演进进行的分析，实际上是经不起推敲的。因为，科斯定律能发挥作用有一个强的假设条件：国家能作为第三方来界定和执行产权，实现降低交易成本，从而实现外部效应的内部化。而在制度变迁过程中这种第三方保证机制恰好缺乏，导致很难保证合约在第三方的强制下执行。例如罗得西亚白人向津巴布韦黑人进行权力移交之前，要求黑人政府承诺建立保护他们土地租金的制度和确保他们财产的安全，承诺建立的选举制度要保障白人在国会和众议院中的席位。但是黑人政府的承诺并不可信。1985 年穆加贝政府便改变了选举制度，1990年众议院被取消，然后宪法被修改，进行了对白人土地剥夺的土地改革②。这就如奥尔森所说科斯定理："它还不能解释为什么强制性权力有时被用来强迫契约的执行以使市场运转得更好，以及被用来攫取市场中交易的商品这样的现象③。"

包括诺斯在内的许多新制度经济学家有意无意间接受的制度有效论还暗含了一个致命的逻辑硬伤：既然有效率的制度总是能够出现，那制度有效就可以作为一个预设的前提出现在理论中，同新古典的处理方式一样，那"制度至关重要"的命题也就失去了意义④。

---

① 见 Demsetz, Harold, 1967, "Towards a Theory of Property Right", *American Economic Rewiew*, 57, 61 – 70.

② Acemoglu, Daron, Simon Johnson and James Robinson, 2004, "Institutions as the Fundamental Cause of Long – Run Growth", www. nber. org/papers.

③ 见曼瑟·奥尔森《权力与繁荣》，苏长河、嵇飞译，上海：上海世纪出版集团，2005，第51 页。

④ Acemoglu, Daron, Simon Johnson and James Robinson, 2004, "Institutions as the Fundamental Cause of Long – Run Growth", www. nber. org/papers.

尽管后续的研究者从制度变迁[①]、公共理论[②]、路径依赖理论[③]等方面去促使新制度经济学的科学性和现实性更加紧密,但其对个人偏好的

[①] 制度变迁(Institutional Change)理论,该理论包括诺斯、托马斯、戴维斯等构建的外生制度变迁模型,以及青木昌彦、肖特、阿科斯诺特、布鲁纳等内生制度变迁模型。在外生制度变迁研究者看来制度是在组织相互作用中逐渐演进的,具有最大化行为的组织,既可以在现有的制度约束下实现其目标,也可以通过改变现有的制度约束实现其目标。组织如何实现其最大化目标取决于企业家对现有制度提供报酬机会的主观认识,在制度提供了适应效率的情况下,有效组织能够反过来推动制度朝着有利于经济增长的方向演进,成为经济增长的关键因素,见 North Donglass C., Robert P. Thomas. *The Rise of the Western World*. Cambridge,Cambridge University Press,1973。诺斯将制度变迁最终归结为人口和相对价格变动等外生因素,严重削弱了其理论解释力。制度变迁的内生化理论的核心特征是坚持制度变迁是社会整体演进的结果,其中的任何因素及其变化都是内生于当时的社会环境的,这些因素相互作用,共同推动了制度变迁,因此,不能简单地将其中任何因素作为外生变量来对待。阿西莫格鲁、青木昌彦和格雷夫是内生制度变迁理论的代表性学者,阿西莫格鲁主要侧重于讨论政治领域和经济领域之间的互动,突出强调政治权力的分配对经济制度的变迁起着决定作用。青木昌彦与格雷夫则倾向于建立一个统一、庞大的制度分析框架,分析包括政治、经济、社会、文化等多个因素综合作用下的制度变迁及其相互关系。有关内生化制度变迁理论的详细比较可参见彭涛、魏建《内生制度变迁理论:阿西莫格鲁、青木昌彦和格雷夫的比较》,《经济社会体制比较》2011 年第 2 期。有关从博弈论的角度分析制度变迁的理论及其研究的主要学术贡献可参见韦森(2003)在肖特的《社会制度的经济理论》中所作的中文版序。需要补充的就是杨小凯在他的《发展经济学——超边际与边际分析》一书中曾对包含交易费用的序贯模型进行了详细的探讨。中国关于制度变迁理论研究的林毅夫、汪丁丁、盛洪和张曙光等代表作载于盛洪主编的《现代制度经济学》,北京:北京大学出版社,2003。

[②] 公共选择(Public Choice)、组织(Organization)和法律的经济学解释(Economic Analysis of Law),研究的主要代表学者有布坎南、奥尔森、波斯纳等,他们试图对约束经济行为者和政治行为者的选择与活动的不同法律制度的运转性质做出解释,见布伦南、布坎南《宪政经济学》,冯克利等译,北京:中国社会科学出版社,2012;波斯纳:《法律的经济分析》,北京:中国大百科全书出版社,1997。中国学者张宇燕、盛洪、樊纲、唐寿宁等对公共选择等方面进行了研究。其代表作载于盛洪主编的《现代制度经济学》(下),北京:北京大学出版社,2003。

[③] 路径依赖(Path Dependence)理论,首先提出制度变迁中的轨迹和路径依赖问题是诺斯依据阿瑟(Arthur,1988)关于技术演变过程中的自我增强和路径依赖的论证强化到制度变迁而来,见 North Donglass C, *Institutions, Institutional Change and Economic Performance*. Cambridge,Cambridge University Press,1990。

强假设条件以及理论的可检验性方面的欠缺①，仍然使得新制度经济学在科学性方面要弱于新古典经济学，在实用性方面要弱于制度学派。

针对制度经济学研究的可检验性缺乏，阿西莫格鲁这位克拉克奖的获得者，从实证的角度运用计量模型检验了诺斯"制度至关重要"的命题②。笔者本人在 2005 年曾经也用多国的面板数据，实证检验了一国制度安排对经济增长的作用③。既然是制度决定经济增长，那么在历史的长河中为什么会存在无效率的经济制度? 不同国家在不同时期会选择不同的经济制度，这种经济制度到底最终是由什么决定的? 阿西莫格鲁认为决定一个社会经济增长的经济制度最终是由这个社会的权力分配状况所决定的，即"社会矛盾论"决定了经济制度的选择。同诺斯一样，阿西莫格鲁遵循国家经济人假定，国家的代理人———"精英集团"或"统治集团"利用手中的政治权力（诺斯称为暴力的垄断权）通过成本 – 收益的比较来确定经济制度。制度的目的是最大化他们自身的收益而不是社会产出，只有这两个目标恰巧一致时，根据激励相容的原则，好的制度才会出现④。

也许放在更长的历史长河中，或者放在大样本环境下，阿西莫格鲁

① 阿西莫格鲁首先把偏好纳入内生分析模型，在对民主与非民主制度演变的分析中，阿西莫格鲁首先假设个人和集团对政体的偏好是由政体的经济和社会后果决定的，随后再引入意识形态说明偏好是受意识形态影响而形成的，但遗憾的是并没有进一步的内生化分析。中国学者潘向东等把制度安排纳入内生经济增长模型之中，采用 Freedom House 数据库，运用计量经济学方法证实了制度安排对经济增长的促进作用（见潘向东等:《经济制度安排、国际贸易与经济增长影响机理的经验研究》，《经济研究》2005 年第 11 期)，但遗憾的是对制度进行度量的数据更多来自于主观，缺乏客观的数据系统，这就使其科学性方面受到不同程度的质疑。

② 见 Acemoglu, Doron, Simon Johenson and James A. Robinson, 2002, "Reversal of Fortune: Geography and Institutions in the Making of the Modern World Income Distribution", *Quarterly Journal of Economics*, 118, 1231 – 1294.

③ 见潘向东等《经济制度安排、国际贸易与经济增长影响机理的经验研究》，《经济研究》2005 年第 11 期。

④ 见 Acemoglu Daron, 2004, "Why Not A Political Coase Theorem? Social Conflict, Commitment and Politics", *Journal of the Comparative Economic*, Dec. 31: 620 – 652.

认为制度的这种最终选择是对的。但在解释某一经济体某一特殊时期的时候，这一理论的普适性仍然是值得商榷的，而且他并没有对初始政治权力进行解释。例如中国，在 1949 年之后，国家领袖更多是以"道德人"的身份出现。这样一种情况下的制度和经济制度安排的选择，自然与阿西莫格鲁所认为的"经济人"特征大相径庭，以此为基础去解释中国的改革发展和经济发展，自然也很难得到满意的解释。

更为遗憾的是，制度经济学家没有给出什么样的制度可以实现一国的"真实繁荣"。他们分析在某些阶段的一些经济制度安排在当时的历史条件下促进了经济的发展，很好地解释了这些经济体是如何实现繁荣的，并没有去探讨这些经济体是否实现了"真实繁荣"，也没有开出"真实繁荣"的"药方"。即便有些经济学家把制度变量纳入新经济增长理论的分析框架，探讨经济的增长路径，同时把制度变迁的动力内生化处理，以求探讨持续发展的制度变迁机制，从而实现"真实繁荣"。但很遗憾的是在处理复杂的制度变量时，只能部分解释变量内生化[①]，这在解释现实时很容易被证伪。历史上并没有出现这样一个"真实繁荣"的内生演化过程，他们也寻求不出可以实现的持续稳定的最优经济增长路径。这就像一部描述爱情的电影，只讲述了一对男女怎么"惊天地、泣鬼神"地相爱，然后走进了结婚的殿堂，并没有去讲述这对男女的爱情是否在结婚后仍然持续终老。

---

① 阿西莫格鲁引入意识形态说明偏好是内生，但依然把意识形态看作外生；青木昌彦提出共有信念，但把技术因素等都作为外生变量；格雷夫用"拟参数变量"来解决内生问题，把文化和信仰等都纳入分析框架之中，但参数变量很难界定。见 Acemoglu Daron, 2004, "Why Not A Political Coase Theorem? Social Conflict, Commitment and Politics", *Journal of the Comparative Economic*, Dec. 31: 620 – 652. 见 Aoki, M., 2007, "Endogenizing Institutions and Institutional Changes." *Journal of Institutional Economics*. 3 (1): 1 – 31. 见 Grief, A. and Laitin, D., 2004, "A Theory of Endogenous Institutional Change." *American Political Science Review*. 98 (4): 633 – 652.

第四节　制度贵在保证繁荣"真实"

已有的研究均集中于分析和探讨如何实现繁荣，对于如何实现"真实繁荣"相对淡薄。经典经济学理论更多地集中于"左右手"的效率之争，他们把"制度有效和静态"作为前提假设，去探讨资源如何实现最优配置。把制度作为外生不变变量去探讨经济发展问题，尽管解释了部分经济体部分时间段的经济增长路径，假若我们把时间和空间的维度扩充，这种缺乏"稳定最优"的经济增长路径只会加剧我们对现实世界的困惑。其实，不论是"左手"政府干预经济，还是"右手"市场自由放任，这只是众多经济制度安排中的一项经济制度安排。假若缺乏整体制度环境的考量而去分析一项经济制度安排，自然会"一叶障目"。一个坑蒙拐骗横行的市场，自由放任的结果不仅仅是失灵，更多的是灾难；一个寻租肆无忌惮的政府，怎么干预经济都会失去效率。

在前面的历史回顾中，我们已经得出一些繁荣的经济体没有实现"真实繁荣"，出现"风水轮回转"的格局主要因为利益集团的逐步固化，导致制度安排僵化，社会矛盾不断积累，从而走向衰败。因此，探讨"真实繁荣"理论需要我们依从利益集团和制度的视角。

阿西莫格鲁在他的"社会矛盾论"决定一国经济制度安排的选择中，认为经济制度安排作为一种集体产品，决定它的不是个人偏好，而是集体选择的结果。它是由掌握政治权利的集团按照自身的偏好来设计并加以实施，其他的利益集团只有通过改变权力的分配状况才有可能改变经济制度安排。由于经济制度安排具有再分配功能，一个经济体中最终选择什么样的经济制度，取决于该经济体中政治权力的分配。政治权力包含两个内容：首先是法定政治权力，即被该经济体政治制度所赋予的权力，不同的政治制度规定了执政者的不同权力，其内容包括政府的形式（民主、专制还是独裁）等；其次是实际政治权力，没有被政治制度赋予权力的利益集团，可能会通过行动来获取实际的政治权力，如通过革命、政变或游行示威等将所代表的利益集团的意愿加诸社会之上。一个利益集团实际政治权力的获得取决于两方面的因素：首先是该利益集团克服"搭便车"组织集体行动的能力，其次是该利益集团所掌握的经济资源，决定了该利益集团是否具有足够的影响力在现有的政治制度下获取权力。这位大经济学家建立了制度变迁与长期经济增长的动态模型，该模型确定了经济制度、政治制度、政治权力、资源分配四个变量①。

　　该动态模型可以说是把制度变量内生化了，制度变量也出现动态变化。但按照阿西莫格鲁的逻辑，演绎的最终结果就是出现利益集团的固化，最终将走向衰败，当然这对解释历史为何没有出现"真实繁荣"提供了视角。但该分析有个缺陷，就是假若某一时期政府是强势型政府，而且这一政府的最高领导人并不是"经济人"，当然很多时候我们也很难把他们归结为亚当·斯密所认为的"道德人"，把他们划归这两者之间似乎更合理。因为他们更关注的制度设计是社会产出的最大化、国家的尽快强大，或者他们更想实现的是在历史上建功立业，而不是他们自身经济利益的最大化。那么阿西莫格鲁的这一分析框架就需要商榷了。这在任何一个落后经济体实现追赶成功时，我们

---

① Acemoglu Daron, Simon Johnson and James Robinson, 2004, "Institutions as the Fundamental Cause of Long – Run Growth", www. nber. org/papers. 本部分在翻译的时候也参考了郭艳茹的论文《制度、权力与经济绩效——2005 年美国克拉克奖获得者阿西莫格鲁理论评述》，《理论学刊》2010 年第 5 期。

都发现了这一特征，奥尔森把它称为"强势市场型政府"，例如，以苏联为代表的社会主义国家建设的初期、20世纪70年代的韩国、80年代的台湾地区，以及1949年之后的中国。具备这种特征的经济体，法定的政治权力代表了实际的政治权力，资源分配的格局对实际政治权力的影响在强势型政府面前是软弱无力的，因此经济制度的确定完全是政治制度的结果。

2013年朴瑾惠总统入住韩国青瓦台之后，我正好有机会去首尔拜访机构投资者，与一位韩国同行聊起朴槿惠当选总统之事。韩国同行说，他父母都是支持朴槿惠当选的。因为他父母都怀念她的父亲——朴正熙。他说在朴正熙当权之前，韩国很穷，他的父母很多时候拿有限的钱去购买美军剩下的食品罐头，还饥不饱腹，看着美军都觉得低人一等。后来朴正熙政变上台，对韩国实施军人统治，当时的韩国国民没有节假日休息，政府让所有的国民都不辞辛苦地工作，行动也不是很自由。但很多那个年代的人都惦记朴正熙，因为是他让韩国人民有面包吃了，也开始购买小汽车了，在美国人面前活得更有尊严了，现在首尔的那些基础设施很多都是那个时代建的。从1962年第一个五年计划开始，韩国连续实施了五个五年计划，全力以赴地致力于国家的经济建设，在短短的二十年间实现了经济的持续高速增长，创造出了令世人赞叹的"汉江奇迹"，成为新型的工业化国家。从数据来看，在朴正熙政府时期，国民生产总值年平均增长9.5%，从1962年的23亿美元增长到1979年的640亿美元，人均国民生产总值从1962年的87美元增长到1979年的1640美元，韩国经济的高速发展不得不归功于朴正熙的强势型政府所采取的一系列有效措施。

经济学不同于自然科学，经济的运行与人的行为密切相关，人的行为又受到两种强烈欲望激励：获得愉快和避免痛苦①。同时人的行为特性并不完全通过遗传获得，他或她后天生活的环境将塑造他或她的行为特性②。某一时点经济的运行都会受到这一时点所有参与人的行为影响。而每一个人的行为在不同的时点，由于经济环境不同，以及其经历的生存环境迥异，都会做出不同的决策。与此同时，经济环境也会因为参与人不同的行为，而发生变化。经济环境的变化又会再次影响到人的行为决策，这种不断反馈的博弈结果就形成了不同时点的经济运行状态。对于一个强势型政府的经济体，强势型政府的任何取向都可改变经济的短期运行，经济的短期发展又会影响经济的中长期发展，而强势型政府中领导人的地位又异常显耀，这就导致领导人的价值取向将在很大的程度上决定着经济的运行。因此，强势型政府的国家能否实现追赶，与该国领导人对经济发展的认知密切相关。

在一国处于经济落后的阶段，市场是有缺陷的，同时促进经济发展的各项资源也是有限的。假若按照经济自身的趋势运行，其发展就可能呈现"木桶效应③"，由于某一方面的短板而影响整个经济的发展。此

---

① 边沁把功利原理（后来他称之为最大幸福原理）当作评判个人行为和社会立法的唯一可接受的终极标准。所谓功利原理，"它按照看来势必增大或减少利益有关者之幸福的倾向，亦即促进或妨碍此种幸福的倾向，来赞成或非难任何一项行动。"他进一步一般地解释快乐和痛苦——保证这一标准得到遵守的有效手段（约束力）——的来源，若要按照功利原理来指导行动，以便增大幸福，就必须对快乐和痛苦的各种不同形式和衡量尺度有充分的理解。见边沁《道德与立法原理导论》，时殷弘译，北京：商务印书馆，2012，第 11、59 页。

② "由于刻意的模仿与有系统的训练，可能使人们在体格和态度方面发生一种病态的或其他特异性的变化"见凡勃伦《有闲阶级论》，蔡受百译，北京：商务印书馆，2011，第42 页。"本能先于习惯，习惯先于信念，而信念又先于理性"，见杰弗里·M. 霍奇逊《制度经济学的演化：美国制度主义中的能动性、结构和达尔文主义》，杨虎涛等译，北京：北京大学出版社，2012，第 171 页。

③ "木桶效应"是由美国管理学家彼得提出的。说的是由多块木板构成的水桶，其价值在于其盛水量的多少，但决定水桶盛水量多少的关键因素不是其最长的板块，而是其最短的板块。也可称为短板效应。这就是说任何一个组织，可能面临的一个共同问题，即构成组织的各个部分往往是优劣不齐的，而劣势部分往往决定整个组织的水平。

时假若出现谋求经济体快速发展的强势型政府，依靠其政治权力，打破利益集团的诉求，便可以克服"木桶中的短板"所产生的不利因素，从而有力地促进经济的快速发展。纵览后发追赶成功的经济体，几乎都是强势型政府利用了本国的比较优势，采用了正确的国家发展战略。为何依靠经济自身的发展很难去突破发展中的"木桶效应"？因为此阶段市场存在缺陷且资源有限，假若此时利益集团已经变得强大，即便政府是民选的，改变原有秩序的阻力也将非常之大，很容易产生政府的干预更多地为自身所代表的利益集团谋福利，从而导致市场变得扭曲和缺乏效率。这也就能解释为何很多实施了政治上所谓"民主自由"的发展中经济体，其经济的发展依然缓慢，很难去摆脱贫穷的困扰。当然，假若强势型政府由于自身的经济私利或由于自身认知的缺陷，采用的政策没有适应市场的发展，那可能会加剧"木桶中的短板效应"。

因此，在促进经济繁荣的制度安排方面，没有所谓的好制度和坏制度，只有适合与不适合的制度，选择了适合经济体发展阶段和客观环境的制度安排，不论是自由市场还是政府干预都会显现出较高的效率，促进经济的繁荣。

然而，强势型政府的政体往往也是脆弱的。在人民生活水平较低的阶段，强势型政府通过经济的高速发展，解决人民的温饱问题，自然能受到人民的拥戴，政局也可保持相对稳定。但随着人民收入水平的提高，已经成为有产者的利益群体，不再需要为温饱而活，此时便会更多地考虑面包分配的公平性。假若强势型政府没有快速适应这一变化，仍然遵循逐渐僵化的制度安排，那么强势型政府的脆弱性将显现出来。

换个角度来说，经历了强势型政府之后，经济得到快速发展，掌握经济资源的利益集团逐步形成。为了让经济制度安排能进一步促进其发展，不同的利益集团便会开始寻求实际政治权力，以此去影响法定的政治权力，借此改变当前的经济制度安排，以图决定未来的资源配置对自身更加有利。这就回到了阿西莫格鲁的分析框架。假若此时掌握了更多经济资源的利益集团的诉求得不到满足，很有可能就会采取集体行动来达到自己的诉求。例如，20 世纪 80 年代韩国的"光州事件①"以及之

---

① 光州事件，1979 年 10 月 26 日朴正熙被部下情报部长金载圭刺杀，由崔圭夏任代总统，韩国出现了一个短暂的"汉城之春"。但好景不长，实权还是掌握在军人手中。11 月 24 日，140 名民主运动人士因要求民主而被逮捕及拷问。12 月 12 日，又一位军界强人全斗焕发动了"12·12 肃军政变"，继续实行独裁统治。不久，金大中等民主人士发表了《促进民主化国民宣言》，要求全斗焕下台。1980 年 4 月中旬，全国爆发了工人及学生示威浪潮，要求民主。5 月初全斗焕政府公布了戒严令，宣布在汉城取消一切政治活动，禁止集会游行。但民众示威浪潮随之更扩大，要求撤销戒严令和全斗焕下台。5 月 15 日，约 10 万名大学生在汉城集会，向军政府示威。1980 年 5 月 16 日光州也有 3 万名学生与市民示威。1980 年 5 月 17 日，全斗焕宣布《紧急戒严令》，进一步扩大戒严范围至全国，禁止一切政治活动，关闭大学校园，禁止召开韩国国会，禁止批评国家元首，还拘捕了金大中、金泳三等民主运动领袖和学生。组成戒严军分六路包围了韩国全罗南道（相当于中国的省）首府光州市，甚至动用飞机空运军队。当日上午 10 点，在光州民主运动大本营全罗南道国立大学，戒严军与学生发生了第一次冲突，军队打死学生数人、逮捕多人。激动的光州学生和市民奋起抗争，聚集于全罗南道道厅（相当于我们国家的省政府）前广场，拉开了"光州 5·18 抗争"序幕。学生与市民以道厅为中心，到光州火车站、高速巴士总站等地阻拦戒严军进城。军队向人群开火。5 月 20 日晚，20 万人在道厅集会、示威。市民组织了 200 多辆出租车、公共巴士突破戒严军封锁线到道厅助威。戒严军切断了光州与外界的联系，担心失控，21 日凌晨向示威人群开火，造成 54 人死亡。21 日，多达 30 万的老百姓来到道厅，广场及周围的锦南街、忠壮路都挤得水泄不通。一个青年站在戒严军的坦克上，挥舞着国旗，高呼"光州万岁"，市民围在一起高唱国歌，军队射杀了这位热血青年。愤怒的市民成立了"民众抗争本部"，进行长达一周的有组织有系统的对抗活动：组织市民军，与戒严军武装对抗。他们从警察局和军队那里抢夺了部分武器，与军队开展了街垒战，占领了道厅。由于有武装冲突，所以后来也有历史学家称作"5·18 暴动"或"5·18 起义"。23、24、25 日连续三天晚上数万市民在道厅广场召开"守护民主市民大会"，决心与军政府对抗到最后一刻。27 日，美国国务院发表了"不能坐视韩国的无秩序和混乱"声明，正式容许全斗焕军政府军事镇压抗争者。数千名军人开着坦克攻入市区，尽管有光州市民卧身阻挡坦克的前进，但韩军的坦克仍然肆无忌惮地碾过他们入城。韩国的戒严军占领了道厅，枪杀了最后一批不肯撤出道厅主楼的 20 多名学生和市民。光州"5·18"运动以被残酷镇压而告终。这使本来反美情绪就很重的韩国民众更增加了对美国的仇恨。全斗焕下台后，紧接着，1988 年，光州"5·18"事件很快就被国会重提。1993 年第一位非军人总统金泳三上台，承诺为"5·18"运动死难者建立国家 （转下页注）

后民众的不断抗争。由于以前的经济制度安排已经落后于经济发展的需要，假若此时的强势型政府不能适应这一变化，那么僵化的经济制度安排将会逐步阻碍经济的发展。而且由于经济体的运行已经趋于复杂，市场自身运行力量已经越来越强大，不可能再像以前一样通过政府干预来促进经济的发展，最后的结果就是经济体逐步走向衰落，加剧了政治体制的脆弱性。例如，苏联领导的社会主义国家，在上个世纪 90 年代都出现了强势型政府的倒台。

因此，当合适的制度安排使经济体变得更加富裕之后，强势型政府此时更应该去适应经济资源的变化，通过改革已有的制度安排来适应经济发展的需要。此时，经济体的规模已经得到快速扩张，再想通过政府的规划或者干预来促进经济的发展已经难度加大，此时政府应该通过改革使强势型政府变为均衡市场型政府，建立市场秩序，在资源配置方面让市场发挥更多的效率。由于前期强势型政府推动经济快速发展，利益集团在发展中也逐步形成，为避免利益集团的固化，此时强势型政府在转换为均衡市场型政府之前，需要建立可实现"真实繁荣"的制度体系。

当然也有一种可能是过去的强势型政府建立了强大的权力寻租集团，这一利益集团主宰了现有的经济发展，使政治和经济制度安排的改革受到阻碍。但是我们需要看到的是，经济转型过程中所遇到的困境会倒逼"道德人"思考和努力实践这样的制度体系设计。所以我们翻阅历史就可以看到在某一经济体面临困境的时刻总有"有识之士"寻求

（接上页注①）公墓。1997 年，他签署"5·18"运动特殊法令，正式为"5·18"运动正名，为死难者家属支付赔偿金。对镇压"5·18"事件的元凶——两位前总统全斗焕、卢泰愚以内乱罪课以重刑。资料来源：http：//baike. baidu. com/link? url = dcMt3hke55eFvOQ_ V9tPK_ 2g95O9wiR7xwW－dUBVXi3vVP5aJ9v5hrTKKmuUvP62。

改革之路，当然若改革没有成功，最后可能就演化为革命的方式或者像拉美一样"原地转圈"。

尽管已经有相对发达经济体的发展为制度体系的设计提供较为成熟的经验，但由于每一个国家经济发展的国情和客观条件都存在差异，已有的经济理论探讨不出差异化国家的市场在多大程度上是有效的，他们的政府在多大程度上的干预是有效的，那么在进行未来制度设计和选择"真实繁荣"路径时，需要依据经济体的发展阶段和客观条件。

由于经济的运行本身包含了参与人与经济环境的动态博弈过程，这意味着我们也许根本找不出普适性的金科玉律，就像"不可能定理"①所揭示的，没有放之四海而皆准的制度安排。在经济发展过程中，制度安排需要根据经济发展的客观环境变化，做出灵活的调整，即进行动态的制度安排创新。

采用国家干预经济发展的方式，必然会培养大批的"红顶商人"，从而阻碍自由市场动能的激发。采用自由市场经济发展的方式，就如斯蒂格利茨所说，"必然走向垄断"，最终也会阻碍自由市场动能的激发②。也就是说不管制定什么样的制度安排，运行一定的时间，最后都会出现利益集团，这些利益集团会维系僵化的制度安排。为了避免像历史上那样通过改朝换代的方式打破固化的利益集团，在经济发展的过程中就需要进行制度设计，依据经济的动态发展，制定出能进行动态灵活制度安排调整的制度，打破利益集团的固化，即实现经济"真实繁荣"的制度。

① 阿罗的"不可能性定理"是指，如果众多的社会成员具有不同的偏好，而社会又有多种备选方案，那么在民主的制度下不可能得到令所有的人都满意的结果。见肯尼斯·约瑟夫·阿罗《社会选择与个人价值》，丁建峰译，上海：上海人民出版社，2010。

② 斯蒂格利茨：《自由市场的坠落》，李俊青、杨玲玲等译，北京：机械工业出版社，2011。

因此，所谓"真实繁荣"的制度就是建立能根据经济发展进行动态调整制度安排的制度，它能不断打破利益集团的固化，它的制度安排能依据经济环境变化不断调整。在"真实繁荣"的制度体系内，政府的功能"不越位、不缺位"，能"恰到好处"地干预经济的动态发展。这似乎有点"政府乌托邦"？显然不是，政府的行为是在制度约束的条件下行动，制度约束包括法律约束、监管约束、宗教信仰约束、社会规范约束等。为此，制度体系在经济转型过程中进行的制度顶层设计尤为重要，因为：经济规模越来越大，利益集团的力量也将越来越强大，那么建立避免利益集团固化制度体系的阻力也将越来越大。与此同时，我们不能保证我们的政府、政府中的"道德人"总是先知先觉，对未来的经济运行能进行预知；我们不能寄希望未来所做的制度安排总会适应经济的发展；也不能寄希望未来的"领导人"都是"道德人"。因此，在经济步入转型阶段，我们需要做的就是形成"真实繁荣"的制度体系。

从中不难看出，要实现"真实繁荣"，不仅仅是经济问题，而且是制度问题，不仅仅是建立相对完善的制度安排，而是需要建立完善的社会制度体系。在此制度体系内，制度安排能更加柔性地根据发展环境的变化实现动态调整，从而有效地避免利益集团的固化，避免制度安排的僵化。相比较人类历史上制度安排演进的其他两个发展路径——"革命"或"改良①"而言，这个"第三条"发展之路的冲击成本更小，可控性更强。由于没有固化的利益集团，因此社会发展过程中出现的矛盾都能在"常态化"的制度安排调整过程中得到化解。

---

① "改良"更多的是属于"阶梯式"的改革，即矛盾集中到一定的时候，通过较大力度的改革来对原有的社会矛盾和制度僵化进行化解。

第四章

"中国奇迹"下的繁荣如何延续

通过适合国情和经济发展的制度安排改革，中国经济实现了快速繁荣，改革开放后30多年来经济高增长，创造出了"中国奇迹"。但30多年的经济运行，也出现了经济增长的小周期波动，而这些波动与"制度安排改革"的"停、缓、急"密切相关。经历了30多年的发展，利益集团也已经慢慢培育和壮大，中国经济同时又面临着"30年周期陷阱"，下一步中国该如何通过改革去释放经济增长的潜力？该如何进行改革去避免利益格局固化和制度安排僵化，从而实现经济繁荣延续？

在一国进行资产配置，长周期配置需要看的是该国能否实现"真实繁荣"，但中周期配置需更关注该国不同阶段的经济周期。在经济周期不同的阶段进行资产配置，获取的投资回报迥然不同：当经济处于上行周期，不管进行什么类型的资产配置，都会获取不错的投资回报，例如配置权益类资产、房地产、字画、古玩等，假若该国的经济周期与全球的经济周期"共振"，那么配置大宗商品和贵金属等，也将同步受益，就像2002~2007年的中国，此波上升周期与全球同步进行，配置什么都受益，只是资产收益率有高低之分；但在经济下行周期，经济活动相对低迷，各大类资产配置其实都应偏谨慎，但各国政府，在此阶段会推出反周期的刺激政策，特别是宽松的货币政策，此时就需要投资者在企业利润下滑和货币宽松之间进行平衡，决定各大类资产配置的取舍，就像2008~2012年期间，中国政府分别在2008年、2010年和2012年推出了三次较大力度的刺激政策，都引发各大类资产市场出现较大波动，当然边际效用递减。过去几年，很多A股的投资经理在进行资产组合投资时，首先关注的是国家宏观政策导向。因此，能准确地把握经济周期，对于做投资的人来说，是梦寐以求的，特别是对发展中经济体而言，因其经济波动的幅度相对于发达经济体而言要剧烈很多。

假若一个经济体能实现"真实繁荣"，而且经济周期波动很小，那对于做资产配置的人士而言投资就相对简单多了，但这是可遇不可求的。对于各国政府而言，通过政策的反周期操作，熨平经济周期，以避免产出的短期波动，是梦寐以求的，可惜现实中没有哪国政府能轻易做到。产生经济周期波动的原因和拉动经济增长的因素有很多，不同的经济体所处的经济发展阶段不一样，经济周期波动的原因和经济增长的动力也会不一样。

第一节　让经典理论失灵的中国经济波动

经济周期，也称商业周期、景气循环，一般是指经济活动沿着经济发展的总体趋势所经历的有规律的扩张和收缩，是国民总产出、总收入和总就业的波动，是国民收入或总体经济活动扩张与紧缩的交替或周期性波动变化。经济周期阶段定义按照阶段数量划分可分为两阶段法和四阶段法。两阶段法是以经济中的许多成分普遍而同期地扩张和收缩为特征，将每一个经济周期分为上升和下降两个阶段，其过程就像我们平常所绘的倒"U"型。四阶段法是将经济周期分为四阶段：繁荣、衰退、萧条、复苏，其过程就像我们平常所绘的正弦曲线。

任何一位经济研究者，都对经济周期感兴趣。因为对经济规律的把握，就像获取"达·芬奇密码"一样，是研究者们向往的最高境界。美国国家经济研究局（简称 NBER，又译为美国国民经济研究局）特意设立了经济周期决策委员会，该委员会从 1929 年起就开始对美国经济周期的"高峰"和"低谷"进行研究判定。

从统计意义上去寻找经济规律

对经济周期的研究是从经验观察开始的。在古典经济学中，由于信奉萨伊定律的"供给能自动地创造需求"，经济体便不存在波动，因此古典经济学家很少去探讨经济周期。而马克思探讨经济危机更多的是从资本主义必然灭亡的角度去分析[1]，其理论基础就是马尔萨斯的人口理

---

[1]　马克思：《资本论》（第 1 卷），北京：人民出版社，1975。

论①和李嘉图的边际报酬递减规律②。随着经济理论的发展，这一经济危机论述已慢慢被研究者遗忘。古典经济学的研究者对于经济出现产出下降等现象，都会归结为政治、战争、农业歉收以及气候恶化等因素。

但经验研究者并不就此止步，他们发现经济运行的起伏存在一定的"规律性"。1860年，一位丝毫不懂经济理论的法国医生——克莱门·朱格拉，在研究疫病之余，对人口、结婚、出生、死亡等进行统计分析，在这个过程中他注意到经济事物与疫病一样，存在着有规则的波动现象，大约九年到十年存在一次起伏轮回③。后来的经济研究者对此现象进行了解释，把它归结为机器设备的更新所带来的波动，称之为"朱格拉周期"。

1923年，英国的统计学家——约瑟夫·基钦，对美国和英国1890～1922年的利率、物价、生产和就业等统计资料进行了研究，发现厂商生产过多时就会形成存货，存货增加时会导致厂商减少生产，这种存货波动一次的时间大概40个月，他把它称为"存货"周期④。后来的研究干脆就把这种由于存货变动带来的经济波动称为"短波"或"基钦周期"。

有了其他领域研究者对经济规律研究的经验，经济学家们也开始从统计的角度去寻找经济运行的周期。1926年，俄国经济学家尼古拉·康德拉季耶夫，对英、法、美等资本主义国家18世纪末到20世纪初100多年的批发价格水平、利率、工资、对外贸易等36个系列统计项

---

① 马尔萨斯：《人口原理》，朱泱、胡企林、朱和中译，上海：商务印书馆，1992。

② 李嘉图：《政治经济学及赋税原理》，丰俊功译，北京：光明日报出版社，2009。

③ Clément Juglar, *Des Crises Commerciales et Leur Retour Periodique en France, en Angleterre, et aux Etats - Unis.* Paris：Guillaumin, 1862.

④ Kitchin, Joseph, "Cycles and Trends in Economic Factors", *Review of Economics and Statistics*, 1923, 5 (1), pp. 10 - 16.

目进行分析，发现资本主义的经济发展过程存在 60 年一次起伏的"长波"，后来的研究者把它称为"康德拉季耶夫周期"[①]。1930 年，美国经济学家库兹涅茨从建筑周期的角度去分析经济的运行周期，认为存在 20 年左右一次的经济运行波动周期，后来的研究者称之为"库兹涅茨周期"[②]。

也有一些研究者秉承从统计分析的角度，去寻找经济周期的规律，例如，通过 VARs[③]、马尔可夫区域转换模型[④]和谱分析方法[⑤]去捕捉经济周期。

然而，单从统计的角度去寻找经济周期规律，如果没有经过"大数据"处理，就很容易陷入"不完全归纳法"的误区，例如，人类工业革命之后总共才经历 200 多年，而认为资本主义的经济发展过程存在 60 年一次起伏"长波"的"康德拉季耶夫周期"，使用的样本数才 100 多年，以这么少的样本为依据去判定存在 60 年的长波周期，显然"预测性"太强。这就像有人有不良的生活习惯，当别人从医学的角度指出他的这些不良生活习惯会影响身体健康，不利于长寿时，他们往往也会运用"不完全归纳法"的可选样本为自己辩驳："林彪元帅，不抽烟不喝酒，只活了 63 岁；周恩来总理，喝酒不抽烟，活了 73 岁；毛主席，抽烟不喝酒，活了 83 岁；邓小平总设计师，又抽烟又喝酒，活了

① 刘崇仪等：《经济周期论》，北京：人民出版社，2006。
② Simon S. Kuznets, *Secular Movements in Production and Prices: Their Nature and Their Bearing upon Cyclical Fluctuations*, Boston and New York: Houghton Mifflin Company. 1930.
③ Sims, Christopher A, 1980, "Macroeconomics and Reality", *Econometrica*, *Econometric Society*, Vol. 48 (1), pp. 1–48. 刘金全、付一婷、王勇：《我国经济增长趋势与经济周期波动性之间的作用机制检验》，《管理世界》2005 年第 4 期，第 5~11 页。
④ 石柱鲜、刘俊生、吴泰岳：《利用多变量马尔科夫转移因子模型对我国经济周期波动的经验研究》，《数理统计与管理》2007 年第 5 期，第 821~829 页。
⑤ 秦宛顺、靳云汇、王明舰：《经济周期波动的谱分析方法》，《数量经济技术经济研究》1996 年第 11 期，第 32~37 页。

93 岁；张学良少帅，曾经吃喝嫖赌，活了 103 岁；雷锋同志，没有任何不良嗜好，还天天做好事，却只活了 23 岁。"这显然就是采用选择性的小样本、进行"不完全归纳法"得出的谬论。

又如朱格拉周期以朱格拉命名，而朱格拉本人是一名兽医，这一经济周期是他在统计牲畜瘟疫死亡情况的时候偶然发现的。在 1860 年之前，也就是朱格拉选取的样本范围，工业化程度、医疗技术发展程度、电子信息化程度远没有现在发达，那么这一统计规律到现在有多大的借鉴意义，显然值得怀疑。记得在 2003 年的时候，一种叫"SARS"① 的瘟疫式传染病在北京、上海、深圳、香港等地传播，很多商业活动受到干扰，导致中国经济短期回落。非常巧合的是，11 年之后的 2014 年，一种新的瘟疫式病毒"埃博拉"② 在海外开始传播，但人类医学技术的发展抑制了"埃博拉"的传播途径，没有让它影响到非洲之外的其他经济体。假若"埃博拉"也像当初"SARS"一样，那估计朱格拉周期就似乎有效了。

经济波动"统计规律"的理论解析

有了经验研究的成果，后续的经济研究者都试图从不同的角度去解释经济周期产生的原因，以便把握经济运行的规律，并且根据这些规律去预测未来，他们都想成为经济学界的"牛顿"。当年开普勒通过不断观察行星的运行，发现行星系统的中心天体是太阳，并且这些

---

① SARS 事件是指严重急性呼吸系统综合征（英语：SARS）于 2002 年在中国广东顺德首发，并扩散至东南亚乃至全球，直至 2003 年中期疫情才被逐渐消灭的一次全球性传染病疫潮。

② 埃博拉（Ebola virus）又译作伊波拉病毒。是一种能引起人类和灵长类动物产生埃博拉出血热的烈性传染病病毒，有很高的死亡率，在 50% 至 90% 之间，致死原因主要为中风、心肌梗死、低血容量休克或多发性器官衰竭。2014 年 2 月份在几内亚被发现至 2015 年，已报告 1323 个确诊或疑似病例，其中 729 人丧生，病例几乎都在非洲。

天体受来自太阳的某种统一力量支配。开普勒的这一经验发现奠定了"牛顿力学"的基础，后来研究者依据"牛顿力学"的指导又发现了很多行星。

首先对这些经验成果进行有力解释的是熊彼特。他认为3个"基钦周期"构成一个"朱格拉周期"，18个"基钦周期"构成一个"康德拉季耶夫周期"。熊彼特认为，一种"创新"在扩散过程中能刺激投资，引起经济高涨；经济高涨导致价格下跌，一旦投资机会消失，经济便转入衰退。由于"创新"不是连续平稳的引进，这样就产生经济周期。由于企业的创新活动，导致存货投资的变动，进而形成"基钦周期"。由于技术的创新导致新设备的产生，从而引发"朱格拉周期"。而在他看来，"康德拉季耶夫周期"更是由技术革命带来的。因此，熊彼特认为，一个周期的波动和某一种工业的发展或某一种生产技术的革新密切相关①。

熊彼特从创新的角度解释经济周期产生的原因，更多还是基于供给去分析经济运行，是供给的变化导致了经济周期。但在凯恩斯及其追随者看来，经济周期是短期内经济围绕长期潜在增长水平附近的变动，或者说是短期经济与长期趋势的偏离。导致这种短期经济与长期趋势的偏离主要是由于总需求的变动。由于市场调节不完善，短期中工资和价格并不能完全依赖总需求的变化做出灵活调整，这样必然会导致产出和就业的变化，从而出现经济的上下波动。这种经济的波动并不是由于外部冲击造成，而是经济体本身的调整产生的，属于内生原因②。

---

① 约瑟夫·阿洛伊斯·熊彼特：《经济发展理论——对利润、资本、信贷、利息和经济周期的研究》，叶华译，北京：中国社会科学出版社，2009。
② 梅纳德·凯恩斯：《就业、利息和货币通论》（重译本），高鸿业译，北京：商务印书馆，2007。

以弗里德曼为首的货币主义学者们将经济周期的根源主要归结为货币冲击，即经济出现波动是货币数量的变动或未预期到的货币扰动，而造成货币扰动的原因主要是经济体的制度或政策变动，因此这种货币冲击是外生的。经济运行受到货币冲击后，货币量的变动首先会改变相对价格或资产价格水平，导致支出、收入和物价的上升，但经济主体的适应性预期使其在短期内高估其实际货币资产，导致更多的暂时性支出，与此同时，货币冲击导致实际物价与名义物价之间的偏离也会引起资源"错配"，从而产生经济短期运行偏离长期增长趋势[1]。

新古典经济学派的代表卢卡斯把"理性预期"引入其经济周期理论，认为外部冲击引发经济周期是由于价格信息不完全。由于政策或外部原因导致货币供给的增加（或下降），进而导致一般物价上升（或回落），经济主体由于信息不完全，会误将一般物价上升（或回落）当作相对价格变动从而扩大（或减少）生产、增加（或降低）投资，当他们意识到一般物价上升（或回落）是由于货币冲击造成的，他们又会调整其投资，从而导致产出波动，偏离长期潜在增长水平[2]。

"真实生命周期"理论的倡导者基德兰德和普雷斯科特认为产生经济波动的主要原因是经济体系之外供给方面的"真实因素"冲击，特别是技术进步产生的冲击。若出现技术进步，必然会冲击总量生产函数，改变工资、利率等生产要素的相对价格，这时理性经济主体必然会依据这种变化调整其劳动供给和消费等经济行为，引发经济波动。因

---

[1] Friedman, M., and A. Schwartz, *Monetary History of the United States 1876 - 1960*, Princeton University Press, 1963.

[2] Lucas, R. E., "Expectations and the Neutrality of Money", *Journal of Economic Theory*, 1972, 4（2）, pp. 103 - 124.

此，经济周期的每一个阶段都是经济的均衡状态，是理性经济主体进行的帕累托最优调整过程[①]。

不管是货币主义、新古典主义还是"真实生命周期"理论，都反对凯恩斯主义相机抉择的政策主张，认为政府的反周期经济政策无效且会造成扭曲，政府的作用不是采用反周期政策来调节经济，而是要为市场机制正常发挥作用创造一个良好的环境。这些理论均认为市场调节机制完善、价格调整灵活、市场会在自然率处出清，政府政策并不会稳定经济，而会成为一种不利的外部冲击加剧经济的不稳定。

采用货币主义、新古典主义和"真实生命周期"理论去分析经济周期，都有一个强的约束条件，就是市场是有效的，能自动地调节实现均衡，也就是他们探讨的是成熟经济体的经济周期（其实成熟市场也会出现"市场失灵"）。这对于一些发展中经济体，特别是追赶型经济体而言并不适宜，由于这些经济体的市场改革还均属于缓步进行之中，市场的有效性非常有限，这些基于市场有效性建立的经济周期理论，自然不太适合去分析发展中经济体。

中国经济过去 30 多年都在为建立市场经济而不断努力，此时用成熟经济体的市场经济理论来解释探讨中国经济的运行周期，显然也不太适合。中国在 1978 年开始改革开放之后，才开始着手建立市场经济，到 2015 年，市场秩序仍有待进一步完善，一些商品价格仍然由国家管控，距离依靠价格信号实现市场自主调节这一目标还有较长的路要走。1978 年之后，中国经济增长的动力源于制度安排改革红利的释放。在制度安排改革不断推进的过程中，生产要素由过去的管制慢慢演变为可以自由流动，资源的配置效率随之提高，这些改革红利的释

---

① Kydland, F. and E. Prescott, "Time to Build and Aggregate Fluctuations", *Econometrica*, 1982, 50, pp. 1345 – 1371.

放，推动了经济的快速发展。

由于制度安排改革的推进呈现出"停、缓、急"的特征，从而改革红利的释放也会呈现这些特征，这必然会造成经济波动。同时，过去的中国政府又是强势型政府，任何改革的推进对经济的影响力将表现得更加突出，因此，中国的经济周期与制度安排改革密切相关，表现出与成熟经济体不一样的特殊性。这种特殊性就促使我们在解释中国改革开放后30多年的经济周期时，需要结合实际情况，寻找新的突破口。当然随着中国经济开放度越来越高，它已经成为全球第二大经济体，中国经济的周期波动与成熟经济体之间的联系越来越紧密，这就要求我们未来在探讨中国经济周期波动时也越来越需要考虑世界经济的周期波动。

第二节　改革周期衍生出中国经济周期

改革的"停、缓、急"衍生出经济周期

中国1978年改革开放之后经济周期的研究，更多地集中于用西方较为成熟的理论和方法，结合中国的经验数据进行分析。在此过程中，有的研究者采用多变量方法，例如独立成分法[①]，用经济增长率、通货膨胀率和失业率三个主要的宏观经济变量对中国改革开放后的经济周期进行测量，发现1978年以来，中国经历了1979～1985、1986～1988、1989～1994和1994～2004年四个完整的周期，从2005年起进入第五个周期。更多的研究者是采用单变量方法（即实际经济增长率）来划分

---

① 李静萍：《我国经济周期测量——基于 ICA 的研究》，《统计研究》2009 年第 5 期，第 3～8 页。

中国的经济周期，例如，采用状态空间模型、马尔科夫转换模型等参数方法[①]和简单移动平均、HP 滤波等非参数方法[②]。当然也有采用较为传统的谷谷划分法，主要是通过直接观察找出 GDP 增长率的波谷对经济周期进行划分，得出 1977～2009 年的中国经济，可以划分为 1977～1981 年、1982～1986 年、1987～1990 年、1991～1999 年和 2000～2009 年 5 个短周期[③]。

从统计意义上对中国的经济周期进行划分之后，对如何会形成这样的经济周期，研究者们更多也是运用凯恩斯理论，从经济增速偏离潜在增速的角度和经济政策的变化来解释。这就把中国改革开放之后的经济周期理解为中国政府调控下的经济周期，显然与经济自身运行规律的结果相背离。尽管中国政府进行了一些反周期的政策操作，或者进行了一些力度较大的政策操作，导致经济出现较大幅度的波动，但并没有改变经济运行的中期格局。例如，1990 年的扩张政策和 2009 年以来的扩张政策，均没有改变经济回落的趋势，扩张政策带来的经济短期回升是"昙花一现"。

另外在解释中国经济周期的时候，假若我们依照成熟市场的经济理论，有一些经济现象就陷入无法合理解释的困境。例如，2002～2007年，中国经济获得了快速发展，实现了"高增长，低通胀"的黄金组合，六年间经济平均增速达到 11%，而 CPI 仅为 2.1%。但难以解释的是，在 2010～2013 年，中国经济增速出现一路下滑，却仍然面临较大

---

① 石柱鲜、刘俊生、吴泰岳：《利用多变量马尔科夫转移因子模型对我国经济周期波动的经验研究》，《数理统计与管理》2007 年第 5 期，第 821～829 页。

② 郭庆旺、贾俊雪、杨运杰：《中国经济周期运行特点及拐点识别分析》，《财贸经济》2007 年第 6 期，第 11～17 页。陈昆亭、周炎、龚六堂：《中国经济周期波动特征分析：滤波方法的应用》，《世界经济》2004 年第 10 期，第 47～56 页。

③ 中国社会科学院经济研究所宏观经济调控课题组、陈佳贵、刘树成等：《宏观调控目标的"十一五"分析与"十二五"展望》，《经济研究》2010 年第 2 期，第 4～17 页。

的通胀压力，2012 年和 2013 年中国经济增速已经下降到 7.7%，但 CPI 仍然达到 2.6%[①]。假若我们运用菲利普斯曲线法则[②]去解释，几乎得不出答案，可以说菲利普斯曲线失效。假若按照凯恩斯的经济周期理论，经济波动仅仅是短期经济增长偏离长期潜在增速，假若长期潜在增速是这两段时间的中轴，那么 2002～2007 年经济相对于长期潜在增速向上偏离，为何没有通胀压力？而在 2010～2013 年期间，经济增速出现相对于长期潜在增速向下偏移的过程中，为何物价上升的压力却还在加大？

"解铃还须系铃人"。既然改革开放后中国经济的高速增长是由于改革红利的释放，那么分析中国的经济波动也需要从制度安排改革的角度去理解。

1978～2013 年这 35 年间，中国经济规模增长 20 多倍，年均实现了 9.9% 的高增速，作为一个大周期（当然这一周期未来还将延续）去理解，完全是 1978 年之后结合中国国情的制度安排改革释放所带来的高增长，是"制度安排创新"对潜在增速的释放。当然，这种"制度安排创新"不能简单地理解为"改革开放"，而应该是一种结合中国国情的改革和开放。1979 年之后很多发展中国家也推行了改革和开放，但是很多国家在改革后的经济增速比改革前还要低，有些国家，例如一些拉美国家和东南亚的经济体，加大开放之后经济甚至出现了倒退。赫尔普曼的研究表明在大多数情况下，贸易会促进增长，但并不能证明对

---

① 数据来源于 Wind 数据库。

② 表明失业与通货膨胀存在一种交替关系的曲线，通货膨胀率高时，失业率低；通货膨胀率低时，失业率高。菲利普斯曲线是用来表示失业与通货膨胀之间交替关系的曲线。A. W. Phillips（1958），"The Relation between Unemployment and the Rate of Change of Money Wages in the United Kingdom，1861 – 1957"，*Economica*，25（100），pp. 283 – 299.

所有国家而言开放能带来增长①。

同样，理解改革开放后 30 多年来经济运行的波动，也需要从制度安排改革的角度去分析。在 1978 年之后这一巨大的改革逻辑下，经济增速得到大力提升，但由于改革在各领域和各时间段的推行呈现"停、缓、急"，这样也就相应地产生了经济波动。在某一时段推出某一领域的改革，能促进市场规模的扩大或技术的进步，便会刺激投资，引起经济高涨；随着时间的推移，制度安排改革释放对经济体的推动作用效用递减，改革红利逐渐消失，经济便转入衰退。以此作为解释逻辑，我们就会发现 1978 年改革开放以来，以经济体制改革为背景来计算经济周期，中国就经历了整整两个完整的经济周期：第一轮改革经济周期起始于 1978 年改革开放政策的出台，结束于 1992 年新一轮改革启动；第二轮改革经济周期是 1992 年中国政府开始启动新一轮改革，到 2013 年新一轮改革酝酿。

假若我们运用四阶段法来划分经济周期，其运行规律就是一条正弦曲线，对应的四阶段分别为：繁荣、衰退、萧条、复苏。与制度安排改革紧密联系起来：繁荣阶段即为制度安排改革红利释放阶段；衰退阶段即为制度安排改革红利衰竭阶段；萧条阶段即为启动一轮新的改革出现市场出清的阶段；复苏阶段即为生产要素开始重新配置的阶段。因为中国过去三十年的改革主要是围绕"斯密增长"展开的，即打破制约要素市场流动的约束，扩大市场规模。

1978 年以来的两轮改革周期中的经济活动也呈现出了这种规律性（见图 1）。

---

① 赫尔普曼：《经济增长的秘密》，王世华、吴筱译，北京：中国人民大学出版社，2007。

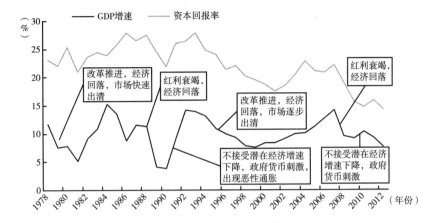

图 1 中国改革开放后经济增长率的变化

数据来源：中国银河证券。

1978 年改革开放带来第一个经济周期

1978 年底，虽然工业增加值已经显著超过农业，但农村人口仍占总人口的 80% 以上。同时原中国农业部人民公社管理局统计的数字显示：1978 年，中国农民每人年均从集体分配到的收入仅有 74.67 元，其中两亿农民的年均收入低于 50 元，有 1.12 亿人每天能挣到一角一分钱，1.9 亿人每天能挣一角三分钱，有 2.7 亿人每天能挣一角四分钱，很多农民辛辛苦苦干一年不仅挣不到钱，还倒欠生产队的钱。城市市民基本上靠工资生活，但 1957～1976 年，中国职工在长达 20 年的时间里几乎没涨过工资。1957 年中国职工平均货币工资 624 元，1976 年下降到 575 元，不进反退，还少了 49 元。与此同时很多生活消费品供给不足，需凭票购买。可以说是国家穷得"叮当响"，老百姓天天愁温饱[①]。

而这一时期，中国周边原来一些比较落后的国家和地区，如韩国、

---

① "小时候最怕的就是早上醒来，听到他妈妈刮得米缸响"，见廖进中《让中国与世界同步——基于经济学语境下的"蛙声集"》，北京：中国发展出版社，2007。

中国台湾等，抓住了全球产业转移的机遇，很快摆脱了贫困，实现了经济起飞。

为尽快扭转这种局面，改善人民的生活水平，1978 年 12 月中共十一届三中全会上明确了党的工作中心从以阶级斗争为纲转到经济建设上来。1979 年 3 月，邓小平在《坚持四项基本原则》讲话中明确了当前的主要矛盾："我们的生产力发展水平很低，远远不能满足人民和国家的需要，这就是我们目前时期的主要矛盾，解决这个主要矛盾就是我们的中心任务。"

我们通常所说的：只要方向正确，方法得当，事情没有办不成的。在国家的发展方向确定之后，随之而来的改革便不断推出：从实施开放政策吸引外资，到农村的联产承包责任制，再到国有企业的放权让利改革等。

改革的推进并不意味着改革红利可以立竿见影。正如熊彼特所说的"破坏性创新"，对经济增长而言，改革的推进就是原有的经济增长方式会发生变化，一些原有的生产方式会被打破，新的生产方式还没有得到有效地培育，必然会影响到经济的短期发展。

在 1978 年启动改革之后，经济出现了一个市场出清的过程。经济增速在 1978 年达到 11.6% 之后，逐步回落，到 1981 年见底，增速为 5.1%。随着改革之后新崛起的生产方式逐步展现活力，经济开始复苏，1982 年便达到 9.0%，到 1987 年，制度安排改革的红利得到进一步释放，经济增速达到 11.7% 的顶峰。但随之而来的制度安排改革红利也出现衰竭，这种衰竭表现最为明显的是：要维持同样的增速需要付出更高的代价，这种代价包括通货膨胀、结构扭曲等。

在经济增速于 1988 年达到 11.3% 的时候，通货膨胀随之而来，1988 年 7 月份 CPI 涨到 19.2%。面对恶性的通货膨胀，国家不得不进行紧缩,但经济增速开始不断下滑,1990 年下降到只有 3.9% 。面对经济的失速,1989 年 8 月中国央行开始放松银根,在一年多的时间里先后 3 次调低了存贷款利率。在"宽货币"的推动下,1991 年中国经济开始出现回升,当年达到 9.3% ,到 1993 年上半年,经济增速高达14.8% ;但这种依靠刺激政策产生的经济高速增长伴随而来的是通货膨胀和刺激政策带来的"后遗症"。经济在 1991 年开始回升的时候,物价就已经攀升,到 1992 年 12 月 CPI 达到 8.8%[①]。这种高通胀一直延续到经济增速早已经回落的 1994 年。有研究者形容 1992 ~ 1994 年的经济状况是"四高四紧一乱",即:"四高"——高投资膨胀、高工业增长、高货币发行和信贷投放、高物价上涨;"四紧"——交通运输紧张、能源紧张、重要原材料紧张、资金紧张;"一乱"——经济秩序特别是金融秩序混乱。这种乱象实际反映了在改革红利已经衰竭的情况下,经济潜在增长动力已经出现了衰退,但决策当局并没有意识到这种变化,而是试图通过扩张性政策来延续过去的高增长,其结果必然是"虚假繁荣",留下需要不断消化的"后遗症"。

因此,当制度安排改革释放的效用在不断递减,经济增长的动力由于改革红利的衰竭而出现消减,经济调整便随之而至,此时想通过扩张性政策去延续增长周期,必然会产生"虚假繁荣",因为经济调整的原因并非由于市场失灵,这是与成熟经济体的经济周期调整不一样的地方。为此,要使中国经济在 20 世纪 90 年代初走出衰退,唯有通过进一步改革,释放改革红利。

1992 年再次改革带来了第二个经济周期

面对制度安排改革红利衰竭后的"虚假繁荣",1992 年中国政府再

---

① 数据来源于国家统计局网站。

次明确社会主义市场体制改革的性质，不要纠缠于"姓资姓社"的意识形态。同年 10 月召开的中国共产党第十四次代表大会首次明确要建立社会主义市场经济体制，开启新的一轮改革。

面对"生产资料价格"双轨制助长的恶性通货膨胀，中国政府采用"快速出清"的"休克式疗法"，实行强制性的价格闯关——废除价格双轨制。1993 年中国共产党第十四届三中全会确定了建立现代企业制度，开启了国有企业制度改革，其基本特征概括为"产权清晰、权责明确、政企分开、管理科学"。财政方面，为解决中央财政收入比例不断下降、中央财政功能下降的问题，1993 年底中国结束了长达 14 年的财政承包体制，进行了分税制改革，1995 年又对政府间财政转移支付制度进行了改革。这使得原本向地方倾斜的财权更多地集中到了中央政府手上，增强了中央对地方的转移支付能力，从而也加强了中央对地方的控制能力。产业方面，1994 年 7 月 18 日，国务院做出《关于深化城镇住房制度改革的决定》，明确城镇住房制度改革的基本内容，其中包括把住房实物福利分配的方式改变为以按劳分配为主的货币工资分配方式、建立住房公积金制度等。之后又推出了银行体制改革等一系列改革措施，以及 2001 年加入 WTO。

这一轮改革与 1978 年那一轮改革一样，在改革措施不断推出的时候，短期内经济也出现了"破坏性创新"的过程：一系列改革特别是住房制度改革和社会保障制度改革的出台，改变了人们对未来的预期，人们的储蓄倾向增加，在存款利率不断下调的同时银行存款仍然保持快速增长，即期消费减少导致国内消费需求不足；国有企业改革的推进导致部分行业、部分企业下岗工人增加；乡镇企业在变革中竞争力减弱，吸纳就业的能力下降，农村富余劳动力转移数量增加等因素加重了全社会的就业压力。

"屋漏偏逢连夜雨",在一系列困难面前,本来经济发展就低迷,却偏在 1997 年遇到了"东南亚金融危机",外需萎缩和局部地区金融的不稳定,使中国政府连续几年都被迫地为经济增速"保八"而奋斗。这也说明,随着经济开放度不断提高和经济体量不断增大,中国经济波动受全球经济波动的影响越来越大。

制度安排改革的推进带来新的生产方式不断发展,经济在 1999 年开始企稳,2001 年出现复苏。在 2003 年之后经济步入快速增长阶段,享受"改革红利"释放所带来的繁荣。而随着"改革红利"的释放,经济也就慢慢步入"改革红利"的衰竭。2007 年在经济增速达到14.2% 之后,通货膨胀随之而来。为了避免出现恶性通货膨胀,宏观调控政策随之而出。可以想象的是即便当时没有出现海外金融危机,中国经济也到了需要调整的阶段。首先,从拉动经济发展的出口来看,2007年中国出口额占全球出口的比重达到 8.71%,而这一数据在 2000 年的时候,还为 3.9%。针对中国出口所带来的贸易失衡,美国一度准备启动"特别 301 条款",以实施对中国商品的关税打击。这说明,在中国商品快速出口的同时,全球经济失衡也已经悄悄地产生。其次,从国内物价水平来看,已经开始出现上升势头,水电煤气、交通运力都已经出现紧张的局面,资产价格泡沫也开始显现,2006~2007 年,房价和股市快速上涨,70 个大中城市的房价两年涨幅达到 22%,股市从 2006 年末的 2000 多点上涨至 2007 年的 6124 点,涨幅达到 2 倍多。

由于习惯了繁荣期的高增长,随着经济慢慢步入衰退期,中国政府很难去适应或者接受这一过程,强势型政府便开始动用在繁荣期积累的财政盈余进行财政扩张和货币扩张,在 2008 年和 2010 年的两度政策刺激之后,"负作用"开始显现。例如,在不断宽松的货币政策条件下,2013 年 6 月 20 日 7 天期拆借利率达到 28%,1 个月拆借利率达到

23%，此时的 1 年期名义存款利率还只有 3%，但货币市场却出现了
"钱荒"，实体经济出现融资"贵与难"。这些"怪现象"产生的原因
就是政策不断刺激所带来的金融资源错配。

这就与 20 世纪 90 年代初遇到的经济调整情况相类似，依靠扩张性
政策去刺激需求很难去解决经济增长问题。因为经济的调整与成熟经济
体的不同之处在于并非完全由于市场失灵引起，而是由于改革红利衰竭
引起。当然这一轮经济周期波动与上一轮不同的是，这一轮经济周期波
动与全球同步，产生这一现象的原因是中国成为了全球第二大经济体，
经济已经与全球高度融合，货物贸易已经成为全球第一，中国经济的变
化必然会与其他经济体之间形成相互反馈，从而经济周期波动将越来越
容易形成"共振"，但引起中国经济这一轮周期波动的根源并没有发生
改变。假若中国经济未来维持持续增长，那么占全球经济的比重将越来
越高，与全球经济联动的紧密度也将越来越大。

改革周期波动背后的逻辑

经济的内生增长动力是很难通过扩张性财政和货币政策解决的，但
在面临制度改革红利开始衰退的时候，为何政府仍然愿意选择扩张政策
来延续过去的增长模式？为何不愿意选择改革来提升经济的潜在水平？
其原因包括两方面：其一，短期需求和供给的刺激见效比较明显，而改
革提升潜在增长水平需要中长期才能释放出来；其二，任何改革都会存
在既有利益集团的阻力，他们试图去维系僵化的制度安排而阻挠改革，
政府也就不愿意在经济已经开始出现衰退之前，或出现的时候，去启动
制度安排改革，而更愿意在经济回落之初，去选择当时皆大欢喜的政策
刺激。至于刺激政策所带来的"后遗症"，由于存在滞后效应，很有可
能就留给了下一任政府。

这其实也符合历史上各国制度安排改革启动的通常路径，即都是经济运行到一定时候，经济下行压力和各项结构矛盾开始显现，从而倒逼制度安排改革。

为何会出现改革红利衰竭？首先，没有一劳永逸的制度安排，某一时段做出的制度安排，更多的是依据当时的经济发展水平和发展环境制定。随着经济的发展，经济发展环境将发生变化，客观上要求制度安排也做出相应的变化。其次，与中国选择"渐进式"改革路径相关。由于"渐进式"改革是分步进行，而非一步到位，伴随经济发展，经济发展环境也随之变化，分步式改革的一些制度安排在较短的时间内就演化为僵化的制度安排，阻碍经济的发展。例如，20世纪80年代末、90年代初的"价格双轨制"演变路径就相当典型。

1985～1992年中国的价格体制改革经历了一个由制度安排创新，然后步入制度安排僵化，到再次步入制度安排创新的过程。在这一过程中，经济也经历了一轮起伏。1984年9月，《经济日报》等10家单位联合发起所谓"莫干山会议"①。会议集中探讨了当时的物价改革，形成了"先改后调，改中有调"，实行放调结合的双轨制②价格改革思路。这种双轨制的改革思路，就当时中国特定的经济发展环境而言，属于典型的"制度安排创新"。双轨制的推出在深化了市场化改革的同时，避免了价格一次性放开给经济带来的巨大冲击。经济增速在1985～1988年期间，也实现快速上升，四年平均GDP增速达到11.4%，物价相对平稳。但随着经济进一步发展，总需求快速增加，物资供应紧张更趋激烈。此时，围绕物价再次进行"制度安排创新"并没有得以推进，反

---

① "第一届中青年经济科学工作者讨论会"，会议在浙江省德清县莫干山举行。

② 所谓"双轨制"，就是"市场轨"和"计划轨"并行，一种物资两种价格，市场价高于计划价，计划分配的比例逐步缩小，市场销售的份额逐步扩大。

而形成了短期的物价体制僵化，从而导致以前"制度安排创新"下的改革红利，逐渐演变为制约经济发展的桎梏：由于市场轨的物资供应有限，层出不穷的转手倒卖现象使得物资的市场价格不断升高，倒卖的丰厚利润吸引大量的生产者，这些生产者不再把生产资料用于生产商品，而是进行倒卖，导致各类商品出现供应短缺，价格更进一步上涨；而计划轨的物资又因为官商勾结等不法行为，出现了以计划价买入计划内物资，再以市场价出手到市场的"官倒"现象①。在这样的环境下，经济增长环境急剧恶化，通货膨胀急剧攀升。1988 年 5 月开始，中国中心城市的猪肉和其他肉食价格以 70% 左右的幅度上涨，其他小商品迅速跟进。1988 年上半年，中国物价总指数在 1987 年已上涨 7.3% 的基础上，又连月大幅度上涨，7 月份已达到 19.2%。在整顿物价的同时，1989 年和 1990 年经济增速快速下滑，分别为 4.2% 和 3.9%②。1992 年 9 月，中国再次通过改革，终结了价格双轨制，进行所有物价同时"闯关"，国家物价局将 571 种产品定价权交给企业，22 种产品价格下放给省级物价部门，随着物价闯关成功，物价逐步平稳，经济开始回升。

价格双轨制的产生完全是决策者们依据当时中国的特有情况进行的一次改革，在市场化经济和计划经济之间寻找到了一条过渡价格体制。当时中国不仅总量短缺，而且商品结构短缺更为严重，不可能实行全面市场化，通过短期"快刀斩乱麻"的方式来解决长期积累起来的总量和结构矛盾不太现实。而且在价格扭曲的条件下，市场配置资源不可能是最佳的，甚至会产生逆调节。正是这种放统两难的局面，决定了中国在当时实行双轨制价格，寄希望于通过两种价格撞击反射，交叉推进，

---

① 当年同样是一吨石油，计划内的价格是 100 元，计划外的价格是 644 元，"倒"出来的利润相当可观。

② 数据来源于国家统计局网站。

最后达到理顺价格关系的效果。在实施了价格双轨制后，随着生产活动进一步扩大，此时应该根据经济环境的变化再次进行价格体制的调整，而不是让价格体制僵化，阻碍经济发展。但遗憾的是，这方面改革一直拖延到 1992 年才开始启动。

正是因为改革的推进存在"波动"：在改革红利释放、经济维持较高增速的时候，改革的动能不强（高增长也容易让人觉得已有的制度安排很适应经济的发展），在经济增速放缓的时候，改革推进总是犹犹豫豫，只有在经济面临困境的时候，倒逼改革加快推进。同时，1978 年以来中国经济的高增长是依靠改革来释放改革红利。因此，中国经济的周期波动也随之衍生，只是与改革"波动"之间存在一定的滞后期，这个滞后期是因为"改革红利"的释放需要一个过程。

第三节 转型：从"斯密增长"到"熊彼特增长"

在经济研究领域，经济学家们把研究经济增长看作是最为重要的，试想，谁要是能开出让每一个第三世界国家都获得持续经济增长的"药方"，那么困扰人类社会几千年的贫困问题，将一去不复返。

同样，中国经济这种长时间高速增长的奇迹，莫不让全球的经济研究者亢奋，都想去探讨其高速增长背后的原因，以及这种高速增长的持续性。一旦这种奇迹能够得到充分解释，那么世界上其他第三世界的贫穷国家探讨经济发展、摆脱低收入水平的落后状况，就完全可以复制中国发展的制度设计。

不同发展阶段下的增长"源泉"

同样一个国家，为何在不同的时期其经济增长的表现截然相反，不同的国家，在同样的国际环境下，其经济增长的表现也完全迥异。就像中国，在 1978 年改革开放之前，经济增速相对低迷，但在改革开放之后，经济却已经出现了持续 30 多年的高增长。而在同一时期，就如前面所谈到的，一些发展中国家也先后推行了一系列的改革与开放政策，而且之前的经济环境相对中国而言更加优越，但却收效甚微。经过 30 多年的发展，这些国家已经远远落后于中国。

对经济增长的探讨，需要追溯到经济学研究鼻祖亚当·斯密，他认为国民财富的积累来自要素的重新配置或流动，要素的重新配置或流动将扩大市场规模，从而推进专业化分工的发展，导致生产效率的提高①。李嘉图在斯密的基础上进一步依据生产要素的配置或流动形成了他的分配理论②。这种基于要素重新配置或流动导致经济的增长，我们称为"斯密增长"③。由于李嘉图认为要素的投入存在边际报酬递减规律，那么对于经济的长期增长，古典经济学家们总是持悲观的态度。

但经济发展的现实，特别是工业革命之后经济的快速发展，使人们对持悲观态度的古典增长理论产生了质疑。经济研究者开始放松"斯密增长"中的约束条件——技术进步和人力资本积累。熊彼特看到了技术进步对经济增长的作用，他认为，是技术创新等新组合的不断实现推动了经济的发展。新组合的出现同时意味着已有的生产组合将被抛

---

① 亚当·斯密：《国民财富的性质和原因的研究》（上、下卷），郭大力、王亚南译，北京：商务印书馆，2007。

② 李嘉图：《政治经济学及赋税原理》，丰俊功译，北京：光明日报出版社，2009。

③ 对于经济增长动力源泉，中国学者张宇燕等做过相关的探讨，见张宇燕《经济增长源泉与中华民族复兴》，《世界经济与政治》2013 年第 1 期。美国学者哈伯德和凯恩把经济增长类型分为三种：一种是商业扩张的"斯密式增长"；一种是投资带动的"索洛式增长"；还有一种创新带动的"熊彼特式增长"。经济史学家莫基尔还定义了一种规模效应带动的增长类型。见格伦·哈伯德和蒂姆·凯恩《平衡——从古罗马到今日美国的大国兴衰》，陈毅平等译，北京：中信出版社，2015。

弃，这就是我们认为的"创造性破坏"。他所认为的新组合包括：引进新产品，引进新技术，开辟新市场，控制原材料的新供应来源和实现企业的新组织。在他看来，只有实现了创新，企业家和资本才能存在，才能产生利润和利息。而承载这一创新、推动经济增长的主要是追求利润最大化的企业家。这种源于创新驱动的经济增长被称为"熊彼特增长"[①]。

前面章节已经提到凯斯和库普斯曼将储蓄率内生化去探讨经济增长[②]之后，研究经济增长的经济学家们开始把注意力从资本积累彻底地转移到知识和创新上来，从而有力地解释了"索洛余值"，开创了经济的"内生增长"探讨[③]。但从人力资本的积累到知识和创新对经济增长的促进都是通过技术、管理等各种创新方式体现出来，正如赫尔普曼所说，这种对知识创新的强调实际上只是站在熊彼特的基础上而已[④]。因此，我们可以把"内生增长"的方式归结为"熊彼特增长"。创新本身是一个创造性毁灭的过程，优质产品占领市场，低质产品退出，更重要的是创新有正面的外部性，能促使收益递增，从而抵消资本积累的边际收益递减趋势，进而维持经济持续增长。

要素配置效率的提高是有条件的，也就是必须保证交易的顺畅进行，同时也要有足够大的市场规模来容纳分工和专业化。进行"创新"也是要有条件的，正如第一章所探讨的，工业革命没有在东方兴起，而

① 约瑟夫·阿洛伊斯·熊彼特：《经济发展理论——对利润、资本、信贷、利息和经济周期的研究》，叶华译，北京：中国社会科学出版社，2009。

② Cass, David, "Optimum Growth in an Aggregative Model of Capital Accumulation?", *Review of Economic Studies*, 1965 (32), pp. 233 – 240. Koopmans, T. C., "On the Concept of Optimal Economic Growth", Cowles Foundation Discussion Papers, 1963, p. 28.

③ Mankiw G., Romer D., Weil N., "A Contribution to the Empirics of Economic Growth", *Quarterly Journal of Economics*, 1992 (107), pp. 407 – 437.

④ 赫尔普曼：《经济增长的秘密》，王世华、吴筱译，北京：中国人民大学出版社，2007。

发生在欧洲。人力资本积累和知识积累也一样，缺乏好的制度环境，就是想积累也是一厢情愿。因此，"斯密增长"和"熊彼特增长"能发挥作用，都是有前提条件的，那就是需要有适合的制度环境。

新制度经济学派则强调了制度对经济增长的重要性，认为提高生产率的第三个源泉来自制度创新，例如科斯对交易费用的研究①、诺斯从制度变迁的角度强调产权制度②、格雷夫对交易信用的研究③、布坎兰和施莱佛等人对宪政和法律的研究④，以及阿西莫格鲁对富国和穷国"命运逆转"的研究⑤，都探究了制度如何发挥作用。制度创新体现在规则或机制设计、演化、改革、扬弃和执行等诸多方面，例如法律的建立和废除、政府对管制的放松、倡导移风易俗等。制度的基本功能在于能强制性保障财产权利，维护契约，与此同时，保障承担这项强制功能的政府能最有效和最公正地完成强制功能的使命。较合适的制度安排能为社会提供一套好的激励机制，帮助人们在交往过程中形成稳定的预期，从而降低交易成本，促进经济活动的提升。显然，无论是改进激励机制还是降低交易成本，均有助于扩大交易所带来的收益、拓展技术进步对经济的促进作用、增加人力资本和知识的积累，从而可以解释"索洛余值"问题。鉴于曼瑟·奥尔森对此命题的论证较为透彻，后续

① 科斯：《论生产的制度结构》，盛洪、陈郁译，上海：上海三联书店，1994。
② 诺斯：《制度、制度变迁与经济绩效》，刘守英译，上海：上海三联书店，1994。
③ Greif A., "Reputation and Coalitions in Medieval Trade: Evidence on the Maghribi Traders", *Journal of Economic History*, 49 (4), pp. 857 – 882.
④ Buchanan J. A., Oyer R. J., Patel N R, et al, "A Confirmed Case of Agranulocytosis after Use of Cocaine Contaminated with Levamisole", *Official Journal of the American College of Medical Toxicology*, 2010, 6 (2), pp. 160 – 164.
⑤ Acemoglu Doron, Simon Johenson and James A. Robinson, 2002, "Reversal of Fortune: Geography and Institutions in the Making of the Modern World Income Distribution", *Quarterly Journal of Economics*, 118, pp. 1231 – 1294.

的研究者将源自于制度安排变革的增长称之为"奥尔森增长"①。

上述三个经济增长之"源泉"绝非独立存在，在通常情况下它们交叉重叠，彼此互动。有效的激励机制促进科技进步、深化分工和人力资本积累，新技术成果又会降低交易成本和扩大市场规模，人力资本的积累又会进一步完善激励机制、促进技术进步和深化分工。但不论如何，对于"后发追赶"的经济体而言，"奥尔森增长"贯穿始终，也就是说，要实现经济体的不断跨越，需要改革做保障，即"斯密增长"和"熊彼特增长"的释放，都需要"奥尔森增长"做保障。

翻开发达经济体和一些发展中国家的经济发展史，可以归纳大多数国家的经济发展历程一般要经过三个阶段。

第一阶段是从低收入到下中等或中等收入阶段，也是经济起飞阶段，或者说工业化阶段。这一阶段的经济发展模式主要是通过"制度安排改革释放"实现要素驱动经济快速发展，表现为要素高投入、空间低集聚、贸易低附加值、自然资源高消耗与环境高污染。这一阶段的发展具有较强的"后发优势"和"对外开放优势"。这一阶段也可说是"斯密增长"阶段，通过改革，加入到国际分工体系，释放出"斯密增长"的潜力。

第二阶段是从下中等收入到上中等收入阶段，这一阶段为重要的经济社会转型期，这是欠发达经济体成为较发达或发达经济体的关键阶段。这一时期有两种可能性：如果转型成功则经济保持持续增长或经济起飞，顺利进入上中等收入经济体行列；如果转型不成功，则停滞在原有的水平上或者中断经济起飞，落入"中等收入陷

---

① 奥尔森：《权力与繁荣》，苏长河、嵇飞译，上海：上海世纪出版集团，2005。

阱"。这一阶段也可以说是"斯密增长"与"熊彼特增长"共振阶段，即从"斯密增长"迈向"熊彼特增长"的过渡阶段，其实现需要改革做保障。

第三阶段是高收入或发达经济体阶段，表现为知识和技术创新驱动，生产要素高度空间集聚，产品高附加值。这一阶段完全由人力资本所创造，其发展的水平完全与该国居民的教育水平、创新能力和该国的人文环境密切相关，当然更与该国的社会、经济等制度安排密切相关。这一阶段是"熊彼特增长"阶段，此阶段需要通过不断地改革，建立"创新型"经济体的制度环境。

改革释放"斯密增长"奇迹

全球第一轮产业大转移是在 20 世纪 50 年代，美国将钢铁、纺织等传统产业向日本、联邦德国等国转移，集中力量发展半导体、通信、计算机等新兴技术密集型产业。到了 60、70 年代，日本、联邦德国等国转向发展集成电路、精密机械、精细化工、家电、汽车等耗能耗材少、附加值高的技术密集型产业，而亚洲"四小龙"等获得了发展劳动密集型产业的良机，形成了第二轮产业大转移。第三轮则是在 20 世纪 80 年代以后，美国、日本和欧洲发达国家大力发展知识密集型产业，而劳动密集型产业和技术密集型产业向发展中国家转移，特别是世界加工制造中心和世界电子信息产品中心向中国转移。

中国之所以能承接全球分工格局的转移，也是 1978 年以来进行的改革顺应了这一转移。可以说中国经济经历的快速增长均与中国的"改革红利"释放紧密相连，属于典型的"奥尔森增长"。

在计划经济时代，生产要素受到严格的管控，很多都是由国家统筹统分，从而导致效率低下。20 世纪 80 年代进行的一系列改革，例如改革开放政策、家庭联产承包、价格改革等，以及 90 年代初开始的国企改革、房地产制度改革和 21 世纪初加入 WTO 等，这些制度安排改革都是围绕放松要素市场的管制展开。通过改革实现对要素市场（包括土地、劳动力、资本等）的重新配置或流动，这种重新配置或流动必然会带来市场规模的扩大，也必然会推进专业化分工的发展，从而导致生产效率的不断提高，实现"斯密增长"。

例如，1982 年的"一号文件"（《全国农村工作会议纪要》），第一次正面肯定了以"包干到户"为主要形式的家庭承包责任制。在家庭联产承包责任制下，土地的最终所有权虽属于国家，但使用权归农民所有。"权、责、利"三者的结合，改变了以往生产时"瞎指挥"和分配时"大锅饭"的生产方式，释放了农村长期被压抑的生产积极性和生产能力，极大地提高了农业生产效率。世界银行统计数据显示，1982～1984 年，中国人均农业增加值年均提高 8%，为有数据统计以来的最高值，结束了主要农产品长期短缺的历史。此外，国家还通过提高农产品收购价格以及改国家统购制为合同定购制等一系列农产品收购制度，从价格上激励农业生产。有学者研究，在 1978～1984 年间的农业总产出中，常规趋势的贡献为 30%，实行家庭承包制的贡献为 42%，农产品价格提高的作用为 15%①。

例如，1978 年对外开放政策的确立，带来了对外贸易的飞速发展，有效地促进了中国经济增速的提升。1950 年中国出口总额占世界出口总额的比重仅为 0.9%，2008 年这一比重达到 8.86%。特别是 2001 年加入世贸组织以来，在积极参与全球化的过程中，中国的对外贸易迎来了历史上最快的发展时期，到 2009 年中国成为全

①　林毅夫：《中国农村改革与农业增长》，上海：上海三联书店、上海人民出版社，1994。

球第一大出口国。中国货物贸易进出口规模从 2001 年的 5098 亿美元增长到 2010 年的近 3 万亿美元，其中出口增长近 5 倍，进口增长4.7 倍。

例如，对户籍制度和住房制度的改革，极大地加快了中国城镇化过程。快速工业化的过程，必然会加快对劳动力的需求，这就客观上要求我们放松对人口转移的管制，特别是农村人口向城镇转移的管制。随着人口往城市的转移加快，客观上又要求我们对住房制度和城市土地制度进行改革。这些改革的推进，无疑会加快城镇化，进而提升经济增长。1980～1989 年，中国城镇化率十年上升了 6.82 个百分点至 26.2%，1990～1999 年城镇化率上升了 4.48 个百分点至 30.89%，而 2002～2011 年，中国城镇化率以平均每年增加 1.35 个百分点的速度推进。2011 年中国城镇化率首次突破 50% 达到 51.3%，城乡结构发生了历史性变化①。

生产要素市场的改革，带来了要素重新配置和流动，同时也带来了市场规模的扩大。基于低廉要素价格的国际竞争力得到了极大提升，加之开放后巨大的市场规模，这两方面极大地吸引了全球的投资者，全球的制造业开始往中国转移，实现了"斯密增长"。产业的转移伴随而来的必然是生产技术的不断升级，从而实现"熊彼特增长"，只不过这种技术进步不是通过内部创新实现，而是通过外部输入获得。同时，这种技术进步又会产生外部溢出效应，加强人力资本积累和知识积累，实现"内生增长"（我们将它归为"熊彼特增长"）。

以"斯密增长"为主导，辅之"熊彼特增长"和"内生增长"的推动，中国建成了自己的工业体系和确立了制造业大国的地位。

---

① 数据来源于国家统计局中国城市化率（1949～2013 年）统计数据。

工业在中国国民经济中占据主体地位，工业制成品出口占整个出口额的90%以上。作为一个崛起的工业生产大国，中国工业生产总量已经占有世界工业的较大份额。在22个工业大类行业中，中国有7大类行业全球第一，主要工农业产品产量都居世界前列。1978～2006年，中国规模以上制造业增加值，按可比口径计算，年均增长约15%，高于全部工业与GDP年均增幅。据世界银行统计，2010年中国制造业产值为1.96万亿美元，在全球制造业总产值中所占的比例为19.8%，已超过美国成为全球制造业第一大国。与此同时，工业制成品出口占出口总额的比重逐步达到了90%以上。

正是由于改革所释放的"奥尔森增长"，极大地提升了中国的潜在增长水平，激发了"斯密增长"，创造了中国经济增长的奇迹，主要体现在以下方面。

首先，中国在较长的时间内实现了持续的经济高速增长（见图2）。2000年中国经济规模排名世界第六，到2010年超越日本成为仅次于美国的全球第二大经济体。中国经济总量占世界的份额由2002年的4.4%提高到2014年的13.3%左右。中国对世界GDP增量的贡献率从2003年的4.6%升至2009年的14.5%，成为全球第一大贡献国。同时，中国人均GDP从1978年不足200美元到2014年接近8000美元，已经进入了从中等收入国家向中等发达国家迈进的重要阶段。世界银行统计数据显示，1980年，中国的人均GDP按购买力平价算是250国际元，印度是420国际元；到2014年，中国人均GDP按购买力平价算是13170国际元，而印度仅5630国际元。

其次，过去30年，中国经济的波动逐步趋缓的特征较为明显（见表1）。1981～1990年期间，GDP增长率的标准差为3.9，与大多数发展中国家经济体的特征一样，波动较大。1991～2000年，GDP增长率

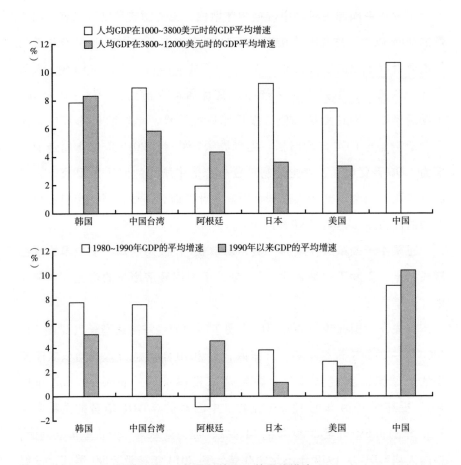

图 2 各国（地区）的平均增速

数据来源：World Bank，中国银河证券。

的标准差降到 2.5 附近，相对于大多数发展中国家经济体而言，出现了
明显改善，在此期间，中国经济经历了亚洲金融危机和进行了国有体制
等多项制度安排改革。2001～2010 年，GDP 增长率的标准差进一步下
降，这期间只有 1.8，超过了成熟经济体的水平，这不能说不是一个奇
迹，而这期间发展中国家的经济波动仍然较为明显，GDP 增长率的标

准差为 3.9 左右，远高于中国的水平。这期间中国还经历了 2008 年美国次贷危机引发的全球性金融危机。

表 1 各国（地区）GDP 标准差

	OECD 国家（地区）	非 OECD 国家（地区）							中国
		巴西	阿根廷	印度	新加坡	中国香港	俄罗斯	南非	
全样本时期	1.616	3.235	6.511	2.140	4.351	3.875	7.612	2.464	2.831
1981～1990 年	1.313	4.725	5.329	1.832	4.020	4.257		2.664	3.925
1991～2000 年	0.883	2.147	5.612	2.066	3.709	3.907	7.752	2.154	2.502
2001～2010 年	2.058	2.200	7.309	2.163	5.277	2.988	5.014	2.291	1.801
2011～2014 年	0.242	1.596	3.660	1.005	1.454	1.321	1.703	0.695	0.961

数据来源：World Bank，中国银河证券。

对于中国经济高速增长的奇迹，很多研究者会把它归功于中国的人口红利，或是中国老百姓的高储蓄，或是国民教育程度的提高，或是技术进步等。毫无疑问这些因素直接拉动了中国经济，但这些因素要发挥作用，关键一点就是它们依靠 1978 年之后中国不断进行经济体制改革，即所谓的改革红利释放。是改革红利释放让中国经济享受到了人口红利和全球化红利，也是因为改革红利的逐步释放，让国民的教育水平不断提高和引入了先进的生产技术。

"斯密增长"奇迹背后的逻辑

毫无疑问，过去 30 多年，中国经济显示了巨大的"后发优势"。首先，工业化和城镇化进程的成果举世瞩目；其次，受益于改革开放，对外贸易蓬勃发展，科学技术的进步也有目共睹；最后，也更为可贵的是，制度安排方面在配合经济发展的需要不断进行着调整和改革。三者叠加，激发了巨大的增长潜力，创造出了"中国增长奇迹"。

"中国增长奇迹"应归功于强势型的中国政府遵循了中国过去的比较优势进行了合适的制度安排，通过改革和比较优势的结合，释放了"斯密增长"的巨大潜力。所谓的比较优势就是廉价的生产要素和强势型政府带来的低公平福利下的廉价制度交易成本。

廉价的生产要素方面，不仅劳动成本优势比较明显，而且能源成本、土地成本、环境成本等方面的比较优势更为突出。在改革开放刚开始的20多年里，这些成本几乎都可以忽略不计。当时的制度安排让这些"比较优势"得到充分发挥，不仅打破了商品和生产要素区域的流动，而且还向海外打开，参与到全球的分工体系中去。但我们忽略的是，没有吸取发达成熟经济体工业化过程中所付出的高昂成本的教训，向重化工业提供了廉价的资源，就像空气、水、土壤环境，污染的成本低廉，导致发展后生存环境急剧恶化。

在进行工业化的过程中，发达经济体有成熟的成功模式可供我们效仿，不仅是技术，还有规模、管理等。与此同时，由于成熟经济体的转型升级，一些重化工业企业需要向发展中经济体转移。此时，强势型政府表现出来的效率优势相当明显，不仅在项目引进过程中对知识产权纠纷淡化，而且在决策程序、环境评估、银行信贷支持、土地拆迁、税收优惠、劳资纠纷、法律边界的突破等方面，强势型政府都能为企业提供便利。这种低公平福利下的廉价制度交易成本优势，在过去30多年发挥得淋漓尽致，成为中国快速发展、实现赶超的核心优势之一。

经过30多年的制度释放，生产要素成本优势和制度交易成本优势已经在逐步丧失，这无形之中会降低中国企业的国际竞争能力。目前，中低端劳动力工资也已经不断上涨，相对于东南亚已经不便宜，北京、上海、深圳等大城市的土地价格和房价在全球都首屈一指，资源价格、环境成本不断攀升，政府提供公共服务也开始讲"规矩"，不能随意违规操作，等等。这些成本的上升都呈现刚性，因此，未来中国经济想再通过中低端制造业扩张和资源消耗型产业的扩张来实现增长，几乎不太可能。这就需要我们通过进一步改革来释放新的经济增长动力。

假若没有 1978 年以来的改革支持，比较优势是释放不出来的。就像改革开放之前，中国的劳动力成本、土地成本等也都很低，现在一些发展中国家的劳动力、土地等要素成本也很低，但这些比较优势由于缺乏有效制度安排的支持，增长潜能就释放不出来，增长维持低速，国民依旧贫穷。

为何经济发展到这个阶段需要制度安排改革去释放经济增长的潜力？已有的制度安排为何需要改变，过去不是很促进经济增长的吗？这其实就是经济成长规律，在中国刚开始改革开放时，需要解决的问题是老百姓的"衣食"问题，所以 20 世纪 80 年代中国增长最快的行业是与外贸联系紧密的轻纺工业和与乡镇企业联系紧密的食品加工业。随着收入的增加，老百姓对生活的改善需求增加，"住行"相关的产业便随之发展：90 年代的家电行业，新千年之后的住房、汽车、航空、高铁等快速发展。工业化进程也就随之加快，可以说 90 年代的改革顺应了这一趋势的变化。现在城镇居民"衣食住行"已基本解决，老百姓的消费也开始升级：年长的思考养老健康，中年人思考子女的教育，年轻人思考着娱乐旅游，所有人都思考高品质的产品等。与此同时，农村人口也开始步城镇居民的后尘。这需要中国政府也"与时俱进"，满足这些需求的变化，进行相应的制度安排改革。

假若在这个阶段，我们不能进行有效地适应经济发展的制度安排改革，突破已有制度安排瓶颈，那么很有可能就会步拉美的后尘，如杨小凯教授所说的，强化的国家机会主义导致长期发展变为不可能，呈现"后发劣势"。但假若强势型的中国政府顺势而为，知难而进地做好顶层设计安排，不断地去突破这些制度安排瓶颈，创造出适合经济转型的制度环境，为经济转型释放活力，那么有可能再次释放出"后发优势"，跨越到第三个发展阶段，使中国成为经济发展的强国。

新常态："斯密增长"与"熊彼特增长"共振

在消化完美国次贷危机所带来的影响之后，2008 年之后的中国，已经开始步入第二个发展阶段，即经济转型阶段。在此阶段，经济发展将不断地遭遇"后发瓶颈"，而这些"后发瓶颈"往往来自于相对局限的"僵化制度安排"。

既然中国经济再次面临需要"制度安排"改革才能实现经济的持续增长的阶段，那么又该通过怎样的改革去释放增长的潜力？这让我们又回到"奥尔森增长"保障下的对"斯密增长"和"熊彼特增长"的探讨。

首先我们从"斯密增长"的角度来看生产要素中的劳动力。由于人口结构的原因，中国未来的中低端劳动力市场价格不太可能再次便宜，但是中国的中高端劳动力相对于发达经济体而言却具有比较优势。现在中国的中低端劳动力表现出相对紧缺，但中国的大学生以上学历的人员，却面临着就业困难，这就为中国经济的转型提供了基础。但对于要转型的产业，如服务业，需求很旺盛，但它们的牌照却是管制的，例如娱乐传媒业、医疗行业等，这在无形之中加剧了中高端人才的就业困难，因此，可以通过简政放权、激活服务业市场等改革来实现"斯密增长"。

生产要素中的资本。由于金融垄断和金融结构的原因，目前中国的资金成本相对较高，特别是中小微企业的融资成本。经济已经低迷几年，货币政策也相对宽松，但是中小微企业的"融资贵、融资难"并没有得到有效解决。2015 年发达经济体的名义利率已经降到零甚至负利率，一年期贷款利率基本上平均在 2% ～3% 的水平，但反映中国民间利率实际情况的温州中小微企业的借贷利率仍然高达 19% 左右，这很大程度上削弱了中国企业的国际竞争力。因此，通过金融改革来实现"斯密增长"的空间比较大，也迫在眉睫。

生产要素中的土地。过去城市化快速发展，城市土地确实已经不便宜，但我们的城市土地和农村集体土地几乎是分割的，农村土地没有有效流转，一方面制约了农业规模经济的发展，另一方面加上户籍等方面的原因，也会抑制城镇化的进程。因此，加快农村土地流转方面的改革也可实现"斯密增长"。

其次，从发达经济体经济发展方式的转变来看，随着中国市场化改革的深入，"斯密增长"的释放空间将越来越有限，中国未来经济的发展必然转型至依靠技术创新的"熊彼特增长"。但不论是技术创新、管理创新，还是商业模式创新，对于中国这样一个过去严重依赖地方政府和大的商业金融机构来进行工业化的经济体而言，其发展的核心就是需要制度安排创新，其他的任何创新都依赖于它。国家重点攻关的技术项目是可以通过国家规划和集中优势达到事半功倍，但与老百姓生活相关的生产技术如何演进，商业模式如何创新？这毕竟不像工业化过程时发达经济体有成熟的发展模式可供参考，任何一个国家依靠行政体制人员的知识结构，都是很难去规划的，只能依靠市场去完成。因此，当前要实现向"熊彼特增长"过渡，就需要中国政府进行简政放权的改革，加快市场自由化的进程，释放国有企业和市场的活力。

因此，所谓的经济转型期就是经济增长方式从主要依靠"斯密增长"迈向主要依靠"熊皮特增长"转变的过渡时期，此时，出现"斯密增长"与"熊彼特增长"的共振；经济增速由于经济体量在"工业化阶段"的快速膨胀，受客观资源环境的约束，不可避免出现回落；经济增长的动力依赖于不断改革所带来的红利释放，传统产业与新的产业之间呈现此消彼长；经济增速的高低、过渡期时间的长短依赖于改革推进对潜在增长释放的程度。这也就是我们所说的"新常态"①。

---

① 新常态：顾名思义就是"新出现的常态"，译自英语的"New Normal"，最早由债券巨头太平洋投资管理公司（PIMCO）创办人比尔·格罗斯（Bill Gross）提出，是指金融危机之后，因包括俄罗斯和乌克兰在内的广大西方经济体复苏乏力所带来的长期痛苦过程（见 Bill Gross, "On the 'Course' to a New Normal", *Investment Outlook*, September 2009.）。这一阶段人们已经长时间感到失望甚至绝望，对未来感到恐惧，而这种恐惧可能造成非常严重的后果，如低增长、高失业和高债务等（见 Robert J. Shiller, "Parallels to 1937"［EB/OL］, https：//www. project - syndicate. org, 2014 - 09 - 11）。"大萧条"之后的 1937 年，也曾出现类似的术语，如"长期增长停滞（secular stagnation）"和"不敢消费主义（underconsumptionism）"。同时显示经济增长下降将带来低容忍度、激进的民族主义和战争（见 Friedman, Benjamin M, *The Moral Consequences of Economic Growth*, New York：Alfred A. Knopf. 2005. ）。但由于中国当前所处的发展阶段不一样，对"新常态"的理解自然会存在差异。

第五章

从"非常态"迈向"新常态"

经济从"斯密增长"向"熊彼特增长"过渡的过程中会出现一个"斯密增长"与"熊彼特增长"共振的转型阶段。在此阶段改革红利将逐步释放，传统工业逐步衰退，经济增速从高增速回落到次高增速，这也就是我们所说的"新常态"。但由于改革的推进历来比较艰难，改革红利的释放也有一个过程，而传统工业的衰退在外部经济环境糟糕的条件下会表现得更为明显，此时，为了维持一定的经济增速，更多是依靠政策刺激的力量，这就导致经济体向"新常态"阶段迈进的过程中出现了一个"非常态"阶段。

改革开放之后，廉价的生产要素和强势型政府造就出来的廉价制度交易成本，形成中国独有的比较优势，让中国迎来了30多年的高速增长，成就了"中国奇迹"。但事物的发展总是动态的，持续的发展已经让生产要素的价格不断上涨，制度交易成本也不断攀升。在经济发展到2007年的时候，资产价格快速攀升，劳动力成本快速上升，人民币不断升值带来国内商品的国际可比价格也不断上升。通货膨胀的显现，导致2007年中央经济工作会议对2008年经济工作的基调定为进行宏观调控，避免物价的快速上升。从这方面我们不难看出，即便没有海外次贷危机的影响，中国自身的经济发展也面临"降温"的潜在需求。海外的危机，只是让中国经济增速下滑出现了内外"共振"。

经济从依靠"斯密增长"向依靠"斯密增长"和"熊彼特增长"共振的转型阶段，我们称为"新常态"。既然是常态，那么系统应该是稳定的，增长的原动力是基于市场自发的力量。假若经济运行过程中要维持一定的经济增速，更多地仍然依靠政府投资的力量，那么这种增长状态并没有达到真正的"新常态"，而是在迈向"新常态"之前出现的一段依靠政府刺激维系经济增长的"非常态"时期。2008~2015年，尽管经济增速不断回落，但维持已有的经济增速，更多的是依靠政府投资的拉动，而非市场自主的力量。经济增速的维系依靠较大的外部力量来实现，一旦未来政府投资因为财政的制约逐步退出，是否出现经济增速再次下台阶，存在不确定性，因此，此时还很难说经济就已经步入了新的稳态，即"新常态"，而是仍然处于一种充满不确定的增长状态，即"非常态"。

第一节　始于危机救助的 "非常态"

内外"共振"下的经济困境

2008 年初，由于物价的上涨，货币政策等开始偏向紧缩。随着 3 月份雷曼兄弟的破产，全球各大金融机构相继告急，货币市场利率快速飙升，各国的股票市场、债券市场、大宗商品市场、房地产市场均出现暴跌。全球金融市场已经由美国单一经济体的次贷危机演变为全球性的金融危机。受金融危机的影响，全球的投资、消费、进出口均出现快速回落，企业困境开始显现，失业率也随之攀升。8 月份，随着各大金融巨头都面临需要救助的局面，市场普遍认为危机的程度已经接近 1929 年的"大萧条"。

在外需急剧下降和国际金融市场的传导下，中国金融市场也出现剧烈动荡，货币市场利率和国债收益率急剧攀升，股票市场急剧下跌，上证指数在 2007 年 10 月份最高曾上涨到 6124 点，之后一路下跌，到 2008 年 10 月份的时候，已经跌到 1664 点。工业增加值的同比增速在 2007 年 9 月份的时候为 18.9%，到 2008 年 11 月份已经下降到 5.4%。进出口总额的同比增速也由 2007 年 4 月份的 24.27%，直接步入 2008 年 12 月份的负增长，同比增速为 -11.17%。GDP 增速也一样，跌幅较大，在 2007 年第二季度的时候，当季的 GDP 增速为 14.9%，到 2009 年第一季度的时候，当季的 GDP 增速已经下降到 6.2% [①]。

---

① 数据来源于国家统计局网站。

中国出现这么大幅的调整，一方面受海外市场的影响，另一方面与国内经济在 2002～2007 年期间持续的偏热运行不无关系。2008 年全球经济因为"次贷危机"的影响出现快速回落，但这种快速回落与过去几年全球经济的失衡密切相关。美国面临着巨额贸易逆差，大宗商品的快速上涨带来的物价压力，等等。很难说这种全球经济失衡与中国自 2002 年之后一直偏热的经济运行之间没有相关性，因为中国在货物贸易方面已超过美国成为全球第一，经济总量也已跃居为全球第二。为何中国经济在 2004～2007 年会一直维持相对偏热的运行状态？

首先，地方政府依靠经济偏热运行提升政绩。地方政府拥有"扩张型"的天性主要来自三个方面的原因：其一，一直以来考核地方官员政绩的主要指标就是各地方的经济增速，在这一考核体系下，想升迁的地方官员必将不遗余力地推动当地经济的快速发展；其二，1994 年以来的财政分权化改革使财政更加集权，这一压力型财政促使地方政府扩张经济规模的冲动更加强烈，原因主要包括①间接税的比重过高，那么地方政府通过经济规模的扩张来实现税收收入的增加是最优路径，以及②土地拍卖收入进入地方财政，推动地方政府扩充城市规模和对房地产进行过度开发；其三，一些地方官员的直接经济利益很容易对地方的经济扩张，特别是依靠投资拉动的经济扩张产生激励作用。"权钱交易"和"权力资本化"的存在，驱使一些地方政府官员通过公共权力谋取直接经济利益，尽力扩大地方的工程和建设，这也在无形之中通过拉动投资的方式推动地方经济的快速发展。

因此，在当前这种经济增长与官员政治晋升激励、地方财税扩张、官员直接利益兼容的体制下，地方政府便成为推动中国经济快速扩张的主要力量。一些地方政府通过压低土地价格、变相税收减免、以政府担保方式扩大银行信贷等方式引导其他经济主体的投资行为，甚至一些地区地方政府组建的政府投资公司直接或者间接控制的投资额占当地固定资产投资的比重超过半数。

其次，国有银行对经济偏热运行推波助澜。国有商业银行虽然经历过 20 世纪 90 年代的股份制改造和上市，但产权的基本格局并没有发生太大变化，政府仍然存在绝对的控制力。由于这种股权关系，国有银行的管理层一般都是国家委派。在这种条件下，代理人是不会违背委托人的意志，更有可能会助长委托人的意志。因此，一旦地方政府有扩张经济的想法，国有银行一般会推波助澜。与此同时，由于国有银行产权归国家所有，政府凭借国家的信誉和出资人无形之中对国有银行提供了隐性的担保，因此，国有银行对政府项目或者对与政府项目相关的信贷上，风险意识会弱化。

最后，调控当局容易纵容经济偏热运行。不管是西方成熟经济体还是像中国这样的发展中国家，作为执政当局而言，永远会把就业作为所有政策目标的首要考量，一方面，作为西方成熟经济体，执政者首先想到的往往是如何获取选民支持，缺乏选民支持的政府最终的结果就是下台，而选民关心的第一要务就是就业问题；另一方面，作为中国这样的发展中经济体，政局的稳定是压倒一切的任务，决策当局自然会把稳定就业作为主要的执政目标。尽管政府中有些职能部门拥有一定的独立性，但在进行宏观调控的时候，这些职能部门必然要服从最高决策当局通盘政策的需要。因此，在一定的约束条件下，尽可能地扩大就业（也即刺激经济增长）必然会在各职能部门多个政策目标中拥有较高的权重。更何况有些职能部门拥有项目审批以及相关资金分配的自有裁决权，更倾向于执行"扩张性"的政策。

扑朔迷离的潜在增长率

2008 年经济增速的回落和之后宏观经济政策的被动制约，使研究者和决策当局开始警醒：我们需要接受更低一些的经济增速。前一轮经济体制改革释放的"改革红利"已经逐步衰竭，在新一轮改革红利还没有释放、海外经济又相对低迷的条件下，中国经济的潜在增长率①就已经在回落。

对于经济潜在增长率回落的解释也是五花八门。有观点认为是人口红利步入衰退，第一次"刘易斯拐点"出现之后，伴随而来的便是经济潜在增长率的回落；也有观点认为中国的环境承受力已经出现极限，随之而来必然会出现经济潜在增长率的回落；还有观点认为是海外经济的持续低迷不可避免，必将带动国内潜在增长率的回落，等等。但不管怎样，2011 年 11 月份召开的中共中央年度经济工作会议上，首次调低了 2012 年的经济增长率目标为 7.5% 左右。这说明，中国的决策当局已经开始接受经济潜在增速下降的事实。

但遗憾的是，决策当局并不知道此时经济的潜在增长率水平到底在哪里？面对这样一个复杂经济体，学界也给不出答案。

在已有的测算经济潜在增长率的方法中，使用最广泛的是生产函数法和菲利普斯曲线法。在采用生产函数法进行估算和预测时，有一个非

---

① 潜在增长率是学者们在研究经济增长时给出的一个理论增长率。维基百科中将潜在产出定义为在既有要素、技术以及制度等条件下可持续的最高实际产出，在此基础上便可算出经济的潜在增长率。从经济增长角度看，这一增长率对应着要素的充分、合理、有效利用。理论上讲，若现实经济增长率超过潜在增长率，则要素可能被过度使用，要素的市场价格就趋于上升，通货膨胀率有向上的压力；反之，若现实经济增长率小于潜在经济增长率，生产能力就会相对过剩，失业率将面临上升，要素价格趋于下降，甚至引发通货紧缩。若没有系统性冲击，价格的变化一般会引起系统内供需的自发调节，使经济往相反的方向调整。

常重要的假设前提就是函数形式的确定，即增长模型的形式和参数是稳定的，也就是要素的组织模式不发生改变。而对研究者关心的影响生产的各种因素，则均可以变量的形式加入模型中进行考察，从而可进行一系列扩展。生产函数法只需要首先设定一个生产函数形式，然后利用现实数据估算出函数参数，并得到全要素生产率（即所谓的"索洛余值"）；再用消除趋势法对全要素生产率进行分解，得到趋势全要素生产率，和其他要素变量一同放入生产函数中算出潜在产出、潜在增长率。假若需要对未来经济增长情形进行估算，那么就相对简单，只需要对未来要素的潜在投入量做出预测，然后代入到生产函数中即可测算出潜在增长率。

世界银行就采用此方法，在柯布－道格拉斯生产函数的框架下对中国未来潜在增速做出了估计，认为就算中国继续调整经济结构，但由于未来劳动力供给和全要素生产率增速的放缓，预计 2010～2020 年中国的潜在增长率会下降到 7.7% 附近，2016～2020 年会下降到 6.7% 附近[①]。有海外学者采用此方法，在假设中国政治稳定、改革继续的背景下测算出 2005～2015 年中国经济的年均增长率仍会达到 6%～8%，2015～2025 年经济增速将下降至 5%～7%[②]。有中国学者在卢卡斯内生增长模型的基础上，将中国经济增长方式的转变以政府行政管理成本和消费率两个主要变量的形式加入生产函数当中，得出结论：如果能够通过制度安排改革提高政府效率、制止行政管理成本膨胀、提高国内消费、促进人力资本增长，那么 2008～2020 年中国的潜在增长率仍可以

[①] 世界银行：《东亚与太平洋地区半年报》，2009；http://www.macrochina.com.cn/xsfx/wbhj/20090414093260.shtml。

[②] Loren Brandt、Thomas G. Rawski eds, *China's Great Economic Transformation*, Cambridge University Press, 2008, Cambridge.

保持在 9% 以上；但如果不做这些制度安排改革，那么以目前的趋势外推，2008 ~ 2020 年的潜在增长率则会降低至 7% 或以下①。

虽然生产函数法具备理论基础，方便人们对未来的经济增长做出合理的预测，并且也能将随机统计方法融入进来，兼顾统计意义，但由于生产函数这类结构化方法可能涉及多变量、多方程，数据处理与估算过程对最后的结果影响较大。而且，那些预测的强假设，其实很难去量化度量，预测的实践意义就大打折扣。更为重要的是，由于中国过去 30 年是通过制度安排改革来实现"改革红利"带来的高速增长，而且制度安排改革是围绕提高生产要素配置效率和通过改革开放享受技术外溢展开的。这就决定了在重大改革的前后，生产函数的形式并不是确定的，即增长模型的形式和参数并不是稳定的，要素的组织模式随着改革的深入在不断地发生改变。因此，这些预测在学术上的意义更大，对政府的决策和资本市场人士的实践操作，可供参考的意义并不是很强。

我们可以认为充分就业（自然失业率）时的增长率就是潜在增长率。一般而言，经济增长率的下降往往伴随着失业率的上升②，并被许多经验研究证实在美国曾经长期存在③，这种关系后来被称作"奥肯定律"。但从中国的二元经济结构转变、劳动力人口的变化等方面来看，"奥肯定律"并不适用于目前的中国。因此，一些学者就采用菲利普斯曲线法，跳过劳动人口等要素投入这一环节来研究潜在增长率。菲利普斯在考察 1861 ~ 1957 年英国劳动力市场上名义工资上涨率和失业率的

---

① 王小鲁等：《中国经济增长方式转换和增长可持续性》，《新华文摘》2009 年第 1 期，第 44 ~ 47 页。

② AM Okun, "The Predictive Value of Surveys of Business Intentions", *American Economic Review*, 1962, 52（2），pp. 218 – 225.

③ Altig, David, Alan J. Auerbach, Laurence J. Kotliko, Kent A. Smetters, and Jan Walliser（1997），"Simulating U. S. Tax Reform", National Bureau of Economic Research, working paper, No. 6248.

变动情况时发现两者间存在着显著并且稳定的负相关关系，因而自然失业率又被称为"无加速通货膨胀的失业率"①。以此为基础，可以认为"稳定通货膨胀的经济增长率"就是经济的潜在增长率。这一方法的理论基础在于：当实际增长率偏离潜在增长率时会引起要素的相对紧缺或过剩，从而导致要素价格的变化，进而导致通货膨胀率的波动。因而可以通过考察稳态通货膨胀下的经济增速来了解潜在增长率的情况。

有学者在对 1978～2009 年中国经济潜在增长率估算时就使用了这种方法。在假定通货膨胀率与经济增长呈线性关系后，通过最小二乘回归得出模型的系数，进而得到不同稳态通货膨胀水平下的经济增速。最后他们认为 1%～5% 的通货膨胀率水平所对应的经济增长率 8.5%～9.71% 可看作适度的经济增长区间②。这种方法并没有直接测算潜在增长率，而是通过适度的通货膨胀率去反推适度的经济增长率，得出潜在增长率可能所在的区间。

但和生产函数法一样，菲利普斯曲线法也需要假定模型的形式在估算的时间段内保持稳定。同时，菲利普斯曲线法背后暗含了需求的波动是造成经济资源利用率波动的主要原因这一假设，这样就可能出现失业率会经常性地偏离自然失业率水平。与此同时，劳动的跨时替代意味着经济可能始终处于充分就业状态，不存在对充分就业的偏离，或者存在就业率的变化并不一定同时引起通货膨胀率的改变，这样菲利普斯曲线法就无法给出恰当的估计③。中国的实际情况是在估

① A. W. Phillips (1958)， "The Relation between Unemployment and the Rate of Change of Money Wages in the United Kingdom, 1861 - 1957"， *Economica*， 25 （100）， pp. 283 - 299.

② 张晓晶：《通货膨胀形势、潜在增长率与宏观调控的挑战》，《经济学动态》2008 年第 1 期，第 8～13 页。

③ 当然也有研究者通过采用消除趋势法来估计潜在增长率，主要包括线性趋势法和滤波方法（基于对趋势的不同假设），但这种单一数据的处理，更偏重于统计意义。

算时间段，或者说我们所需要分析的时间段内失业率与通货膨胀率之间的关系并不是稳定的。改革开放之后的 30 多年，"高通胀、高增长""低通胀，高增长""高通胀，低增长"，总在不断地交替进行。产生这一现象的原因主要是通过改革生产要素所释放的红利，经过一段时间，又会出现衰竭。"红利衰竭"的过程其实就是潜在增长率不断回落的过程。

　　我们在分析和测算经济增长率的时候，无论是依据索洛 – 斯旺模型，还是内生经济增长模型，发现经济增速的维系只能更依靠全要素生产率和资本积累两个方面的提升，因为资源消耗和劳动力人口的变化都在使潜在增速回落。假若全要素生产率和资本积累对经济增长的拉动作用抵消不了资源和劳动力对经济增速的拖累，那么经济增速下降是必然的。

　　过去中国重化工业阶段的粗放型高增长伴随的是更快速的资源消耗和环境破坏。2009 年中国国内生产总值占全球 8.5%，而消耗的钢材占全球消耗量的 46%，煤炭占 45%，水泥占 48%，油气占 10%。中国电力、钢铁、有色、石化、建材、化工、轻工、纺织等 8 个行业单位产品能耗平均比世界先进水平高 47%[①]。重工业的快速发展所导致的环境污染问题也日益严重，而环境的承载能力却是有限度的。据世界银行估计，中国有 6 亿人生活在二氧化硫超过世界卫生组织标准的环境中，而生活在总悬浮颗粒物超过世界卫生组织标准的环境中的人数达到了 10 亿。几年前中国已经向国际社会承诺，到 2020 年中国单位国内生产总值二氧化碳排放比 2005 年降低 40% ~ 45%，假若经济增长方式没有改变，这将对经济增速形成明显的约束。

---

① 鄢莉莉、王一鸣：《金融发展、金融市场冲击与经济波动——基于动态随机一般均衡模型的分析》，《金融研究》2012 年第 12 期，第 82 ~ 95 页。

劳动年龄人口持续增加以及农村劳动力进城是近几十年来大量廉价劳动力涌入市场的主要原因，为中国乃至世界经济的增长提供了重要动力。但现在以及未来，这两个因素都将明显削弱。从人口年龄结构来看，中国的人口抚养比在 20 世纪 60 年代末达到 80%，之后一路下降到 2010 年的 40%，目前劳动年龄人口占总人口的比重在 70% 左右。根据联合国人口展望 2008 年的估计，到 2030 年中国人口中劳动人口的比例将下降到 60%，而人口抚养比将回升至 68%，与 1980 年水平相当。但与 1980 年不同的是，2030 年中国被抚养人口中，老龄人口的比重将高于少儿，预示着抚养比还将持续上升。社科院人口与劳动经济研究所曾预测，中国人口抚养比于 2014 年达到最低点 35.4%，之后开始上升，2020 年达到 39.7%。与此同时，目前农村可供转移的剩余劳动力数量已经十分有限，实际可供转移的农村剩余劳动力仅为 5000 万人左右，仅占全部农村劳动力的 1/10[①]。

因此，当经济体缺乏有效改革促进生产方式的转型，缺乏促使资本和全要素生产率提高的制度安排，其潜在增长率必然会出现下滑。但即便启动改革，改革红利的释放也需要一个过程，短期内出现潜在增长率的下滑已经很难避免。

"非常态"："重"刺激，"慢"改革

经济体所处的发展阶段不一样，产生经济调整的原因就不一样，成熟经济体在经济发展过程中由于市场失灵也会产生经济的波动，但对于发展中经济体而言，特别是对于过去由政府强力干预经济运行的中国而言，经济发展到一定阶段的时候出现调整是由于政府干预导致

---

① 蔡昉、王美艳："How will Population Aging Affect Economic Growth?", *China Economist*, 2007，(1)，pp. 86 – 94。

资源错配。因此，同样是调整，背后的逻辑和解决的路径并不一样，在经济增速面临回落的过程中，成熟经济体思考的是如何矫正市场失灵，而对于我们而言应该思考的是如何通过进一步改革释放经济增长潜力。

但是面对经济回落，特别是遇到经济危机时，政府当局首先想到的是通过刺激政策来扭转经济的回落，认为经济回落更多的是由于需求下降所引起，要解决需求不足的问题，当然凯恩斯主义的扩张性财政政策和货币政策是不错的选择。由于中国经济面临的是改革红利释放的衰减和经济转型的客观需求，采用刺激需求的政策并不能拉动中国经济的持续回升，反而会存在政策边际效应不断地递减。在需求刺激政策效用递减和刺激"后遗症"开始显现的时候，供给端的刺激政策建议便应运而生[1]。但这些刺激供给端的政策同样解决不了中国经济发展的持续性问题，甚至可能解决不了中国经济短期企稳回升的问题。

需要的是"供给侧改革"，不是"供给主义"

以"去产能、去库存、去杠杆、降成本、补短板"为重点的供给侧结构性改革，经 2015 年中央经济工作会议定调后开启。供给侧结构性改革的重点是推进结构调整，提高全要素生产率，并不同于所谓的"供给主义"。

把供给学派的思想投入到实践的是里根，当然，"里根经济学"的结果大家都知道，这些计划实施不久，1987 年美国经济就陷入第二次世界大战后最严重的一次经济危机，特别是联邦财政连年出现巨额赤字，导致高利率和美元高汇价，又使对外贸易连年出现创纪录赤字，从

---

[1] 贾康、苏景春等：《新供给经济学：理论创新与建言》，北京：中国经济出版社，2015。

而供给主义的减税政策饱受诟病。里根执政后美国经济走出了"滞胀",研究者们更愿意把这归功于"新自由主义",即后来的"华盛顿共识"。

中国需要的是税制改革而不仅仅是减税。毫无疑问,中国目前的整体税负确实偏高,否则很多地方政府就不会有那么多资金在过去可以修建楼堂馆所、大肆进行公款消费。但现在,我们不去探讨在经济不断回落的过程中,面临赤字压力和刚性支出,政府愿不愿意选择降税,也不去探讨"拉弗曲线"① 在中国目前的条件下能否带来税收的增加,我们需要探讨的是目前中国的税制是否合理,供给学派当年提出的是降低消费者的税负,当年美国的个人所得税是实行累进制所得税税负,像里根总统当年当演员时的个人税负是很高的。里根之所以能够接受当时供给学派的代表人物拉弗的减税政策,与其个人经历密切相关。里根在年轻时是好莱坞的一名著名演员,鲜明的轮廓外形和高超的演技让他拥有不少粉丝,他的年收入一度达到 500 万美元,当时的高收入税收政策让他恨之入骨。1937 年,影星里根那样的收入水平需要缴纳的累进收入税达 79%,到 1943 年这一比重到 94%,如此高的税收让他在赚到一定的收入之后就拒绝再去拍戏,他自己后来说:"人们给了我很多电影的剧本,但等我赚够了数目,我就拒绝再接拍新戏。一美元里我只能挣到六分钱,我才不去工作呢。"② 从中也可以看出,即便美国总统,也属于"经济人",而不是我们想象的"道德人"。高税收让里根的工作积极

---

① 拉弗曲线描绘了政府的税收收入与税率之间的关系,当税率在一定的限度以下时,提高税率能增加政府税收收入,但超过一定限度,再提高税率反而导致政府税收收入减少,因为较高的税率将抑制经济增长,使税基减少。见 Malcomson, James M., "Some Analytics of the Laffer Curve", *Journal of Public Economics.*, Elsevier, Vol. 1986, 29 (3), pp. 263 – 279.

② 尼古拉斯·韦普肖特:《凯恩斯大战哈耶克》,闫佳译,北京:机械工业出版社,2013。

性受到严重打击，形成的负反馈就是他在好莱坞的地位逐渐被影星霍尔登所取代。当然我们无法考证，是因为这种失落所导致的歇业让他后来被迫改行去竞选总统，还是由于他在缴纳高税收的时候就暗暗发誓要通过竞选总统来改变这种针对高收入的畸形税收制度。

中国目前个人所得税率最高也就45%。与发达国家进行比较，我们发现是税制不合理导致中国企业的税负较高，税收征收主要在生产经营环节，而在消费环节的赋税较低，截至2013年，在中国现行税制结构下，企业来源税收收入与居民个人来源税收收入之比是90：10；而OECD国家的企业来源税收收入与居民个人来源税收收入之比大致是55.6：45.4①。其结果必然是企业的税收负担较重，削弱了国内企业的国际竞争力，据2013年7月下旬财政部发布的报告，2012年的中国企业综合考虑税收政府基金各项收费、社保金等项目后，税负已经高达40%左右，超过了经合组织（OECD）国家的平均水平。相关数据显示，过去30年，OECD国家的平均宏观税负水平约为24%~27%，日本、韩国和美国的宏观税负相对较低，过去20年在20%左右②。与此同时，缺少了二次分配的有效调节机制，导致贫富分化加剧。与此同时，也导致地方政府追求高的固定资产投资以获取更高的财政收入，而不太关注城市综合环境的治理。所以当务之急是改革我们的税制，把中国当前过多依靠生产经营环节的税收变为依靠消费环节的税收。需要降低的是企业的税收，提高他们的竞争力，而需要加强的是消费环节的税收。尽管目前社会保障体制滞后，征收遗产税、不动产税和资本利得税等时机并不成熟，但未来肯定需要进一步作为。因此，对当前中国经济财税政策开出的药方应该是"进行税制改革，降低企业税负，提升消费环节的税负，整体

---

① 高培勇：《财税体制改革与国家治理现代化》，北京：社会科学文献出版社，2014。

② http：//finance.ifeng.com/a/20130725/10258876_0.shtml.

税负下降"。

当然进行从生产经营环节向消费环节过渡的税制改革，客观上会加剧中国东中西的发展差距（因为东中西服务业的差距更加明显），但可以通过国家财政转移的方式来减少这种不平衡。税收制度的不合理，必然会导致收入分配差距加大，一个哑铃型的财富分配状况，其结果必然是：有钱的人去海外消费，同时总觉得国内商品供给不足，没钱的人没法消费，最后内需无法得到实际拉动，从而加大经济转型的困难。当然，在进行税制改革的同时需要加快社会保障制度的建设。尽管当前欧洲一些国家的高福利型社会保障制度已被批评不利于鼓励进取和创新。但当前的中国，社会保障制度还期待健全，医疗体制、教育体制、养老体制都需要完善，国民福利需要进一步提升，应该通过税制改革和收入分配制度改革去解决贫富分化问题，以促进经济的转型。

从供给侧的角度，主张政府通过政策引导，优化产业结构，这也是值得商榷的。过去 30 年进行的是工业化阶段，前面已经分析，此阶段技术在发达经济体相对成熟，同时由于能耗和污染的问题，它们也愿意将产业转移至中国，此时只需要强势型政府保持社会稳定，根据本国要素禀赋优势顺势而为，地方政府勇于争取项目，大型银行进行配套融资，就可以促进经济快速发展，创造增长奇迹。但目前中国已经步入经济转型、产业结构和制造业从中低端向中高端升级的阶段，成功与否是市场选择的结果，而不单单取决于政府规划。由于先进制造业技术是当前发达经济体的立国之本，对技术的输出必然会非常谨慎。尽管国家在一些国防工业、高精尖科技领域可以实施重点攻关，但对于创新型和服务型企业的发展，需要的是企业家根据市场的发展需求进行选择，而不是政府规划，例如，在 2009 年之前，有多少人知道以苹果为代表的智能手机会改变整个手机世界？一国政府又如何去做这样的规划呢？

现实总是很骨感。由于改革本身会带来"不确定性",甚至会造成短期内矛盾的集中释放,这就促使执政当局在改革的问题上往往偏谨慎,到最后,改革的加快推进往往是经济形势倒逼、矛盾集中显现时的主动式作为。在经济形势恶化倒逼之前,各经济体的当局往往更愿意选择相对容易的扩张性刺激政策去阻止经济的回落,2008 年之后不断的需求刺激,并没有解决好中国经济持续增长问题,相反还留下需要不断消化的"后遗症"。即使换一个方式从供给的角度去刺激,其结果也是大同小异,只是无端增加转型的难度和时间而已。这是经济步入"新常态"之前,短期内经济的发展出现经济增长仍然依靠政府不断刺激的"非常态"增长路径。

当然,不管"非常态"演化的时间有多长,要想最终解决经济转型和增长的困境,就必然要回归到中长期的增长潜力释放的"新常态"轨道。而中国政府需要做的就是顺应老百姓需求的变化,结合中国的发展阶段和客观条件,进行改革,打破制约市场选择的抑制环境,也就是我们所说的"简政放权"。与此同时,政府需要有所作为,当务之急不是产业的规划,而是回归到政府功能的本源:建立市场秩序,释放市场活力,为各市场主体营造一个尊重契约精神、受到严格契约约束的制度环境,即通过过去我们常说的"有所为,有所不为",促进经济实现"斯密增长"和"熊彼特增长"的共振。

第二节 "非常态"演化的不确定性

政策刺激不是最优经济增长路径

面对经济和金融市场的"休克"式下滑,担心出现 1929 年"大萧条"时的悲观情绪已经笼罩全球。不管是信奉市场能自主纠偏的发达经济体，还是政府强势干预经济运行的发展中经济体，均想到了而且快速推出了"凯恩斯"式的政府强力刺激政策。

在全球经济的领头羊、此次金融危机的发源地——美国，为尽快地摆脱金融危机的困境，美联储主席伯南克选择了"定量放松"和"资产剥离"，也即创新式的货币放松。毫无疑问，当出现金融危机时，市场首先表现的是流动性缺失，通过货币宽松的方式向市场注入流动性，可以避免因为流动性缺失而导致的市场、企业等出现"休克"式死亡。这就像一个人受到外部创伤需要救助时一样，医生首先想到的是止血和向病人输血，以避免病人因流血过多而死亡。在保住了病人的生命之后，再来思考下一步的救助方案。

货币放松会推动经济在短期内回升，假若一国经济增长的中长期动力存在，仅纠正"市场失灵"，那么货币放松在短时间内会使实体经济度过艰难期，重新迈入原有增长通道。假若一国经济增长缺乏中长期增长的动力，或者货币放松与其经济转型之间存在背离，那么货币放松后的短期经济回升就是昙花一现，随之而来的是"滞胀"。不管未来经济增长是重新迈入高增长的通道，还是步入"滞胀"，在货币扩张的作用下，就短期而言，经济往往会得到提振。就资产市场而言，由于货币宽松带来了流动性宽裕，其快速回升便在情理之中，也就是经济和金融等在短时间内都会出现"繁荣"。假若在刺激政策退出之后，经济增长不能再回归到危机爆发前的稳态，经济增长仍将面临不断回落，那么这种短期刺激政策带来的繁荣，并不"真实"，属于"虚假繁荣"。

中国政府在全球经济快速下降、金融市场动荡的环境下，也快速推出了中国式救助方案：采用积极的财政政策和宽松的货币政策，迅速推出政府投资、出口补贴等一系列措施，加快地方政府通过

"地方融资平台"进行负债，推出各大产业的振兴规划。在这些刺激政策的作用下，经济出现了快速回升，到 2010 年第一季度，经济增速重新回到 11% 以上。金融市场也企稳回升，上证 A 股指数到 2009年 7 月份也回到了 3400 点之上。房地产市场出现了快速攀升，并朝着泡沫化的方向演进，随之不久的 2011 年迎来了房地产市场的调控。不可否认的是，通过政策刺激所带来的企稳回升，随之出现的也是"虚假繁荣"[①]。

依靠政府投资对经济的拉动是有限度的，首先其规模受限，其次其持续性受限。因此，要产生新的经济增长周期，必须依靠市场自主的力量。就短期而言，拉动经济增长主要由外需和内需两个方面。

外需方面，由于美国经过一轮"过度的消费"，次贷危机爆发后已经是"国贫民穷"（国家财政表现为巨额的赤字，国民呈现持续的低储蓄率），新一轮经济周期启动更多依赖于经济增长方式的转型，即步入依靠科学技术来拉动经济增长的轨道。面对危机美国再次通过增发货币的方式来激活国内的消费市场，这能使美国的短期消费得以回升，但这种回升并不能持续引领。因此，我们很难寄希望于外需对中国经济的拉动以产生新的增长周期。

这就使我们只能寄希望于通过内需来拉动未来的中国经济，实现平稳发展。从内需的投资需求来看，由于原有增长模式已经带来产能过剩，制造业投资和房地产投资均出现了不断回落，此时投资需求只能依靠产业结构升级和经济转型来带动。所谓产业结构升级和经济转型主要包括三个方面：其一，通过技术发展使当前的中低端制造业向中高端制造业升级；其二，通过消费的拉动使经济增长由当前倚重固定资产投资

---

① 部分观点源自中国银河证券宏观报告《中间路线共振——宏观 2013 年度报告》，潘向东等，发表日期为 2012 年 12 月 26 日。

的增长升级到倚重消费的增长；其三，通过发展第三产业来逐步取代当前过度倚重第二产业的增长模式。制造业的技术升级路径无外乎两个：其一依靠海外技术的引进，其二依靠自主研发。在海外仍对中国进行技术出口限制的背景下，结合当前国内的教育状况，要实现制造业产业快速升级的可行性较小，显然将是一个缓慢的过程。

从内需的消费需求来看，短期内能带动内需消费复苏的主要是两大行业：地产和汽车，因为从居民的支出结构来看，居民的"衣食"支出主要受物价波动影响，随着温饱问题的解决，再进一步提高较为困难，目前有待提高的是步入小康的"住行"支出，即房产和汽车。

一方面，由于房地产价格上涨过快，短期内要想再次通过城镇化来刺激房地产的发展，显然难度较大，因为：其一，高价格将抑制房屋成交量的持续性，成交量不能持续，那么房地产和与之相关的投资对消费的拉动就不会持续；其二，房地产价格的快速上涨会导致民怨沸腾，很多刚性需求的购房者，面对高房价只能望而却步。

另一方面，由于各大城市均已出现交通拥堵，除非新能源汽车能带来大规模替代，否则要继续实现之前的高增速，也几乎不太可能。

通过政府强刺激之后，经济和资产市场会出现"虚假繁荣"。尽管这一结果是可以预见的，但不管是现任政府还是以前的政府，不管是中国政府还是他国政府，都会采用刺激的手段去避免经济快速下降，都有可能会制造"虚假繁荣"。因为：首先，面对经济的下滑，第一反应都会认为是突发因素引起，认为潜在增速不太可能在短期内发生变化，而这种突发可以通过政策纠偏；其次，没有哪一届政府希望在自己的任期内经济出现快速下滑，假若动用扩张性货币政策和积极的财政政策可在短期内"救急"，政治家往往不愿意去选择困难重重的改革。然而，这种政策刺激带来的经济增长并不是最优经济增长路径。

潜在增长率下降,"棘轮困境"若隐若现

在 2008 年第四季度和 2009 年上半年中国政府的强力刺激下,经济在 2009 年第二季度开始企稳回升,2009 年下半年至 2010 年第一季度,经济增速又回到了 10% 以上。但政府刺激之后假若民间资本没有快速跟进,经济增速必然会再次回落。2010 年第二季度,GDP 增速已经从 2010 年第一季度的 12.2% 下滑到 10.7%,到了 2010 年 6 月份的时候,这一下降的趋势还在延续,工业增加值已经由当年 3 月份的 18.1% 下降到 13.7%。决策当局和一些专家学者都开始担忧经济出现二次探底。在第二季度的经济数据公布之后,中国政府再次启动经济刺激计划,到 8 月份,经济指标开始明显回升,工业增加值也开始回升至 13.9%,避免了经济进一步下滑的趋势。

假若我们事后去评价政府政策的得与失,那么 2010 年 7 月份的第二次强刺激,应该是值得商榷的。政府推出刺激政策,尽管短期内会拉动经济的回升,但会对经济体的发展带来"后遗症",需要经济逐步回归稳态之后艰难消化。2008 年,面临全球部分大型金融机构均需要政府救助才能继续维系、全球经济出现了断崖式的下滑,以及市场上的普遍恐慌,很难确定危机未来演变的严重程度,因而采用政府政策强刺激以稳定情绪、增强信心,避免经济出现持续"休克",是完全有必要的,只是事后来看,刺激的力度有些"偏大"。

经历了两年之后,全球金融市场有些已经渡过了最危险的时期,世界经济开始企稳,政策效应到期之后出现的中国经济的减速属于自然回落。因为,全球经济的回落,导致外需的下降,已使我们的出口很难恢复到危机之前。而内需在高房价的影响之下,同时受基数规模的影响,若再像危机之前一样依靠房地产带动经济发展已变得困难。

此时，我们应该接受经济增速较金融危机之前要减缓的现实。通过不断的强刺激来维系较高的增速，很容易导致积累下来的良好财政状况和货币环境出现恶化，一旦海外经济再次回落，很可能只能眼睁睁地看着经济内外"共振"，却"无力回天"，就像机械工程里的"棘轮效应"① 一样。

经济学里的"棘轮效应"是指人的消费习惯形成之后具有不可逆性，即易于向上调整，而难于向下调整，尤其是在短期内消费是不可逆的，其习惯效应较大。这一效应是经济学家杜森贝提出的。而凯恩斯主张消费是可逆的，即绝对收入水平变动必然立即引起消费水平的变化。针对这一观点，杜森贝认为这实际上是不可能的，因为消费决策不可能是一种理想的计划，它还取决于消费习惯。这种消费习惯受许多因素影响，如生理和社会需要、个人的经历、个人经历的后果等②。用中国的一句古话来形象地概括："由俭入奢易，由奢入俭难。"

当全社会都出于"习惯效应"把经济活动具有不可逆性根植于自己的思维中，形成固化思维，那么由于经济活动的"刚"性，造成经济体未来出现经济危机的风险不断积累，从而形成经济运行困局，我们称之为"棘轮困境"③。

经济增速的棘轮困境在于：决策当局、地方政府和老百姓都接受了 9% 以上的经济增速。一旦经济增速低于这一速度，那么在经济下

---

① "棘轮效应"又称制动效用，源于机械制造。学机械的都知道，滚动轮子只能往前走，不能往后退，称之为棘轮。

② J. S. Duesenberry（1949），*Income, Saving and the Theory of Consumer Behavior*, Cambridge, Mass: Harvard University Press.

③ 部分观点源自中国银河证券宏观报告《棘轮困境——2011 年宏观中期策略报告》，潘向东等，发表日期为 2011 年 7 月 4 日。

滑的过程中，首先将带来失业。由于失业保险制度的不完善，以及消费水平和收入水平的"棘轮效应"，人们往往很难接受。

但假若决策当局和地方政府将最大限度地运用可支配资源"保增长"，那么很有可能会使经济结构朝着畸形的方向发展，破坏经济发展的健康性和可持续性，留下"后遗症"。2008 年以来，为应对复杂的国际金融形势，中国政府动用宽松的货币政策和积极的财政政策避免经济的下滑。尽管保住了经济增长，但刺激政策带来的"后遗症"则由于2010 年 7 月份的二轮刺激而开始迅速发酵。

其一，2010 年 8 月份之后物价上涨的压力是"宽货币"的结果。为了避免物价进一步上涨，2011 年决策当局采用偏紧的货币政策，但这直接导致了当前中小企业的融资困境。当前中小企业的融资困境主要有两个方面的因素：首先，刺激后的政府投资规模越来越大，但由于政府项目获取贷款具有天然的优势，当决策当局进行总量调控时，最先受到紧缩冲击的必然是中小企业；其次，由于紧缩政策和成本推动的影响，一些出口企业和一些中小企业的盈利能力开始下降，直接导致当期现金流的减少，而银行天生就是"嫌贫爱富"，一旦中小企业经营开始出现困难，那么银行就会放大这一效应（即经济学里的"马太效应"[①]），收窄对中小企业的融资。因此，由于通胀的压力而进行的总量货币控制，其结果必然是使最具活力和弹性、最有利于经济转型的中小企业受到冲击，从而不利于经济的持续发展。

其二，财政杠杆的透支会使经济体未来抗风险的能力减弱。首先，

[①] 科学史研究者罗伯特·莫顿归纳"马太效应"为：任何个体、群体或地区，在某一个方面（如金钱、名誉、地位等）获得成功和进步，就会产生一种积累优势，就会有更多的机会取得更大的成功和进步。名字来自圣经《新约·马太福音》一则寓言："凡有的，还要加倍给他叫他多余；没有的，连他所有的也要夺过来"。Merton, Robert K. "The Matthew Effect in Science," *Science* 159 (5 January 1968), pp. 56 – 63.

积极的财政政策首先表现在地方融资平台的快速释放，但在地方融资平台快速释放的时候，地区的财政收入更多的是依靠土地的出让所得，其他方面的财政收入并没有呈现相应增长。这种单一的过多依赖土地出让的财政收入，一旦遭遇房地产调控导致土地出让收入减少，那么这种土地财政的风险将会凸显，造成地方财政收支存在资金缺口。未来要弥补这个资金缺口，一个有效途径就是通过新的债务来实现平衡，否则现在已经开工的"铁公基"将无法延续，必将成为烂尾工程。而一旦通过新的债务来延续，那么未来地方债务将成为经济体中的敏感神经，制约着经济的发展。

就中期而言，财政赤字压力的加大无疑会降低经济体抗风险的能力，与此同时，若财政赤字的规模超过一定的限度，还会引发金融风险。

"疾在骨髓，司命之所属，无奈何也"。经济活动的"棘轮困境"所导致的结果是经济体变得越来越脆弱，经济结构变得更畸形，一旦受到外部的冲击或者受其他"黑天鹅"事件的影响，经济活动很容易出现"断崖式"的下降。

避开了"棘轮困境"，经济步入"混沌增长"

2011 年中共中央经济工作会议首次下调了十几年来保持的增长目标，可以说"棘轮困境"的忧虑已经消除。但作为决策当局，并不能确定在改革缓慢推进的条件下，经济潜在增速到底在什么样的一个水平。这就使得政府稳增长政策的推出需要维持边走边看，即所谓的"灵活审慎"宏观经济政策，在经济增速与社会承受力之间寻求平衡。既然经济面临内生回落的压力，而稳增长政策的推出又需要"灵活审慎"，那么实际经济的运行就会呈现"混沌"状态。

"混沌"的概念最早由美国数学家约克和美籍华人学者李天岩于1975年在论文"周期三意味着混沌"中提出①。混沌自从诞生起，就和确定性、非线性系统紧密相连，这些系统能够产生貌似随机的复杂运动，而且一些小的不确定性会演化成指数式的放大。相对论消除了关于绝对空间和时间的幻想；量子力学消除了关于可控测量过程的牛顿式的梦；而混沌则消除了拉普拉斯关于决定论式可预测的幻想。

混沌现象中最有名的一种气象现象就是"蝴蝶效应"。1963年12月，洛伦兹在华盛顿美国科学促进会的一次讲演中提出：一只蝴蝶在巴西扇动翅膀，却有可能在美国的得克萨斯引起一场龙卷风。他的演讲和结论给人们留下了极其深刻的印象。从此以后，"蝴蝶效应"之说不胫而走。为何洛伦兹会有如此惊人的言论？为了预报天气，洛伦兹用计算机求解仿真地球大气的13个方程式。为了更细致地考察结果，他把一个中间解取出，提高精度再送回。而当他喝了杯咖啡以后回来再看时竟然大吃一惊：本来很小的差异，结果却偏离了十万八千里，但计算机并没有问题。于是，洛伦兹认定，他发现了一个新的现象："对初始值的极端不稳定性，有可能导致结果的巨大差异"②。

经济发展过程本身是一种不可逆的演化过程，决定了经济系统本质上是一个高度复杂的自组织的非线性动力系统，而混沌是非线性系统中

---

① Li，Tien Yien，J. A. Yorke，"Period Three Implies Chaos"，*American Mathematical Monthly*，1975，（82），pp. 985 – 992. 混沌理论是系统从有序突然变为无序状态的一种演化理论，是对确定性系统中出现的内在"随机过程"形成的途径、机制的研讨，是一种兼具质性思考与量化分析的方法，用以探讨动态系统中（如人口移动、化学反应、气象变化、社会行为等）无法用单一的数据关系，而必须用整体、连续的数据关系才能加以解释及预测的行为。混沌现象起因于物体不断以某种规则复制前一阶段的运动状态，而产生无法预测的随机效果，即所谓的"差之毫厘，失之千里"。

② Lorenz，Edward N，"Deterministic Nonperiodic Flow"，J. atmos. sci，1963，20（2），pp. 130 – 141.

普遍存在的现象。1980 年美国经济学家司徒泽首次在经济增长模型中揭示了宏观经济系统中的混沌现象，对经典经济理论产生了巨大冲击[1]。在混沌经济系统中，系统是由许多相互作用的个体在不稳定状态下彼此不断调整关系的结果，而不是市场稳定和供求均衡的结果，系统内个体的运动是不稳定的，而从整体看，这些个体又局限于一定的结构之内，形成局部随机和整体稳定的结构。中国学者陈平首次在中国的宏观数据中找到了混沌证据，通过检测十二种类型的货币总量时间序列，研究发现其中六个货币总量序列具有混沌的特征[2]。

"混沌"经济现象描述本身就是一种状态，这种状态的最主要特征有两个：其一，经济系统是一个高度复杂的非线性动力系统，既非我们的习惯思维可以进行简单预测的线性关系，也非完全不可预测的随机游走；其二，系统内一些小的不确定性会演化成指数式的放大，即产生所谓的"黑天鹅"事件。

2008 年全球金融危机的出现，一方面是美国过度消费和透支信任的结果，但与此同时，也是由于全球经济出现失衡，中国作为第二大经济体，本身有矫正失衡的内在动力。两者的叠加，促使了危机的出现。为了应对危机，有效避免经济出现"断崖式"的下降，中国政府出台了积极的财政政策和宽松的货币政策，尽管 2009 年和 2010 年经济都依然维持了 9% 以上的高速增长，但这种增长更多地来源于政府通过动用其可支配资源来实现。

由于改革的推进需要一个过程，同时稳增长又需要支配更多的资源，而且留下的"后遗症"使决策当局对进一步进行经济刺激顾虑重

---

① Stutzer, Michael J, "Chaotic Dynamics and Bifurcation in A Macro Model", *Journal of Economic Dynamics & Control*, 1980, 2（80）, pp. 353 – 376.

② 陈平:《文明分岔、经济混沌和演化经济学》，北京：经济科学出版社，2000。

重。因此，在 2011 年之后，中国政府在通胀、增长、刺激的"后遗症"之间进行权衡，所有的政策变得更加灵活，"油门"以及"刹车"不时交替使用。由于潜在增长率已经下降，而中国政府对潜在增长率下降的认识需要一个过程，因此，何时踩"油门"以及何时踩"刹车"，中国政府也需要动态决策。这种动态决策打破了以前的思维惯性，其目标函数之中已经由于"后遗症"和潜在增长率下降的加入而变得比以前更加复杂。因此，中国政府决策开始呈现"布朗运动"① 的特征，随机性很强，这种动态决策是很难去做预判的。

　　由于刺激政策的推出和调控政策的出台都呈现"布朗运动"的特征，那么经济增长也就呈现"多变性"，随机性也将增强。但应该承认政府政策组合的效应在不断递减，因此，经济增速是在不断下移的过程中寻求新的均衡点。尽管过程是发散的，但最后的结果呈现收敛性，即典型的"混沌"特征②。

　　中国经济这种"混沌"特征在 2011～2015 年表现得淋漓尽致：经济增速不断回落——到 2015 年已经下降到 6.9% 左右；这四年期间，每年经济学家都会去做预测，但很遗憾，没有几个经济学家能预测得准确——最为典型的是大家在 2013 年初对中国全年经济增速的预测普遍高于 8.3%，但最后实际情况就只有 7.7% 左右；系统并不稳定，随时都有爆发"黑天鹅"的可能性——2013 年 6 月的"钱荒"和 2015 年 6 月股市的"非理性繁荣与下跌"就是很好的例证。

　　在这样的经济环境下进行宏观数据预测，只能更多地依靠政策变化

---

　　①　"布朗运动"是指在某一瞬间，微粒在另一个方向受到的撞击作用超强的时候，致使微粒又向其他方向运动，这样就引起了微粒无规则的运动。这是 1826 年英国植物学家布朗用显微镜观察悬浮在水中的花粉时发现的。

　　②　部分观点源自中国银河证券宏观报告《混沌增长——2012 年年度宏观策略报告》，潘向东等，发表日期为 2011 年 12 月 12 日。

和经济运行的逻辑，而不是依靠数据本身进行预测。对于 2012 年和 2013 年中国经济增速的预测，笔者曾为此辩论过两次。第一次是 2013 年元月，韩国国民银行的货币政策委员会一委员展望 2013 年的中国经济，说看到投资银行关于中国经济 2013 年预测的报告，低的预测 8.3%，高的预测 8.8%。笔者当时回答说，经济增速应该在 7.5% ~ 8.0%。当时大家对 2013 年经济很看好的原因主要是基于两个方面：其一，2012 年第四季度中国 GDP 增速环比折年率已经超过 8.5%，经济发展有惯性，依照此趋势，2013 年经济增速应该不错；其二，采用有限样本的不完全归纳法，觉得过去十年政府每次换届都迎来了经济过热，以此推断 2013 年也会出现这种情况。第二次是 2013 年第二季度，北京大学国家发展研究院探讨如何看待经济增速的回落和在"非常态"下如何进行经济预测，笔者着重讲述了经济运行的随机特征。借这两次机会，笔者仔细分析了当时那些认为 2013 年中国经济运行偏热的观点，发现很多其实是不可靠的，例如 2012 年第四季度的经济回升是中国政府加大了刺激力度的结果，并不具有持续性，宏观数据的波动是政策力度强弱的结果，并非市场自主力量的结果；由于 2008 年以来持续的扩张刺激，新一届政府换届之后再进行大幅扩张刺激的可能性已经非常之低，因为增长的宏观环境已经发生变化，中央政府和地方政府的负债水平也已经发生变化。

第三节　释放"斯密增长"，摆脱"非常态"

"非常态"下谨防货币过度扩张

学者们在总结古罗马衰败的时候发现"货币贬值"加速了古罗马

的衰败。当财政遇到困难的时候，古罗马"接近末代"的皇帝们会不约而同"求助于"货币贬值来维系国家的开支。在图拉真皇帝统治的大部分时间里，第纳尔币的含银量为 93.5%，到公元 107 年含银量降至 89%，到了马克·奥勒留（公元 121～180 年）统治时期，第纳尔币的含银量已低于 75%，到了塞维鲁王朝末期更是跌到 40%。最后彻底衰落时第纳尔币的含银量只有 2%，几乎可以说是铜做的镀银币[①]，货币贬值的最后结果是让民众丧失了对古罗马的信心，可谓前车之鉴。

即便"殷鉴"在前，当经济面临困境的时候，各国决策者首先想到的仍然是通过财政和货币的扩张去避免和化解危机。面对伴随 2008 年金融危机而来的全球经济快速回落，几乎各国都采用了扩张性的财政政策和货币政策。但遗憾的是扩张性的财政政策带来的副作用显现得太快，欧元区随即遭遇了持续一年多的主权债危机；美国政府也出现了一段时间的"停摆"[②]；中国的地方债务风险最后只能通过债务置换的方式去化解。在强大的"负作用"面前，进一步通过扩张性的财政政策来化解经济下行压力，各国当局已经变得比较谨慎，心有余悸。

但面对经济的低迷，没有哪一国政府会静观其变，会等待通过市场缓慢的自我修复，经济体最终实现复苏。在各国当局看来，他们需要的并不是"黑板经济学"，而是从需求端解决问题的凯恩斯主义。既然财政政策已经受限，那么"闲不住"的各国政府自然就都把希望寄托在

---

① 见格伦·哈伯德和蒂姆·凯恩：《平衡——从古罗马到今日美国的大国兴衰》，陈毅平等译，北京：中信出版社，2015。

② 2013 年 10 月 1 日是美国政府新一财政年度的开始，然而支持政府运作的新财年财政预算却迟迟得不到批准。按照美国宪法，政府财政预算需要得到国会参议院和众议院批准方能生效。然而，当时由民主党把持的参议院和由共和党控制的众议院却针尖对麦芒，导致预算案迟迟不得通过。预算案不通过，政府就拿不到办公经费，部分部门只能暂时关门，即所谓的"停摆"。自美国国会预算程序于 1976 年正式执行到 2015 年，美国政府一共停摆过 18 次。

宽松的货币政策上。

作为世界"经济领头羊"的美国，自然在这方面也起着表率。为了打破"零利率"约束，避免步入"流动性陷阱"，时任美联储主席伯南克开启了"量化宽松"之门。假若认为美联储仅仅是为了摆脱流动性危机而被迫采用量化宽松，那么我们的判断可能存在偏差。在金融市场、房地产市场都已经得到恢复，股指还创出历史新高，经济已经步入复苏轨道，失业率也已经下降到 2007 年上半年以来最低的水平之时，美联储似乎已经尝惯了宽松货币政策的甜头，主动抛弃过往的"泰勒规则"①，对于"量化宽松"退出的力度和时间，始终"犹抱琵琶半遮面"，直到 2015 年 12 月份才开启了加息之旅。

既然有"经济领头羊"美国的示范效应，欧元区经济体和日本自然也紧随其后。

欧元区经济体为了应对主权债务危机，不得不采用紧缩性的财政政策来维持预算平衡，但随之而来的代价是经济的衰退。面对经济的持续低迷，欧洲央行在 2015 年 6 月份再次举起了宽松货币政策的大旗：再融资利率削减至 0.15%，隔夜存款利率削减至 − 0.1%，隔夜贷款利率削减至 0.40%，成为全球首个推行负利率政策的主要经济体央行。

在看到伯南克的"量化政策"见效之后，安倍政府似乎找到了治理日本持续了 20 多年通缩的良方，开启了量化宽松的"日本版"。

---

① 约翰·泰勒根据美国货币政策的实际经验，而确定的一种短期利率调整的规则。保持实际短期利率稳定和中性政策立场，当产出缺口为正（负）和通胀缺口超过（低于）目标值时，应提高（降低）名义利率。见 John B. Taylor, "Discretion Versus Policy Rules in Practice", Carnegie – Rochester Conference Series on Public Policy 39 (1993), pp. 195 – 214.

2013 年 4 月初，日本央行决定实施"质化量化宽松货币政策"①，计划用两年左右时间将基础货币投放规模扩大一倍并达成 2% 的通胀目标，这一大胆的货币政策将全球的宽松货币政策之势推向了一个新高潮。

毫无疑问，宽松的货币政策快速地补充了金融市场和实体经济的流动性，避免全球金融市场和实体经济由于金融危机造成"失血"过多而出现"休克"。但目前对于金融市场危机的忧虑已经渐行渐远，各国当局却仍然钟情于宽松的货币政策，货币政策是否真的可以扭转经济下行的趋势？假如货币政策有如此功效，调控经济周期竟然可以如此简单，那对经济的下行还有什么可以忧虑的——经济一旦面临下行压力开动印钞机即可。正如克鲁格曼所言，我们以后不需要担心什么经济周期，在强大的政策面前都可以熨平②。假若真如此，那么全球经济增长最快的应该是印钞最快的国家，例如津巴布韦。

这也许是人性的弱点，"头痛医头脚痛医脚""好了伤疤忘了痛"。从已有的历史经验来看，持续的扩张政策最终会以持续的衰退来弥补。前面已经提到，20 世纪 70 年代"滞胀"的根本原因就是面对二战之后经济持续的低迷，凯恩斯的忠实信徒们推行积极的财政政策和宽松的货币政策而产生的"后遗症"。

---

① 2013 年 4 月初，日本央行宣布将推行新的系列"质化和量化"货币宽松政策，采取的措施包括将日本公债购买量提高到每年 50 万亿日元（5300 亿美元）、购买更长到期时间的债券而突破之前的三年限制、增加 ETF 和房地产投资基金购买、两年内把日债和上市交易基金持有量增加一倍、结束之前的资产购买计划。量化宽松：是央行直接通过购买债券（不分期限）增加金融市场上的现金数量来压低目前的资金价格（即期、短期利率）。质化宽松：是在购买长期债券的同时卖出短期债券，改变持有债券结构和到期时间。试图降低金融市场上未来的资金价格（远期、长期利率），进而抑制可能出现的资金紧张。

② 保罗·克鲁格曼：《致命的谎言：揭开经济世界的真相》，陈宇峰译，北京：北京大学出版社，2009。

面对突如其来的 2008 年金融危机，中国启动了积极的财政政策和宽松的货币政策。在经济低迷的条件下，如果货币供应持续开闸，毫无疑问会利好短期经济，利好地方投资和资本密集型的房地产，对稳增长起到积极作用。但扩张性政策是一把"双刃剑"，对短期稳增长起着积极作用的同时也会带来"后遗症"，还会延缓市场的有效出清，制约经济的转型。例如，2012 年以来地方债务风险的显现、房价的快速上涨和 2010 年下半年至 2011 年上半年通胀风险显现等。与此同时，把握不当还会衍生出金融风险，2012 ~ 2013 年中国出现了"理财产品快速膨胀"，2014 年下半年至 2015 年出现股市"非理性上涨与下跌"，尽管这些与金融改革密切相关，但也与宽松的货币缺乏实体经济的"吸收"，便在金融体系内"自娱自乐"有关。比较货币供应量（M2）与名义GDP 的缺口和投资增速的变化，可以发现投资增速的下行和货币供应量与名义 GDP 的缺口之间出现背离：2012 年以来，货币供应相对平稳，但投资增速不断回落。M2 与 M1 之间的"剪刀差"代表着居民储蓄存款与企业定期存款，在 2012 年之后也不断扩大[①]，说明通过货币扩张来拉动投资增速从而进一步拉动经济增长的效应在不断递减。因此，经济在处于"非常态"时需要谨防货币的过度宽松。

谨防"非常态"下的经济失速

在"改革红利"释放之前，不管是外需，还是内需，都存在需求不足，此时，宏观经济政策又保持相对积极，以避免出现失业等引发的

---

① 从货币供应量（M2）与名义 GDP 的缺口来看，2012 年和 2013 年这两年中国货币供应相对平稳，这从 2012 ~ 2014 年第三季度的季度数据也得到证明，且总体缺口维持在4% 左右。但投资增速在 2012 年为 20% 左右，到 2014 年第三季度投资增速就下降到16% 以下。详细分析见中国银河证券宏观报告《延续出清——2015 年年度宏观策略报告》，潘向东等，发表日期为 2014 年 12 月 18 日。

社会问题，但刺激的力度又比较有限，政策制定者需要在物价、增长、债务、经济转型等之间权衡。因此，传统产业的市场出清以及过剩产能的逐步淘汰，仍将是一个缓慢的过程。在市场出清的过程中，中国经济或将处于相对的低迷状态①。

发展中经济体在经济发展过程中，从一种"常态"迈向另一种"常态"，都会经历中间转型的阵痛期，这种阵痛期尽管持续时间不长，但由于经济体不稳定，很容易出现经济失速，不利于经济的中长期发展和转型。因此，政府需要高度警戒地采用"灵活审慎"的宏观政策，以避免经济的短期巨幅波动。短期内经济的失速，可能会激化社会矛盾，加剧改革推进的阻力，甚至导致社会动荡。

例如1931年阿萨尼亚解体，萨莫拉成为西班牙共和国的总统，他努力制定了第一部宪法，改革腐败的、不能代表民意的政治体系，自上而下地推行西班牙社会现代化，修正选举人法，保证推行多元主义的民主制度，限制教会财富和实现政教分离。但就在这么一个宏伟目标推进的时候却遇到了全球范围内的经济大萧条，导致劳工就业和财政赤字压力剧增，加之1930～1931年冬季干旱导致南部乡村生活更加困苦，产生了罢工、占领土地的浪潮，随之1932年1月加泰罗尼亚起义造成执政当局不得不调用国民卫队进行血腥镇压，直接导致政府的倒台和改革的夭折，也使西班牙陷入长期内战之中②。

由于在"非常态"时期，"稳增长"面临较大的压力。因此，需要谨防经济可能产生的失速风险。

首先，我们需要谨防的是在传统周期性行业出清的过程中所带来

---

① 部分观点源自中国银河证券宏观报告《缓慢出清——宏观经济2014年度宏观策略报告》，潘向东等，发表日期为2013年12月25日。
② 雷蒙德·卡尔：《西班牙史》，潘诚译，上海：东方出版中心，2014。

的金融风险，因为金融相当于经济体的血液，过去高速发展阶段，金融资源更多地集中在传统周期性行业，假若传统行业在出清的过程中，破产企业增多，那么将导致部分金融机构的呆坏账增加，衍生出局部金融风险，甚至导致全社会流动性紧张，最后必然会加剧经济下行的压力。

其次，由于在金融改革和人民币国际化的过程中，资金的流动加快，但金融监管的表现却相对滞后，依据一些发展中经济体的经验，在此过程中很容易产生局部的流动性失衡，假若防范不及时就很容易暴露局部金融风险，加剧经济下行的压力。

最后，谨防失业人员加剧带来社会的不稳定。国有企业主导经济，不仅担负着经济发展的重任，还肩负着吸收就业人口维系社会稳定的重任。但在经济出现较大调整时同样难以规避，只是由于由国有企业主导的中国经济结构会使得失业率与经济调整之间呈现一定的滞后反应。毫无疑问，失业人员的增加也将加剧经济的下行压力。

"奥肯定律"并非"失灵"①

2010年以来，中国经济增速不断回落，但奇怪的是中国"城镇居民调查失业率"的结果并没有反映这一趋势。似乎菲利普斯曲线和"奥肯定律"这两大新古典经济学的重要规律在中国失效了。菲利普斯曲线描述的是通货膨胀和失业率之间的关系，"奥肯定律"则描述失业率和经济增长的关系。奥肯通过研究发现：当实际GDP增长率相对于潜在GDP增长率（美国一般将之定义为3%）上升2%时，失业率下降大约1%；当实际GDP增长率相对潜在GDP增长率下降2%时，失业率上升大约1%。简言之，"奥肯定律"论述的是失业率与GDP的数量关

---

① 源自潘向东：《"奥肯定律"在中国并非失灵》，载于《证券市场周刊》2014年5月19日。

系，是失业率变动和潜在 GDP 增长率与实际 GDP 增长率差额的数量关系。

一般而言，潜在增长率在一定时期是相对稳定的，那么一国失业率的变动更多的就与实际 GDP 增长率密切相关了。但结合中国 20 世纪 90 年代以来的数据，会发现中国的失业率与实际 GDP 增长率之间并不存在负相关，"奥肯定律"在中国失灵了？1990～2007 年，中国经济增速从 1990 年的 3.9% 到 2007 年的 14.2%，同期失业率反而出现上涨之势，由 1990 年的 2.5% 上升到 2007 年的 4.0%。

对于这一"失灵"，曾有过很多解释，主要集中在三个方面：其一，中国经济在发展过程中进行了结构调整，技术水平的提高并不代表经济增速加快能带来就业增加；其二，中国城市化进程较快，城镇居民失业率上升是由于城镇人口膨胀较快；其三，由于这个时期国有企业改制，国有企业的企业效率提高，所需的就业人员减少较快。

2007～2009 年，由于经济的起伏较大，失业率的波动相对明显。2009 年之后，中国的实际 GDP 增速明显回落，但是城镇居民的失业率没有任何变化，再次与"奥肯定律"所描述的负相关关系相违背。2010 年中国的实际 GDP 增速为 10.6%，到 2013 年，中国的 GDP 增速降为 7.7%，但城镇居民的失业率始终保持在 4.1%，没有出现任何变化，呈现刚性。

是什么样的原因导致经济增速下行的过程中而失业率呈现刚性？难道是这轮危机之后潜在增长率出现了逆转？

人口结构的变化导致潜在增长率出现了变化，二元经济结构没有被完全打破，导致统计方面会存在偏差，这种变化使我们很难用"奥肯定律"来描述中国的失业与经济增长之间的关系。

从新增就业人口来看，中国在 1980 年的新增出生人口为 1797 万人，到 1987 年达到峰值 2549 万人，随后每年递减，到 1998 年，新增出生人口跌破 2000 万人关口，只有 1951 万人，到 2004 年只有 1597 万人，之后偏于稳定。假若以 15 岁以上人口作为劳动人口来统计，由于新生儿产生的就业人口在 2003 年开始减少，但由于城市化进程的加快和人口老龄化进程的缓慢，直到 2012 年末，才出现劳动年龄人口绝对数量的第一次下降，出现了拐点。影响就业的经济因素出现逆转，导致潜在增长率下移。尽管经济增速出现回落，但失业会由于新增劳动力的减少而得到部分缓解。

中国城市化的进程中，由于户籍制度等限制，很多农村转移至城市的劳动力，并没有成为城市的居民。当经济增速下行的时候，这些雇用的劳动力即使被解雇，也没有被纳入城镇登记的失业人口。因此，即便这部分劳动力出现失业，也不会反映在城镇居民失业率之中。而这一轮经济的回落主要体现在制造业和传统周期性行业上，"长三角"和"珠三角"的制造业所雇用的劳动力绝大部分来自农村转移人口，他们遭解雇并不会反映在城镇居民失业率上，这是与 20 世纪 90 年代失业的压力主要来自城镇国有企业下岗分流有明显的差异。而周期性行业失业劳动力的释放有一个滞后期，因为过去十几年的高增长让传统产业里的国有企业"盈余丰厚"，开始一两年的亏损尚不会"伤筋动骨"，同时，国有企业不轻易裁减劳动力是作为维系社会稳定的一大政治任务，这就导致传统行业里的国有企业如果不是面临"关停并转"，一般不会裁减员工。但随着未来经济低迷和经济转型的持续，这部分劳动力必然会逐步地释放出来。

摆脱"非常态"依靠改革

不可否认的是，由于市场对原有的周期性行业不断出清，以及企业发展的供给面环境变化，随着时间的推移，尽管经济仍然处于"非常态"，但中国经济稳增长的压力也将逐步减缓。

首先，随着传统周期性行业的不断出清，过剩产能将得到部分有效化解，与此同时，房地产业随着对原有库存的有效消化，购房的刚性需求仍将不断释放出来，随着未来国家对促进"新型城镇化"政策的不断落实，必然会产生由房地产带动的周期性行业趋稳，这会带领固定资产投资以及与之相关的消费行业趋稳。

其次，在调结构政策不断推出的条件下，与经济转型相关的产业会加快成长，未来也将释放出部分增长潜力。

最后，持续地维持"稳中偏松"的货币政策，存贷款利率不断下调，各项金融鼓励政策不断推出，必将降低企业的融资成本，部分解决中小微企业"融资贵、融资难"的局面，有利于提高企业投资的积极性[①]。

对于需要转型的经济体而言，"非常态"产生的原因主要是由于改革红利释放的时间较长，改革带来的不确定性较大，改革会遇到利益集团的阻力，因此，在经济面临困难的时候，决策当局会选择阻力较小、短期效果显著的刺激政策。刺激政策在弥补短期内"市场失灵"方面还是有些"功效"的，但对于需要依靠转型才能走出经济增长困境的经济体而言，它只不过是可以减轻短期经济回落痛苦的"麻药"而已，并不能真正解决经济增长的困境。随着"非常态"的延续，政策刺激所带来的"后遗症"将逐渐暴露，政策刺激的边际效应将递减，政策刺激空间也将收窄，其结果自然会更进一步加剧经济运行的复杂性。

因此，要尽快摆脱"非常态"，唯有加快改革的进程，寻找打开改

---

① 部分观点源自中国银河证券宏观报告《2016：谨防流动性风险——2016 年年度投资策略报告》，潘向东等，发表日期为 2015 年 12 月 12 日。

革之门的突破口，通过改革释放"斯密增长"、培育"熊彼特增长"。通过改革释放"斯密增长"的效果相对较快，就像中国过去 30 多年的实践一样，而"熊彼特增长"的培育需要较长的时间，在摆脱"非常态"的路径选择上，可考虑与释放"斯密增长"的相关改革尽快先行，以对冲传统周期性行业下降带来的经济回落，让经济体顺利步入"新常态"。

第六章

寻找"真实繁荣"的基石

糟糕的制度不仅可以使好人变坏，而且会使经济体驶向畸形之路，终止繁荣的梦想。最优经济增长路径只有在公平的前提下，才能稳定。这意味着"真实繁荣"必须是公平的繁荣，而公平需要有序的自由做保障。不同的经济发展阶段，制度安排也需要动态调整。主动变革就是要在制度安排上与时俱进，保证有序的自由。因此，中国当务之急的改革是需要尽快建立以法律为基础、为准绳的市场秩序①。不管是政府、企业、个人都需要受到法律的约束，都应尊重契约精神，这是实现经济"真实繁荣"的基础。

---

① 市场经济是商品经济的一种属性，其基本特征，一是分工生产，二是平等交换和公平竞争。平等交换和公平竞争在市场运行中的实现，必然形成一系列内在的特定规则和规范，表现为市场秩序。市场运行的内在秩序一旦形成，就必然不同程度地上升为法律形式，使市场运行的内在要求或秩序法制化，转换为市场运行的法律规范。因此，市场秩序具有两重性质，其一是市场内在的客观规定性，其二是这些市场内在规定性的法律表现或实现形式。本书所探讨的市场秩序，就是指市场运行的内在规定性的法律形式和契约精神。

同样的制度安排，在不同的经济体中，由于发展阶段和客观环境的差异，可能会选择不同的变迁路径，这种路径选择会导致经济发展的持续性和波动幅度相差较大。

对于发展中经济体而言，有发达经济体的成功经验可以借鉴，强势型政府完全可以结合本国自身的发展环境，进行阶段性的顶层制度安排设计，实现快速追赶。中国过去30多年的改革开放顶层设计已经证明了这一点。但目前中国经济处于转型阶段，我们需要吸取人家的成功经验，对已有的制度安排做出相应调整，获取经济的繁荣，再抱守过去取得成功的制度安排——"不管白猫黑猫，抓到老鼠就是好猫"，将可能演变成"成功是失败之母"。经济发展环境在变，制度安排也需要随之改变。不同的经济发展阶段，需要不同的经济制度安排。即便未来步入成熟发达经济体的行列，繁荣的制度安排仍需不断改革摸索。因此，实现"真实繁荣"的制度就是能根据经济发展进行动态调整制度安排的制度。

第一节　制度的力量

制度安排是个什么东西

2015年7月份，好莱坞影片《斯坦福监狱实验》① 在纽约首映，该影片是以著名心理学家菲利普·津巴多在斯坦福大学的一次心理学实验改编而来。在此次实验里，津巴多教授将斯坦福大学心理系的大楼——乔登楼的地下室改造成了一个模拟的监狱。他从报名参加实验的学生

---

① 这是该实验故事第三次被拍成电影登上大银幕，影名为《The Stanford Prison Experiment》。第一次是由德国导演改编拍摄的，名叫《死亡实验（Das Experiment）》，2010年，又被美国的导演改编成《监狱风云（The Experiment）》。

中，挑选出 24 名身心健康、遵纪守法、情绪稳定的年轻人参与实验，他们被随机分成三组：9 名犯人、9 名看守、6 名候补。原先是计划观察"囚犯和看守"这两组人在接下来的 2 周（14 天）时间里，他们在生理、心理和行为方面的变化。但没想到这样一个简单的人为角色的分工，居然在不到 1 周的时间里，就让那些富裕的中产阶级的孩子真的相信了自己是"看守或囚犯"——更难以理解的是，那些承担了看守职务的人，开始在情绪上和身体上虐待那些囚犯；而那些扮演囚犯角色的年轻人，开始对权威表现出反抗、服从，然后是郁闷和抑郁的状态，甚至出现了严重的自杀倾向。这使得当时刚刚拿到伯克利加州大学助理教授职务的马斯拉奇（津巴多教授当时的恋人）出面，要求终止这项实验①。

这项没有完成的实验，却真实地揭示了"人性的脆弱"，生动地说明制度安排造就的社会环境对人的行为和心理将会产生什么样的影响。同时，这样一个没有完成的研究也告诉我们，一项糟糕的制度安排，可以让一个好人变得邪恶。若一个社会到处充斥着谎言、假货、欺骗，人们看到的是"官是贪官，吏是污吏，商是奸商，民是刁民"的时候，此时我们需要去思考制度安排的合理性，可能已有的制度安排是一个保护或者纵容丑恶横行的制度安排，它跟人的好坏没多大关系。

不仅人的好恶与制度安排有关，一个经济体、一个组织经济效益的提高，也与制度安排密切相关。适合的制度安排能有效提高组织的经济效益。

当年英国将澳洲变成殖民地之后，政府鼓励国民移民到澳洲，可是当时澳洲非常落后，没有人愿意去。英国政府就想出一个办法，把罪犯

① 彭凯平：《好人就是这样变坏的！热烈祝贺津巴多教授夫妇再上好莱坞大银幕》，http：//www.wtoutiao.com/p/jc0Ou4.html。

送到澳洲去，这样一方面解决了英国本土监狱人满为患的问题，另一方面也解决了澳洲的劳动力问题，而且他们以为把坏家伙们都送走了，英国就会变得更美好。英国政府雇佣私人船只运送犯人，按照装船的人数付费，多运多赚钱。很快政府发现这样做有很大的弊端，就是罪犯的死亡率非常高，平均超过了10%，最严重的一艘船死亡率达到了惊人的37%。政府官员绞尽脑汁想降低罪犯运输过程中的死亡率，包括派官员上船监督，限制装船数等等，却都实施不下去。最后，政府终于找到了一劳永逸的办法，就是将付款方式变换了一下：由根据上船的人数付费改为根据下船的人数付费。船东只有将人活着送达澳洲，才能赚到运送费用。新政策一出炉，罪犯死亡率立竿见影地降到了1%左右。后来船东为了提高生存率还在船上配备了医生①。这就是制度安排的力量。

制度安排的力量不仅体现在效率上，还体现在社会公平上，良好的制度安排有助于消除不平等，使社会组织更加稳定。

也有这么一个故事，曾经有七个人住在一起，每天分一大桶粥。要命的是，粥每天都是不够的。一开始，他们抓阄决定谁来分粥，每天轮一个。于是乎，每周下来，他们只有一天是饱的，就是自己分粥的那一天。后来他们开始推选出一个口口声声道德高尚的人出来分粥。大家开始挖空心思去讨好他，互相勾结，搞得整个小团体乌烟瘴气。然后大家开始组成三人的分粥委员会及四人的评选委员会，互相攻击扯皮下来，粥吃到嘴里全是凉的。最后想出来一个方法：轮流分粥，但分粥的人要等其他人都挑完后拿剩下的最后一碗。为了不让自己吃到最少的，每人都尽量分得平均，就算不平，也只能认了。如此一来，大家快快乐乐，和和气气，日子越过越好②。

---

① 《问题解决不了，换人还是换制度？》，《突破管理》2015年第16期。
② 《问题解决不了，换人还是换制度？》，《突破管理》2015年第16期。

同样的历史发展阶段，同样的制度安排，人的行为多会重复，但同样的历史发展阶段不同的制度安排，人的行为也会迥异。甚至由于制度安排的不完善，人的行为可能会匪夷所思。

随着社会的发展，对于婚姻，我们常人的理解是不论男女，都会慎之又慎。但《南方周末》曾经报道了一则"小镇为何集体离婚"的新闻：重庆市的一个小镇——人和镇，竟然在 2005 年创造了世界上最不可思议的离婚记录。这个人口仅 2 万人的小镇，短短一年时间里竟然有 1795 对夫妇离婚，然后是假结婚、假再婚、复婚，这一年全镇共有 732 对再婚。这种滑稽的群体表演，根源于重庆市征地补偿安置办法（市人民政府第 55 号令）：一对夫妻只能分一套房，但离了婚单独立户，就可以分一套房，并以优惠的价格购买；配偶为城镇户口且无住房，可以申请多分配一间屋，从一室一厅变为两室一厅。据《南方周末》的报道，"村里老太爷老太婆都来离婚了""七八十岁走不动路，儿孙扶着来的、背着来的都有，一大家人，有说有笑地排队""村长 90 岁的妈都把婚离了"。而对于大多数村民来说，"感情破裂"离婚只是第一步，接下来是更加复杂的任务：再婚。于是人们又一次行动起来，最关键的是找人。村民们发动一切亲朋好友，在政策划定的"老重庆 9 区 12 县城镇户口"范围内寻找对象。村民们甚至开始"悬赏"，赏价从最初的六七千元一路飙升到上万，重赏之下"丈夫"和"妻子"源源不断涌向该镇，该镇的村民，不论年龄大小，纷纷踊跃地加入到这离婚、复婚、再婚的队伍之中。①

同样的制度安排，但不同的发展阶段，人的行为也会出现偏差，导致制度安排产生的效果也会出现较大差异，甚至出现"淮南为橘，淮

---

① 曹筠武：《小镇为何集体离婚》，载于《南方周末》2006 年 5 月 25 日。

北为枳"的困境。

2016 年元旦后中国资本市场讨论最多的熔断机制，是指当股指波幅达到规定的熔断点时，交易所为控制风险采取的暂停交易措施。美国1987 年出现了罕见的"非理性"股灾，为避免再次重现，美国自 1988年引入熔断机制到股市，目前已经有 18 年，这期间股灾没有再发生，这一制度安排的作用可谓功不可没。A 股经历了 2015 年 6 月份至 8 月份的非理性下跌，监管层开始寻求避免非理性下跌的制度安排，熔断机制便纳入可选范围。2015 年 12 月 4 日，上交所、深交所、中金所正式发布指数熔断相关规定，熔断基准指数为沪深 300 指数，采用 5% 和7% 两档阈值，于 2016 年 1 月 1 日起正式实施。由于 A 股的参与者更多是散户，这一熔断机制引入的制度安排，不仅没有达到控制风险的预期效果，相反还引发了"磁吸效应"，即在接近熔断阈值时部分投资者提前交易，导致股指加速触碰熔断阈值，起了助跌的作用。2016 年 1 月 4日下午 13 点 34 分，A 股触及 7% 的关口，三个交易所暂停交易至收市，A 股遇到史上首次"熔断"。2016 年 1 月 7 日，开盘半个小时便二度熔断触及阈值，再次休市。为维护市场稳定，证监会决定自 2016 年 1 月8 日开始暂停熔断机制。熔断机制在中国水土不服，关键在于中国的资本市场与西方成熟市场的发展阶段不一样。西方成熟市场有巨大的期权市场和场外市场，还有做市商制度，市场熔断的同时也留给做市商筹集资金的时间，同时熔断后交易可以延续到场外交易，完成市场出清。但中国期权市场既不发达，也没有场外市场和做市商制度，熔断的时候等于所有的交易全部停止，这在一个散户为主导的市场里，很容易引发新的市场恐慌，加剧市场的非理性下跌。

因此，一个经济体、一个社会、一个组织、一个群体，效率的高低，公平福利待遇如何，人与人之间和谐程度怎样，都与制度安排密切相关。适合的制度安排，不仅使经济活动更加有效，社会分配更加公平，而且想干"坏事"的人，由于受到制度的约束，很难"心想事成"。糟糕的制度安排却可以使好人变坏。

繁荣路径选择需"量体裁衣"

30 多年以来，中国最高决策层在进行体制改革和经济政策制定时，都会对中国的特有国情进行充分调查研究，然后再推进，总体改革和各领域的改革都是沿着"渐进式"的方式进行。一般采用两种"制度安排创新"模式：一种"制度安排创新"模式是提出要解决的问题，决策层进行调研，形成初步方案，再试点运行，然后总结经验，向精英阶层征集意见，形成改革方案，最后统一推进实施。实施过程中出现问题，就再次延续上述模式，循环反复，从而推动体制改革不断推进和经济的发展。改革开放政策的出台就是采用这种模式，首先进行"真理"的全民大讨论，之后将深圳作为特区进行试点，然后再向全国铺开。另外一种"制度安排创新"模式，是自下而上进行改革模式的创新，"创新"获得决策层的认可后向全国进行推广。家庭联产承包责任制的改革就是这样一种模式，首先由小岗村的村民自发组织实施联产承包，后来得到最高决策层的首肯，然后向全国推广。从中不难看出，不管是体制改革的顶层设计，还是决策的程序和实施的过程，中国始终在进行"渐进式"的"创新"，在摸索中推进改革。

采用"渐进式"改革还有一个优势就是避免矛盾的集中显现，同时又可以在缓步推进的过程中反复完善。但是，假若在经济发展过程中，由于参与人满足于现有经济制度安排的惰性，"渐进式"改革出现停滞，那么随之而来可能是矛盾再次集中爆发，这种情况在美国的宪政史上曾经出现过。

1789 年生效的美国宪法是人类历史上第一部成文宪法，法律界的很多精英都赞扬它是"上帝作坊"的"神来之笔"和"人类大脑所能作出的最佳政治设计"。但正是这一部"神来之笔"的成文法，在它的第 1 条第 2 款第 3 项规定：当按照各州人口比例分配国会众议院的席位和联邦直接税时，一个黑奴等于五分之三的白人。在它的第 1 条第 9 款第 1 项规定：在 1808 年之前，即在宪法生效 20 年之内，国会不得立法禁止进口奴隶的贸易。在它的第 4 条第 2 款第 3 项规定：逃亡外州（即非储奴州）的黑奴，被抓后必须物归原主，继续为奴。从中不难看出，在这部宪法里，奴隶制是合法的。这与美国在《独立宣言》中喊出"人人生而平等"、宣扬自由和人权至上岂不完全背道而驰？但了解当时美国联邦政府和联邦宪法产生的条件后，就知道当时的宪法也是朝着"人人生而平等"渐进式发展的产物。在联邦政府刚成立时，共有 13 个州，其中 7 个州（宾夕法尼亚、康涅狄格、新泽西、马萨诸塞、新罕布什尔、纽约和罗德岛）是已经宣布或即将宣布废除奴隶制的自由州，另外 6 个州（弗吉尼亚、马里兰、特拉华、佐治亚、南卡罗来纳和北卡罗来纳）为储奴州。与此同时，包括华盛顿和杰斐逊在内的革命领袖、立宪先贤等都在南部各州拥有大批的黑奴。假若当时没有妥协，制宪者们不认为废除奴隶制是一个渐进的过程，那么这一部成文法可能就夭折了。也正是这一"渐进式"的妥协发展，由于缺乏后续的宪政修改法案，导致宪法出台后 20 年，不仅黑奴贸易没有禁止，而且在南部各州愈演愈烈。在立宪之初，黑奴仅有 60 余万，但到内战前的 1860 年，黑奴人口已高达 400 万。特别是最高法院大法官坦尼在斯科特诉桑弗特案中墨守成规，判定斯科特败诉，遭到以林肯为代表的北部各州猛烈抨击，造成了南北对立，最终通过南北战争才结束美国的奴隶制。也是这一场战争结束，才有了 1865 年宪法第 13 条修正案，规定：

在合众国内受合众国管辖的任何地方，奴隶制和强制劳役都不得存在；才有了 1868 年宪法第 14 条修正案，规定所有合众国出生或归化合众国并受其管辖的人，都是合众国和他们居住州的公民①。

经济发展是动态的，经济环境也在不断发生变化，要实现经济的"真实繁荣"，需要根据经济发展环境的改变对原有的制度安排进行灵活调整。

每一个国家在选择经济改革方式和改革路径时，需要考虑与之相适应的客观条件。完全快速移植成熟经济体的经济改革模式，若与自身的国情不匹配，这种"激进式"必然会带来消化不良。

阿根廷："激进式"移植换来债务危机

阿根廷是奉行"新自由主义"改革最为典型的代表国之一。20 世纪 80 年代，可谓阿根廷"失去的十年"。1982 年"马岛战争"失败之后，于 1983 年结束了军人统治，民选的阿方辛政府开启了经济发展探索之路。在此期间，阿根廷经历了债务危机、恶性通胀、高失业率、银行倒闭和金融系统的崩溃。像大多数拉美国家一样，继 1982 年墨西哥宣布无力偿还到期债务本息后，阿根廷也陷入了严重的债务危机。1982 年阿根廷的外债总额已达 436.34 亿美元，债务规模占 GNP 的 83.8%，占商品与劳务出口的 447.3%。由于无力及时偿还到期本息，1987 年国际商业银行停止向阿根廷提供新贷款，阿根廷成为拉美债务负担最重的国家之一。1989 年阿根廷政局严重失控，经济环境也进一步恶化，6 月，通货膨胀率高达 1000%。② 由于债务危机暴露了进口替代工业化发展模式的严重缺陷，于是 1989 年上台执政的梅内姆政府大幅调整发展

<hr />

① 任东来、陈伟、白雪峰：《美国宪政历程：影响美国的 25 个司法大案》，北京：中国法制出版社，2014。
② 乔纳森·C. 布朗：《阿根廷史》，左晓园译，上海：东方出版中心，2013。

战略，选择在哈佛受过训练的经济学家明戈·卡瓦略做经济部长。他们放弃进口替代工业化发展战略，仿效智利和墨西哥等国，进行大刀阔斧的"新自由主义"改革。

阿根廷在"新自由主义"理论的指导下，以激进的方式推行了贸易自由化、经济市场化、国企私有化、政治分权化和发展外向化五大核心的改革。第一，推行了激进的贸易自由化，大力开展对外开放战略，阿根廷的平均关税率大幅下调，通过扩大出口，加强对外经贸往来，出口贸易部门急剧膨胀，对国际市场依存度不断增强。第二，实行经济市场化，减少政府对经济的干预，让"看不见的手"发挥效用。第三，阿根廷进行了大规模的国企私有化，几乎所有国企被转移到私人部门手中，私有化的范围覆盖经济生活中的重要领域，包括石油、电信、银行、能源、国防等战略部门，也有外资涉足，"国家垄断"被"私人垄断"所取代。第四，实施政治分权化，减少中央政府对地方政府的控制，地方政府从而获得了更多税收权、举债权、财政权等，从而形成"小中央，大地方"的格局。第五，阿根廷还奉行发展外向化，外资可以自由进出国门，也因此使得阿根廷对外资和出口市场的依赖日益加重。在此期间，阿根廷还建立了货币局制度，实施金融自由化改革，包括发行以 1:1 的汇率盯住美元的新比索，中央银行不得弥补政府财政赤字，以及经常账户和资本账户实施自由兑换等[1]。

尽管这场空前的改革使得阿根廷短期内的经济形势出现好转迹象，然而，好景不长，"新自由主义"改革并没有把阿根廷经济带上"真实繁荣"的道路。进入 90 年代后期，随着外部环境的日益恶化，阿根廷

---

[1] 当时成功地遏制了通胀率，随着宏观环境的改善，大量外国资本流入阿根廷，并且在国内投资热潮的带动下，阿根廷在 1991～1998 年间的平均 GDP 增速实现了接近 6% 的增长。见江时学《拉美国家的经济改革》，北京：经济管理出版社，1998。

的公共外债负担持续恶化，并于 2001 年爆发了全面的经济、政治和社会危机①。新世纪初这场旷日持久的危机，从某种程度上宣告了阿根廷"新自由主义"改革的失败。

为何阿根廷会出现失败？现在回过头来看，主要是"休克式"的"新自由主义"改革所推行的大规模私有化忽视了国内发展的客观环境。为了强化市场机制作用，阿根廷几乎放弃了国家对经济生活的调控，从而失去了政府在社会发展领域中的地位，使外资在国民经济中占有举足轻重的地位。与此同时，阿根廷在改革过程中快速大幅度地降低贸易壁垒，过快地开放市场导致大批竞争力弱小的民族企业倒闭，造成大量工人失业，也导致国内缺乏具有国际竞争力的产业。在面临美元不断升值的时候，僵硬的货币局制度，令阿根廷无法通过汇率的变动来调节国内商品市场的失衡，导致资本项目急剧恶化，而此时，阿根廷在开放了资本项目的条件下又缺乏与之相配套的监管体系，从而遭遇国际资本的无序流动以及巨额游资的冲击。

更为致命的是阿根廷缺乏保障自由市场经济发展的司法体系，这就导致在存在歧视的社会里去发展自由市场，其结果必然是权贵资本横行，中产阶级消失，加剧了后续社会危机的爆发，这也是"阿根廷之谜"的核心根源所在。20 世纪 90 年代曾经流行一个具有讽刺意味的笑话：阿根廷梅内姆总统到玻利维亚进行国事访问，玻利维亚总统向他介绍自己的内阁部长，"这是我们的海军部长。""海军部长！"梅内姆喊道，"玻利维亚是个内陆国家，没有海军，你们为什么有海军部长？"

---

① 自 1999 年巴西金融动荡后，投资者对阿根廷债务问题的忧虑加剧，恐慌情绪造成银行挤兑和大量的资本外逃，失业问题加剧，民众对政府的不满升级，社会形势动荡不安甚至引发了政坛剧烈更迭，短短 10 天之内阿根廷更换了 3 位总统，从而令阿根廷在新世纪伊始面临了一场经济、社会以及政治危机。见江时学《阿根廷危机反思》，北京：社会科学文献出版社，2004。

"哦，"玻利维亚总统回答说，"就像你们有个司法部长。"①

菲律宾：移植的制度安排抵御不了金融危机

中国与菲律宾的"黄岩岛之争"让很多普通百姓也知道，现在的菲律宾是美国的盟国，其政治和经济体制一直也在效仿美国。但很遗憾的是反政府武装的存在，让这个国家国内武装冲突不断，政治屠杀、军队兵变夺权和"人民力量运动"导致政权更迭总在这个国家出现，1986 年和 2001 年马科斯政权和埃斯特拉达政府出现更迭，阿罗约政府在 2001～2010 年期间先后粉碎的大小兵变图谋超过 200 起②。缺乏稳定的社会发展环境，要想获得经济的持续发展，可能性似乎比较小。

任何政府在上台后除了稳固政权，也都会思考如何实现经济的快速发展。菲律宾自 1992 年 6 月拉莫斯政府上台执政以来，为了摧毁贸易保护体制，加快对外开放步伐，推行了"激进式"的"新自由主义"改革。主要体现在：通过金融体制改革，加强中央银行对国家宏观经济调控的功能，放开对外资领域的限制，对外资管理体制进行改革以更有效地促进外国直接投资的引进；调整工业与贸易发展政策，提出"出口与投资带动的经济增长"，全面降低关税保护，并打破进口垄断，采取多项支持性措施扩大本国产品的出口；此外，拉莫斯政府选择提高农业生产率与土地改革相结合的农业发展方案、促进土地所有权的民主化；同时，打破长期以来政府公共部门对基础设施领域的垄断，鼓励本国私人资本与外国资本参与的积极性，加快实施国有企业私有化方案③。

---

① 乔纳森·C. 布朗：《阿根廷史》，左晓园译，上海：东方出版中心，2013。
② 梅新育：《大象之殇》，北京：中国发展出版社，2015。
③ 沈红芳：《90 年代的菲律宾经济复兴——机遇·挑战·抉择》，《世界经济与政治》1993 年第 9 期。

拉莫斯政府的经济调整与改革努力在短期内取得了一些成效，帮助菲律宾经济走出低谷，并在 1994～1996 年间步入持续稳定和快速发展的通道。然而，1997 年受东南亚金融危机的冲击，菲律宾经济形势急剧恶化，1998 年 GDP 下降 0.5%。导致经济恶化的主要原因是没考虑到自身经济体的缺陷，急于推出一系列改革。例如，为了适应世界银行贷款条件以及区域性经济合作需要解除外汇管制，改革汇率制度，然而菲律宾的外贸依存度本身就较高，而且还缺乏相配套的金融防范体系，结果导致菲律宾本币比索汇率波动剧烈，短期资本流入流出现象频繁。面对 1997 年区域性的东南亚金融危机，不得不接受金融系统接近崩溃的现实。

印度：改对风口，大象也能起舞

印度对于中国人而言，印象最深的莫过于《西游记》里玄奘法师朝圣求学的那烂陀寺和释迦牟尼悟道的菩提迦耶，但种族、宗教、贫富分化、贫穷、饥饿、战乱似乎也成了印度的代名词。

在 20 世纪 90 年代之前，印度主要经历了尼赫鲁政府和甘地母子政府，他们秉承的是国家控制和政府干预，尼赫鲁对印度经济的判断是"自由放任是所有罪恶的根源，而中央计划才是治疗它们的万应灵药"①。这种政府干预的结果使印度陷入多重困境：政府对经济活动的干预广泛而深入，政府部门垄断稀缺资源导致资源配置扭曲；对微观经济主体缺乏有效的激励机制，国有化比重高，且国有部门效率低下；由于优先发展重工业导致经济结构比例失衡，人均收入水平较低，经济增长难以保持稳定发展。20 世纪 90 年代初，印度爆发了严重的国际收支危机，1991 年 7 月上台的国大党拉奥政府，响应世界银行和国际货币

---

① 迪帕克·拉尔：《印度均衡——公元前 1500～公元 2000 年的印度》，赵红军主译，北京：北京大学出版社，2008。

基金组织的号召，开始推动了旨在实现自由化、市场化、全球化和现代化的"新自由主义"改革[①]。

与其他发展中经济体采用激进式"休克疗法"所不同，印度经济体制改革走的是"渐进式"改革道路，政府逐步减少对经济活动的干预和管制。首先，在工业政策方面，转变传统的保护体制，引入自由竞争的市场机制，改善国有企业的经营管理，并实行国有企业的部分私有化。其次，在外贸政策方面，印度政府推行自由化和国际化战略，普遍降低关税率、基本取消进出口许可证、鼓励私营企业扩大出口业务，以及对出口加工区和出口企业给予特殊优惠等。在改革初期，印度政府还曾通过卢比贬值以及逐步放松外汇管制等途径来推动出口和外贸发展。同时，积极改善投资环境，大力吸引外资并扩大外资的投资领域，提高外资对印度企业的参股比例。此外，财政体制方面，为了适应市场化的需要，印度政府减少财政开支、精简政府机构、改革税收体制、努力降低财政赤字等。金融方面，减少政府对银行系统的干预，促进合理竞争，准许私人开办银行，提高国有银行在股市出让股份的比例等。

拉奥—辛格政府（1991～1996 年）之后的几届执政政府均保持了改革政策的延续性和稳定性，并在以前的基础上将改革进一步推向既定目标，从而使印度的经济体制改革呈现"渐进式"并带有增量的特征。尽管"渐进式"改革看起来时间进程要长一些，但在改革过程中通过逐步积累和创造条件，有利于减轻制度转型期所带来的经济阵痛和社会动荡。事实证明，印度在 20 世纪 90 年代初选择以市场为导向的经济改革取得了不凡的成就。1991～2005 年，印度年均 GDP 增长率达到 6.1%。在此期间，印度经济经受住了 1997 年东南亚金融风暴、1998

---

① 　华碧云：《印度拉奥政府的经济改革》，《现代国际关系》1992 年第 4 期。

年以美国为首的西方国家对印度实施的核制裁以及 2001 年美国遭遇 9.11 恐怖主义袭击引起世界经济衰退的考验。服务业在印度国民经济中获得长足发展并占据半壁江山，同时，印度政府果断抓住了世界信息技术产业发展的机遇，重视对专业人才特别是技术人才的培养，为经济发展积蓄了大量高质量的人力资本，在 20 年间一跃成为世界软件服务业的供应大国[①]。

尽管印度在 20 世纪 60、70 年代持续低迷过，未来能否实现"真实繁荣"，由于利益集团固化的原因，我们觉得是值得商榷的。但对于印度在 20 世纪 90 年代此次"渐进式"的"新自由主义"改革的选择，无疑带来了一次红利释放，实现了较长时间的次高速增长。

任何一种理论皆是时代发展的产物，"新自由主义"理论也一样。"新自由主义"政策对某些国家具有一定效果，但并不意味着处于不同发展条件的任何国家都可以照搬照抄。"前车之覆，后车之鉴"，许多国家经济改革的教训表明，忽视各国实际情况，片面强调理论共性，一味采用"新自由主义"的经济理论作为发展经济的指导思想，不做消化地在本国移植，可能会出现"消化不良"，甚至会引发"疾病"。同时，发展中国家需要选择合适的改革方式，从已有的经验来看，选择"渐进式"改革的国家，取得的效果相对理想，例如印度，主要是"渐进"而非"激进"式的改革模式往往有助于在推行改革的过程中，根据本国自身的实际情况，妥善处理改革对社会带来的负面冲击。而选择"激进式"改革的多数国家，最后都出现了不同程度的经济阵痛和社会动荡。

---

① 蒙特克·S. 阿卢瓦利亚:《渐进主义的功效如何? ——1991 年以来印度经济改革的回顾》;刘英译:《经济社会体制比较（双月刊）》2005 年第 1 期总第 117 期，第 55 ~ 64 页。

第二节 繁荣的传递

"能猫"会伴随野生的"动物精神"[①]

新中国成立之后,沿袭的都是计划经济体制,强调绝对公平,个人自主经济行为被严格禁锢。这种绝对公平的结果自然是国民长期挣扎在温饱的边缘。

被绝对公平压抑的弹簧一旦反弹,必然是对自由市场的极度向往。1978 年的中国改革开放,开启了市场经济之路。由于对原有计划经济体制禁锢经济发展的认识已成共识,改革开放之后经济学领域探讨的更多是如何学习发达经济体成熟的市场经济模式,提高经济效益,经济理论也是围绕市场经济展开探讨。

实践也如此。在国民收入水平较低的条件下,为了解决温饱,自然"不管黑猫、白猫,能抓到老鼠的就是好猫",为了抓到"老鼠",自然就会淡化"抓老鼠"所应遵守的规则,当然之前的规则也不利于"抓老鼠"。由于更看重的是强势型政府所带来的效率,以便快速提高国民的物质生活水平,所以 20 世纪 80 年代初以来在发展的过程中为了提高效益,不自觉地突破了法律的边界。特别是会抓"老鼠"的"能猫",在政策的鼓励下"野性"有余,规范不足。

前面已经谈到,改革开放以来中国经济快速发展、实现后发优势的

---

① "动物精神"就是经济决策过程中的非理性行为,该词源自凯恩斯。经济学家凯恩斯的基本出发点是,投资行为不能用理论或理性选择去解释,因为经济前景根本难以捉摸。因此他提出投资的冲动要靠"动物精神",即靠自然本能的驱动。见阿克洛夫和希勒《动物精神》,黄志强、徐卫宇、金岚等译,北京:中信出版社,2012。

两大法宝：廉价的生产要素和低公平福利下的廉价制度交易成本。但强势型政府在提供廉价制度交易成本的同时，也留下了很多地方政府不讲"规矩"的习惯。例如，在"斯密增长"释放的同时，海外投资涌入中国也带来了技术溢出和管理经验，这些技术尽管在海外已经过时，但在国内还是属于新技术，能带动国内技术的发展，形成了所谓的有限"熊彼特增长"。然而这种技术溢出也给我们带来了弊端，就是没有尊重知识产权的意识。这种意识不仅流行于制造业领域，让我们背负着"山寨"的名声，而且渗透在其他领域，让我们在经济转型过程想实现创新型发展变得较为艰难。试想，一个团队或企业，辛辛苦苦投入大量的人力和物力进行研发，成功开发出产品，结果自己还没有实现收益，就被其他团队或企业仿制出来，他们还会有进一步投入研发的动力？这种"无意识"行为即便在受教育程度较高的知识界，也同样出现，我们翻阅过去很多文章和书籍，一些学者在写文章和著书的过程中，吸收了别人的思想和资料，很多时候也并不标注和援引。

有一次在与一朋友交流的时候，他列举了我们当前的制度比美国制度优越性的地方。他说，例如一个公益项目、公共工程或者一项能有效提升国民福利的技术应用，在美国假若地方官员想在他们州推进这么一个项目，就需要经历多层次的论证，时间会拖得很长，甚至最后还可能出现被州议会否决。这样一个决策体制让人觉得效率极为低下，与国内的决策效率相比，简直天壤之别。中国某省或者某市要进行这样一个项目，决策可能就一两天，省委书记或省长，市委书记或市长，直接拍板就可以开始推进。美国他们论证完，我们这边早就产生出效益了。我就反问他，假若这项目存在瑕疵，由于领导的认知缺陷，最后不仅没有造福国民，反而危害社会，这种效率带来的结果会怎样？

当然他又反驳了我，他说过去三十多年，正是我们充分调动了地方政府的积极性才有了我们经济的高速发展。确实，过去廉价生产要素和低公平福利下的廉价制度交易成本所带来的效率优势是相当明显的。但在漠视市场秩序的前提下，开启了自由市场经济的大门，付出的代价必然是巨大的。

例如：由于对环境的破坏所带来的危害让更多的人群去承担，但生产所带来的收益却在向更小的人群中集中。在环保立法和执法薄弱的条件下，地方政府为了追求本地经济的发展，往往忽视对环保的要求，这样产生的结果就是近年来困扰国民的雾霾、水污染、土地污染等，很多人因此付出健康的代价，因此，这种发展模式所带来的不公平，必然会受到国民的责难；依靠强势地方政府的发展模式，由于缺乏相应的市场秩序，从而缺乏对公民财产的保护意识，导致在快速城市化的过程中，地方政府对居民进行暴力拆迁的事件屡见不鲜。任何不公平的结果必然是加剧老百姓对改革的怨言。地方政府在发展过程中由于领导的强势决策，导致政府换届就出现基础设施的重复建设，高档奢华政府大楼不断涌现，政府消费畸形。地方政府在发展过程中的强势决策所带来的决策程序不公正、发展机会不平等、分配不公等都将形成民怨。

又例如：在发展过程中，必然会带来一部分人先富起来，但由于缺乏对社会公平的关注，必然会导致贫富分化的加剧。这从官方的基尼系数可以看出。自 2000 年公布基尼系数以来，中国官方提供的数据一直高于 0.4 的贫富差距警戒线。2003 年这一数值是 0.479，到 2005 年这一数值是 0.485，2009 ~ 2014 年的数值分别为 0.490、0.481、0.477、0.474、0.473 和 0.469[①]。而在 90 年代的时候这一数据相对较低，根据世界银行的数据库，1990 ~ 1992 年，中国基尼系数的平均数值为

---

① 数据来源于国家统计局网站。

0. 324。

每逢节假日，我们都可以看到报道说中国人在购买全球的奢侈品。但对于大多数贫困者而言，由于收入较低，购买力相当匮乏。2015 年 12 月 28 号，甘肃省金昌市永昌镇七中一年仅 13 岁的赵姓初一女生，中午回家吃饭，由于父母不在家，又家境贫寒，身上只有几块钱，看上了超市里价值 15 元的巧克力，后来超市服务员指证她偷窃，并要求支付 150 元的罚款，但一时间全家凑不齐，父母两人掏尽全身仅能凑出 95 元（此时，北京、上海、深圳的一些高端住宅小区超过 10 万/平方米），由于承受不了"偷窃"的羞辱，在她母亲还在与超市交涉的过程中，偷偷溜出去跳楼自杀。后来演化成群体事件①。

经济高速发展的过程中，整个国民福利实现了"帕累托改进"。即使国民在进行横向比较的过程中由于社会的不公平会存在怨言，但在自身的纵向比较时，由于福利待遇的改进，这些怨言能得到有效地化解。随着中国经济体量的膨胀，经济增速的放缓将成为必然。这必然会带来在较低增速的经济发展过程中，有的群体福利待遇仍然维持以前的改进状态，但有的群体可能面临倒退或者停滞，在这种情况下，对社会分配不公的民怨将急剧放大，甚至可能会影响到社会的稳定。

缺乏制度强有力约束的"动物精神"释放虽然带来了创造力、推动了经济的发展，但这种突破法律规则、践踏公平必然会为经济进一步发展留下不可调和的矛盾和隐患。

"贵族"也有"野蛮的过去"

其实，不仅中国在发展的过程中会遇到这种情况，所有步向成熟的

---

① http://club. china. com/data/thread/1011/2782/39/21/7_ 1. html? hwf = 312472248.

经济体也都遇到过，经济转型成功的经济体，无不在这些方面经历了"阵痛"过程。

美国在 19 世纪末期的时候，商业团体与政治领导者结成联盟，"缅因州的詹姆.G.布莱恩身为国会议员，曾经帮助阿肯色铁路从国会争取到土地使用许可证，他和很多支持者就认为该公司获取股份没什么不妥。铁路通行证、免费招待及其他一大堆好处随时提供当权者、报纸编辑及在职的其他头头，以期影响公众舆论或左右立法。"① "在地方上，用好处换取选票的做法在平民严重并无不妥"② "作为回报，地方正当官员通常为忠诚分子提供合同或公职，比如说海关和邮局的头把交易等，这就是恩惠民主的具体表现。"③ "每次总统选举过后，得胜政党都会用自己的人替换失败政党以前的任命，这种做法在当时一点也不稀奇。每个政党都有一部分腐败官员乐意买卖政府公职或国会选票"④

我们过去不仅会看到不法商人的逍遥法外，还受到社会的追捧，美国在二战之前也一样。"最出名的匪徒是'疤脸'阿尔·卡彭。1927年，他在芝加哥贩卖私酒、组织卖淫和赌博的地下场所带给他 6 千万美元的收入。他炫耀地将这笔钱挥霍在昂贵的服装和丝质睡衣上，定制了装潢一新的卡迪拉克防弹车，雇佣一帮随从保镖，并慷慨支持城市慈善事业……他没有说他还打死了几位警官，并命令处死了几十个他的竞争

① 见乔治·布朗·廷德尔和大卫·埃默里·施《美国史》（第 3 卷），宫齐等译，广州：南方日报出版社，2012，第 694 页。
② 见乔治·布朗·廷德尔和大卫·埃默里·施《美国史》（第 3 卷），宫齐等译，广州：南方日报出版社，2012，第 694 页。
③ 见乔治·布朗·廷德尔和大卫·埃默里·施《美国史》（第 3 卷），宫齐等译，广州：南方日报出版社，2012，第 694 页。
④ 见乔治·布朗·廷德尔和大卫·埃默里·施《美国史》（第 3 卷），宫齐等译，广州：南方日报出版社，2012，第 695 页。

对手……直到财务部官员混进他的团伙才找到证据，并以逃税为由将其定罪。"①

在上个世纪 20 年代年轻的城市知识分子蔑视守旧的内地乡村和小城镇。"巴尔的摩的新闻记者 H. L. 门肯无情地攻击'愚民大众'。他写道，美国的日常情景已经变得'如此粗俗和愚蠢不堪……以至于只有那些天生讲话隔膜的人才不会嘲笑自己夜夜安眠、日日怀着对于周日学校监察及巡游巴黎的西洋景的热切期待醒来'。而内陆腹地的人则以城市充满罪恶、犯罪、腐败与外国人的形象作为回击。"②

从凡勃伦的书中描述也可以看出当时美国的一些状况，"高校的学者并不认真地做研究，而是以获取课题经费为荣""富豪们的消费都是以炫耀性消费为主"，③ 这些现象似乎与中国过去的一些状况相似，但随着执法的严格和经济转型的成功，美国在二战前后渐进地步入到法治社会。

香港在 1974 年建立廉政公署之前，也是腐败横行。"在经济起飞之前，香港经济主要依靠自由港地位从事转口，经济规模不大，官员的贪污和腐败问题不是很严重。20 世纪 50 年代后期以来，香港的制造也迅速发展，成为亚洲的主要的轻工业生产和出口地区。随着财富的迅速增加和积累，官场特别是纪律部队（包括警察、海关、出入境管理、惩教、消防等部门）内部缺乏约束和惩治机制，官员贪污受贿的腐败愈演愈烈，市民为了维持生计及快速取得应有的服务，只好被

---

① 见乔治·布朗·廷德尔和大卫·埃默里·施《美国史》（第 3 卷），宫齐等译，广州：南方日报出版社，2012，第 824 页。

② 见乔治·布朗·廷德尔和大卫·埃默里·施《美国史》（第 3 卷），宫齐等译，广州：南方日报出版社，2012，第 824 页。

③ 凡勃伦：《科学在现代文明中的地位》，张林等译，北京：商务印书馆，2012。

迫用'走后门'的方式。当时'茶钱'、'黑钱'、'派鬼'等各种代替贿赂的名堂不断出炉,市民不仅熟知门路,甚至将贿赂当成生活中必备的一部分开支。"① "当时贪污在公共服务机构中相当严重,例如救护人员送病人就医前就要索取'茶钱',消防队员开水喉(自来水管)灭火要收'开喉费',医院病人也要打赏给打扫的清洁妇,才能取得开水和便盆,所以当时市民只要使用公共资源,就必须贿赂。贿赂,已经成为基本生活必须支付的成本。"② "而贪污在警察单位中更为严重,当时受贿的警务人员包括包娼包赌、贩毒赌博样样来,警察尤其是各级警官普遍收受贿赂,民众到警察机关办事都要送红包,这几乎已经成为一种普遍的潜规则。"③ 一个腐败盛行的经济体,社会秩序和市场秩序必然受到践踏,经济的发展呈现扭曲状态,随着人们收入水平的提高,矫正的呼声便也随之而来,香港的廉政公署就是在这种背景下产生。

日本在上个世纪 70~80 年代,经济发展突飞猛进,但经济高速发展的时候,政府强势践踏社会秩序和市场秩序的现象并不在少数,这从 20 世纪 80 年代轰动一时的洛克希德案和利库路特案可以看出。洛克希德公司为了获取日本的飞机订单,在日本大肆采用"回扣"战术,在黑社会首领儿玉誉士夫的斡旋之下,日本前首相田中角荣涉嫌收取贿赂,并被洛克希德公司副董事长库奇安在美国参议院外交委员会听证会上所揭发,最后被一审判处 4 年。就在洛克希德案情尘埃未定的时候,日本又被爆出了一件"规划性"腐败的案件,1984~1985 年期间,日本企业家江副浩正向政客、官员和通信企业

---

① 见何亮亮《零容忍》,北京:中国友谊出版公司,2012,第 25 页。
② 见何亮亮《零容忍》,北京:中国友谊出版公司,2012,第 25 页。
③ 见何亮亮《零容忍》,北京:中国友谊出版公司,2012,第 26 页。

要人提供购买拟上市子公司"利库路特宇宙公司"内部股的机会，短时间之内，这些人就获得难以想象的丰厚回报，这其中包括前首相中曾根康弘、前首相竹下登、前自民党总干事安倍晋太郎等都深陷该丑闻之中。而且当时的时任首相宇野宗佑还陷入包养艺妓的丑闻。不难看出，在民众都关注经济高速发展的时候，社会秩序和市场秩序所要求的公平性和公正性都在不同程度地受到了践踏，但随着居民收入水平的提高，最终都受到了清算，社会秩序和市场秩序得以规范。①

韩国70、80年代创造的"汉江奇迹"，让韩国中产阶级人口比例迅速扩大，国民受教育程度迅速上升。与之同步的是国民对社会秩序和市场秩序的追求大幅度提高。他们为了建立一个有序的经济体，掀起一次又一次轰轰烈烈的民主运动。不屈不挠的民主运动终于取得了成果，1992年，韩国历史上第一个民选政权金泳三政权出现了，金泳三顺应了民众对他的期盼，重塑社会秩序和市场秩序，把清除腐败作为执政第一任务，一上台就掀起了史无前例的廉政风暴。作为第一个民选总统，金泳三的反腐措施一开始就大力推进制度反腐。就任总统后，他做的第一件事就是率先把自己和家属的全部财产公布于众。以此为起点，金泳三政府开始了官员财产公示制度的实质性推行，在这一制度执行过程中，因为财产来源不明，在政府中，五名高级官员被免职，10人受到其他处分，执政党的一位议长和两位议员辞职，一名议长和一名议员被开除出党，多名议员被公开警告。金泳三推行的第二项制度性反腐措施是推行金融实名制。所谓金融实名制是指禁止在一切金融活动中使用假名。通过金融实名制，可以防止偷漏税，使地

---

① 冷葆青：《战后日本的腐败与治理：以震撼政坛的四大腐败案为例》，北京：中国方正出版社，2013。

下经济表面化,使财产公示制度真正落到实处。由于金融实名制的实施,使得两位前总统卢泰愚、全斗焕巨额秘密资金被揭露出来。1995年,金泳三把这两位前总统送上了法庭。一审判决前总统全斗焕死刑,判决卢泰愚 22 年 6 个月有期徒刑,并分别罚款 2259 亿韩元和 2838 亿韩元。继任的金大中并没有因此而消停反腐的脚步。他在规范政府行为、建立社会秩序和市场秩序的过程中,进一步深化制度性改革。1999 年 9 月至 2000 年 6 月,共搜查了 2246 名腐败嫌犯,拘留810 名,同时把前总统金泳三的儿子和他自己的三个儿子中有两个儿子送进了监狱。金大中的次子金弘业受贿 48 亿韩元和逃税,被判入狱2 年;三子金弘杰被控受贿 35 亿韩元,也被判入狱 2 年。为此,头发斑白的金大中在执政快结束时,因为儿子的丑闻,五次向国民公开道歉①。

由于日本制造业向"亚洲四小龙"转移,台湾地区在上个世纪 80年代也开始迎来了经济的高速发展,私人资本得到快速发展。过去掌控各关键产业上游的国民党,对私人资本有很大的制约操控力量,但随着经济的进一步发展,私人资本、地方派系羽翼渐丰,权力与资本间的"主仆关系"逐渐淡化。与此同时,越来越多台湾本地选出的"增额委员"进入国会。在金钱政治的诱惑之下,一些财团与政治人物之间开始横向联结,甚至黑社会势力也介入其中,其结果必然是贿赂和利益输送,1985 年就爆发了"动摇国本"的十信弊案,事涉大企业国泰集团、党政高层和多位"立委"。到了 90 年代,在"华盛顿共识"的背景之下,"经济自由化""公营事业私有化"在台湾地区开始推行,过去由政府独占的经济领域如金融、石油、电信、电力、大众运输等,逐步特

---

① 李宝奇:《韩国修宪历史及其政治制度变迁研究》,北京:中国政法大学出版社,2015。

许给特定的大财团经营，许多公营事业也透过释股、标售等方式让渡给大型企业，大量政府职能开始"委外经营"，缺乏公平、公正、公开的市场操作秩序，自然"私有化"过程中会出现黑幕重重、积弊丛生。市场经济该有的秩序可以说是完全被"金权政治"所取代，市场交易之间充斥的是官商之间的利益勾结和权钱交易。例如：台湾地区"前总统"陈水扁众多弊案中的"二次金融改革"一案，就是在以政府权力推动金融资本整并和加速公营银行私有化过程中出现的钱权勾结。随着岛内居民收入水平的不断提高，对社会秩序和市场秩序的诉求也随之增长，台湾地区居民对"制定阳光法案"的诉求越来越强烈。所谓的"阳光法案"，就是希望透过法律制定，让官员、民意代表及其家属的财产摊在阳光下，使企业与政治的关系逐步透明化，官员民代的事业经营和利益团体的政策游说受到法律规范，即建立规范秩序。在社会反金权呼声高涨的情况下，《公职人员财产申报法》于1993年获得通过，其中明确规定13种公职人员及其配偶和未成年子女要申报财产，相关资料要"供人查阅"（但申请查阅的条件甚为严苛），而正副"总统""五院"院长、副院长、政务官、"立委""国大代表""监委""省市议员"、县市长的申报资料则"应定期刊登政府公报"，后来更规定要在网络公开①。

　　毫无疑问，这些史料告知我们，不管是在东方，还是在西方，也不管受到何种文化的熏陶，都经历了社会秩序和市场秩序的建立过程，而且这个过程并非一帆风顺。在老百姓解决了温饱问题之后，希望社会秩序和市场秩序得到充分建立，大家按照统一的规则行事，这些秩序的建立体现出公平、公正、公开的原则，不管是谁，也不管他是代表政府、财团还是个人，都必须遵守这些秩序。

---

①　部分资料来源于杨伟中的《在"金主"与民主之间：打开台湾"阳光政治"沧桑史》，载于《时代周报》第107期，2010年12月2日。

第三节　繁荣的保障

俄罗斯"灾难式"的"休克疗法"

尽管俄罗斯和前东欧社会主义国家在 20 世纪 90 年代进行的一系列改革已经成为历史，但其中应该吸取的教训却是相当深刻。

1990 年苏联就如何改革曾经有巨大的分歧，切尔诺梅尔金、普里马科夫等提出"向可调节的市场经济过渡"的渐进改革方案，而叶利钦、盖达尔等人则抛出了"500 天计划"的激进方案。随着"八一九"事件①之后苏联的解体，叶利钦掌握了俄罗斯的政权，便请萨克斯给俄罗斯开出了"休克疗法"的药方。所谓"休克疗法"是深得"新自由主义"理论的精髓，采取一步到位的办法推行私有化、自由化、市场化，实现经济制度和经济体制转轨。萨克斯的理由是："深渊不能分两步跨越""长痛不如短痛"。它的具体内容包括三个方面：一是取消公有制，实行全面私有化的产权制度；二是全面开放市场，放开物价，让市场自发地调节经济运行；三是实行紧缩的财政和货币政策，防止转轨过程出现通货膨胀。这三方面互相联系构成统一整体：一是改变社会经济基本制度；二是转换经济运行体制和机制；三是为转轨创造稳定的经济环境和条件②。

---

① "八一九事件"，又称"苏联政变""八月政变"，是指 1991 年 8 月 19 日至 8 月 21 日在苏联发生的一次政变，当时苏联政府的一些官员企图废除总统戈尔巴乔夫并取得对苏联的控制，政变领导人是苏联共产党强硬成员。他们相信戈尔巴乔夫的改革计划太过分，并认为他正商议签订的《新联盟条约》过于分散权力给众共和国。虽然此次政变在短短三天内便瓦解，并且戈尔巴乔夫恢复权力，可此事件粉碎了戈尔巴乔夫对苏联至少在一较松散体制下维持一体的希望。http：//baike. baidu. com/link。

② Sachs J. "Understanding Shock Therapy", *Social Market Foundation*, 1994.

　　1992 年新年前夕，叶利钦发表电视讲话，向人民许诺：只要坚定不移地贯彻"休克疗法"，1992 年底前国家经济便会稳定，人民生活就会改善；他号召人民与他一起挺过未来艰难和痛苦的 6～8 个月，然后共享改革带来的成功果实。但很遗憾的是，由于改革似乎是在法律真空中，这种制度的表面移植让俄罗斯付出惨痛的代价，演绎为权贵资本瓜分国家财产的盛宴。

　　由于缺乏应有的法律约束，又缺乏应有的市场秩序，在转型过程中，俄罗斯各种利益集团通过各种非正当手段，大肆侵吞、瓜分国有资产，经济在很大程度上被黑手党和非法组织所控制。根据俄罗斯 1995 年的统计数据显示，当时受犯罪集团控制的企业有 4 万家，包括 400 家银行、近 50 家股票交易所和 1500 家国有企业①。与此同时，俄罗斯各寡头工业金融集团的代表人物跻身议会、控制媒体、干涉立法和左右议会选举等。就如格拉济耶夫所说：为建立国际资本的统治地位，抛弃国家的经济调节政策而发明出来的"华盛顿共识"理论，原来还有另外一种用途，即为宗族寡头集团以激进自由主义的口号做幌子，在俄罗斯建立起罪恶的寡头专制统治②。笔者在 2013 年有机会去莫斯科与俄罗斯同行交流的时候，有幸一同调研一家钢铁企业，无意中问起那家钢铁企业的老板当时怎么获取到股权的，他告诉笔者：就是拿着枪去挨家挨户收上来的。怪不得盖达尔自己也承认，俄罗斯的私有化是"权贵阶层对国家财产的私有化"，是"官员手中掌握的公有财产合法化"③。

---

① 宋兆杰：《苏联－俄罗斯：科技兴衰的制度根源探析》，北京：中国社会科学出版社，2012，第 182 页。

② 谢·格拉济耶夫：《俄罗斯改革的悲剧和出路》，佟宪国、刘淑春译，经济管理出版社，2003，第 89 页。

③ 王立新、钱再见：《从制度变迁的视角看俄罗斯的 10 年演变》，《南京林业大学学报》（人文社会科学版）2002 年第 6 期。

这种掠夺性、强制性、缺乏市场秩序的"休克疗法",带来的必然是"一场可预见的经济灾难"[1]。"休克疗法"的发明人和推销员——萨克斯,他自己也不得不承认俄改革失败。他说:"我过去对于大众私有化是过度乐观了。1991 年的捷克和 1993 年俄国的证券私有化,很快就变成了腐朽性的资产掠夺。"他甚至主张"有选择地重新国有化"[2]。这带给了俄罗斯人惨痛的代价,1990 年,按当年的汇率计算,俄罗斯的国内生产总值为 10290 亿美元,美国为 55222 亿美元,中国为 3697.5 亿美元,俄罗斯为美国的 18.8%,是中国的 2.8 倍。"休克疗法"之后,1997 年,俄罗斯的国内生产总值为 4400 亿美元,美国为 80000 亿美元,中国为 9000 亿美元,俄罗斯为美国的 5.5%,为中国的 50% 左右。1998 年又爆发俄罗斯金融危机,按汇率计算,俄罗斯 1999 年的国内生产总值只有 1800 亿美元,为美国的 2.2%,为中国的 18%。此时贫富极为分化,贫困人口约占总人口的 70% ~75%,而生活在贫困线以下的人口占 25% ~30%[3]。

尽管俄罗斯在普京的领导之下,经济逐步恢复,以前那个缺乏法律约束自由市场的市场秩序也开始逐步建立,但从"休克疗法"的过程和结果来看,这是一次糟糕的制度移植,既忽视了当时的俄国国情和客观条件,也缺乏周全考虑。俄罗斯的经验也促使我们思考,我们在建立自由市场、激发市场活力的同时,需要建立和完善市场秩序,以确保在公平条件下的自由市场竞争。

---

[1] 诺贝尔经济学奖得主阿罗指出俄私有化是"一场可预见的经济灾难",见崔之元《逆取顺守?》,《读书》,http://www.vankeweekly.com/bbs/? p=40400。

[2] Sachs J. "Understanding Shock Therapy", *Social Market Foundation*, 1994.

[3] 宋兆杰:《苏联—俄罗斯:科技兴衰的制度根源探析》,北京:中国社会科学出版社,2012,第 186 页。

社会公平要靠统一开放、有序竞争的市场实现

在经济领域，社会公平的实现包括初次分配和再次分配。由于新中国建立之后三十年强调的是绝对公平，改革开放之后更强调发展，尽管建立起来了初次分配和再次分配制度，但由于市场秩序的不完善，引起了对社会公平的相对忽略。目前，由于改革开放三十年之后，经济快速发展所引发而来的社会不公问题，已经被一些"民粹主义"所夸大，甚至要求中国再次"打土豪，分田地"。因此未来加强初次分配和再次分配制度，调节社会的收入不平等预计将成为发展之重。但缺乏秩序在先、过程严格的再分配制度，必然会扭曲公平。收入再分配本是调节贫富差距最为重要的制度，由于缺乏完善的市场秩序，在强势型政府的推动下，为了短期经济的发展，往往容易淡化再分配制度，而去选择集中更多的资源寻求发展。例如：因为地方 GDP 的考核，一些地方政府，为了吸引投资，对一些高污染的企业进行税收优惠，这些企业不仅没有因为污染环境而对周围居民进行补偿，而且还享受税收方面的优惠政策，这种再分配制度显然是加剧收入的不平等，恶化公平。更有一些地方政府，为了追求本地经济的发展，动用养老金等投资于政府的基础设施建设，出现养老金账户亏空。还有一些地方政府为了吸引金融企业在该地方注册纳税，各地方之间出于竞争的需要，往往采用金融高管税收部分返还的方式。这些金融高管本来收入就远高于居民平均水平，这种税收返还的方式，显然不利于收入分配的调节。由于过去十几年房地产价格的高涨，土地价格也出现了暴涨，尽管到现在土地拍卖市场已趋于相对完善，但在房地产市场加速发展的初始阶段，土地的审批和拍卖完全是地方政府决定，由此带来的钱权交易，以及之后权贵资本随着土地增值所带来的快速膨胀，也必然会加剧社会分配不公。

社会分配不公的加剧，并不是中国工业化过程中就会出现这种情况。回到之前所说过的那句话："太阳底下没有新鲜事物"。在工业化的过程中，英国、美国和日本等经济体同样出现了环境的污染，也出现了低公平福利。由于土地、资本等在初次分配的过程中有天然的优势，在工业革命的初期，资本回报率远高于经济增长率，贫富差距快速扩大。但随着工业化的进一步深入，经济制度和社会制度逐步地完善，发达经济体也逐步将发展优先让位于发展与公平同等重要。收入不平等现象也呈现库兹涅茨所描述的"钟形曲线"特征——在工业化和经济发展的进程中，收入不平等必然会出现先扩大后缩小的过程，即在工业革命进行的早期阶段，贫富差距是逐步扩大，但随着工业化的逐步深入，贫富差距将逐步缩小。库兹涅茨在《经济增长与收入不平等》一文中，对英国、美国、德国的个人收入分配的长期变动趋势进行了分析。他发现英国在 1780～1850 年期间，美国和德国在 1840～1890 年期间，收入分配不平等程度都在扩大，其后英国在 19 世纪最后 25 年期间，美国和德国从第一次世界大战初期开始，收入分配不平等程度都在缩小。库兹涅茨以此认为："在由前工业社会向工业社会急速变动的早期，伴随经济增长的是收入不平等程度的急速扩大；此后，收入不平等程度渐趋稳定，并在后期开始缩小。这种长期的实际波动很符合一些老牌国家的实际情况，早期的现代经济对收入分配的影响最为显著。同时，这种现象也可以在一些新兴国家中发现，例如美国，它在工业化的早期、中期和后期也有类似的现象。"[①] 后来的研究者对日本的工业化进程进行分析，也得出了同样的结论。从日本的长期基尼系数变化趋势来看，在 1890 年日本的基尼系数为 0.311，1900 年开始就上升至 0.417，1910 年上升

---

① 西蒙·库兹涅茨：《经济增长与收入分配不平等》，载杰拉尔德·M. 梅尔等主编《经济发展的前沿问题》，上海：上海人民出版社，2004，第 425 页。

至 0.420，1920 年上升至 0.463，1930 年为 0.451，到 1940 年上升至 0.641。到了上个世纪 50 年代之后不断下降，到了 1956 年下降到 0.313，之后趋于稳定，1962 年为 0.382，1968 年为 0.380[①]。从中也可以看出日本工业化进程中收入不平等现象也符合库兹涅茨的"倒 U 型"曲线特征。

经济需要保持应有的活力，因此在初次分配过程中出现资本回报率高于经济增长率并不足为奇，本身对全球而言，特别是对发展中经济体而言，资本相对稀缺。从这方面来看，要想通过初次分配实现收入不平等收窄，困难相对较大。当然更不能像现在一些"民粹思想"所主张的回到改革开放前的做法，那种追求绝对公平所带来的是效率的低下，经济发展停滞不前，苏联和东欧社会主义国家在这方面都有难忘的经历。我们完善了市场秩序，随之而来就需要改革我们的再分配制度，这种再分配制度包括我们的社会保障制度和税收制度。

为何再分配制度需要完善的市场秩序？通过税收制度调节收入不平等所带来的贫富不均是相对容易的事情，就像现在的发达经济体一样，开征累进制的资本利得税、遗产税、不动产税，从当前主要征税在生产环节过渡到主要征税在消费环节。国家以此补贴收入水平相对较低者，自然贫富差距就会缩小。但这种在分配税收制度的实施，首先必须有完善的社会保障制度，以免除所有人对养老、医疗、孩子教育等后顾之忧。因为，一直以来，在很多中国的老百姓眼里就是养儿防老，所以儿女继承父母的遗产也天经地义。很多人辛辛苦苦一辈子创造财富，就是想财富能够在后代中得到传承。假若对遗产税开始开征，若没有足够的社会保障，预计民众的反对将非常强烈。记得前些年在房地市场高涨的

---

① 莽景石：《经济增长、制度变迁与收入分配——日本百年工业化过程的经验观察》，《日本学刊》2006 年第 4 期，第 73～86 页。

时候，探讨对不动产征税，有朋友就对我说，在中国，这么些年来很多城镇老百姓辛苦一辈子，就用他们的积蓄买了一套房，或者多买了一套房目前用于出租，将来准备留给孩子成家用或者自己老了补贴家用，交了 70 年的土地出让金，结果现在又要探讨开征房产税，令人不由得担心未来的养老。这其实涉及一个核心问题，通过税收去调节收入不平等本属应当，但政府财政收支的透明度以及支出用途是否存在严格的法律监督，这些应该成为再分配政策出台的前提条件。

其实财富创造出来最终都是社会的，老百姓努力去创造财富，但出于对生活和未来的后顾之忧，还是会想着家庭和自身，假若国家信用能担保养老、教育、医疗，同时鳏寡孤独者都能得到赡养，并通过再分配政策来完善，自然会得到民众的支持。因此在改革我们的再分配制度时，先需要通过法律的方式规范财政的收入和支出，建立相对完善的市场秩序。

相对完善的再分配制度是调节社会贫富差距最为有效的途径。近期有一本书比较火，就是皮凯蒂的《21 世纪资本论》，他通过对工业革命之后的数据进行分析得出，一直以来收入不平等都在恶化。发达经济体在上世纪 40、50 年代出现了收入不平等现象的短暂回落之后，70、80年代之后又出现不断攀升。归其原因，主要是资本回报率高于经济增长率[①]。但这主要反映的是初次分配的不平等，这种不平等并不意味着就会出现贫富分化。通过比较 20 世纪 70 年代发达经济体的初次分配基尼系数和再次分配基尼系数的变化可以看出，再次分配基尼系数相对初次分配基尼系数都出现了较大幅的下降，例如美国，在 20 世纪 80 年代中期，初次分配基尼系数为 0.436，再次分配基尼系数却为 0.337，2010

---

① 托马斯·皮凯蒂：《21 世纪资本论》，巴曙松等译，北京：中信出版社，2014。

年初次分配基尼系数为 0.486，再次分配基尼系数为 0.378；德国上个世纪 80 年代中初次分配基尼系数为 0.439，再次分配基尼系数为 0.251，2010 年初次分配基尼系数为 0.504，再次分配基尼系数为 0.295；OECD 国家初次分配基尼系数均值在上个世纪 80 年代为 0.414，再次分配基尼系数为 0.296，2010 年初次分配基尼系数均值为 0.457，再次分配基尼系数均值为 0.314①。从中可以看出，发达经济体调节贫富差距主要是依靠再次分配来实现，初次分配的基尼系数与发展中国家也差不多，但再次分配的结果却差距显著。

改革的"前奏"：建立统一开放、有序竞争的市场

我们在探讨北欧社会民主经济的时候，似乎感觉到新兴经济体离社会公平差距还非常巨大，但由于新兴经济体的发展水平相对落后，依靠自由市场去促进经济发展仍然是第一要务。而美国这一以自由市场立国的经济体，其经济发展效率一直令其他经济体所羡慕。美国拥有相对完善的市场秩序，其社会公平程度也远高于其他经济体，根据 OECD 公布的数据，美国在 20 世纪 80 年代中期，其基尼系数为 0.337，在 2005 ~ 2010 年期间，其税后基尼系数为 0.378，尽管高于英国、德国，以及一些北欧国家，但远低于新兴经济体和绝大部分发展中国家。

对于中国而言，建立统一开放、有序竞争的市场经济促进经济进一步发展仍然是重中之重，与此同时，经济的高速发展所需建立的收入分配制度也亟须完善。但目前的当务之急，并不是去探讨市场自由更进一步，还是建立社会公平的分配制度应该更进一步，而是在推进市场化改革的同时，需要尽快建立基于法律规范、尊重契约精神的市场秩序。

---

① 孙章伟：《日本基尼系数与再分配制度研究》，《现在日本经济》2013 年第 2 期，第 22 ~ 34 页。

　　缺乏市场秩序的自由市场，进一步发展的结果必然是权贵资本横行，但又人人自危的市场经济。政府对市场的干预，假若缺乏有效的约束，必然会导致企业家只有依靠政府才能做强做大，逐步演化为权贵资本的快速发展。尽管现在实施事后追责的政治制度，会制约部分权贵资本的持续发展，但我们需要看到的是一旦权贵资本利益集团固化，必然会影响到未来的政治制度。其自由发展的结果，必然会远离市场发展的初衷，演变成权贵垄断，腐败横行。而缺乏权贵支持的企业家群体会对未来充满不确定甚至恐惧，一旦富裕之后，就选择移民来寻求资产和个人的安全，理性选择的结果自然不会去把企业做大做强，不会去做成百年老店。

　　20 世纪 90 年代的时候，中国进行了一场国有企业的改革，改革主要围绕抓大放小，增强国有企业的活力。毫无疑问，那场改革使国有企业建立了现代企业的治理结构，董事会、经营层的职权相对明确，摆脱了过去那种纯行政的内部管理体制，一些企业也摆脱过去那种沉重的"软预算"约束，国有企业在随后的十几年，迎来了史无前例的快速发展期。但由于那场改革缺乏相对完善的市场秩序，这也就导致一些中小国有企业在"放给民营"的改制过程中，出现一定程度的国有资产贱卖，导致部分本来属于全民的国有资产流失到一些权贵资本手中，人为加剧社会分配不公。这一直为学界所诟病，也导致很多人以此否定甚至攻击中国的市场化改革，认为那是瓜分国有资产的"盛宴"①。

　　国有大中型企业经历了十几年的快速发展，目前无论是规模还是盈利能力都已经与十几年前不可同日而语。但这些企业到现在也到了需要

---

① 郭斌：《国有企业产权制度改革的新视角》，《特区经济》2004 年第 10 期，第 83～84 页；谈萧：《国企改革中国有资产流失的法律分析——由郎咸平炮轰国企产权改革引发的思考》，http://article.chinalawinfo.com/articlehtml/article_30891.shtml。

进一步改革的时候。由于大中型国有企业的主要管理人属于国家行政序列，代为管理国有资产，甚至与政府行政人员之间交叉任命，这就容易产生政府既是市场的裁判员，又是市场的参与者。双重角色的弊端也随之出现：一、产生市场不公，裁判员的角色会导致资源会向国有企业倾斜，对与其竞争的民营企业产生不公；二、很容易产生国有企业主管部门、企业管理者和员工之间"共谋"，导致资源配置效率极低，"他们一致同意面对分配给他们的资源，向上司承诺较少的产出，并提供给上司较少的产品。这样就会出现他们可以控制、并可部分用于他们自身福利的剩余。"① 由于大中型国有企业主要管理人缺乏明确的激励机制和约束机制，这就导致他们在寻求体制上的不完善，寻求寻租、用人唯亲，或完全不作为去避免事后的追责。例如：国有企业在采购和业务关联方的确定过程中，会去选择可以日后能获取寻租的合作方，造成国有资产的流失；在用人方面会去提拔较亲近的人或者招收较亲近的人，尽管公司治理流程都已经相对完备，但由于制度的落实都是内部人控制，导致出现所走的流程都是"虚假流程"。

这种现象让我想起了一个笑话：有一天，一个孩子问他的爸爸："西游记中，孙悟空能大闹天宫都没事，为何西天取经的路上，老是打不过妖怪，还经常要各路神仙来帮忙降妖？"他爸爸回答说："等你工作了就会明白。大闹天宫时，孙悟空是为自己奋斗，自然很卖力，而他碰到的都是给玉帝打工的，他们出力但不卖力。西天取经时，孙悟空是为师父取经，自然也出力但不卖力，但他遇到的各路妖怪，都是为自己在奋斗的妖怪，他们自然都卖力。"

目前新的一轮国有企业改革已经在推动，把国有企业分为商业类和

---

① 奥尔森：《权力与繁荣》，苏长和、嵇飞译，上海：上海世纪出版集团，2005，第114页。

公益类，商业类的国有企业将实施混合所有制改革，对商业类国有企业的管理，主管单位更多是管理资产的保值增值，政府对国有企业将建立管理的负面清单。这种进一步加强国有企业的发展，进行公司治理结构的理顺，实现混合所有制，当然会更有利于国有企业的做大做强。

国有企业的主管单位从过去的全面管理过渡到管理国有企业主要领导任期内的资产保值增值，是实现了跨越，但企业的发展本身就是长、中、短相结合，短期的效益好，有时候是以牺牲企业的中长期发展为代价。在这方面我们曾经吃过苦果，以前考核地方政府主要是 GDP 增速的考核，当然这样积极地调动了地方进行经济建设的积极性，但与此同时，由于地方政府的领导均有任期，这就导致他们的理性选择就是在任期内疯狂地追求短期 GDP 增速，而不去关注所任职地方的经济可持续发展。其结果就是政府负债的过度透支、环境的过度破坏、为了政府工程去采用对民营企业"竭泽而渔"的税费透支等。

在市场秩序都还没有效建立的时候，如何有效地进行国有企业的混合所有制改革，这是一大考验。在一个法制化的市场秩序环境下，国有资产的评估和公允价格的确定均以市场价格为基础，进行混改的参与方也不需要去担心是否存在国有资产流失和事后追责。但在市场秩序不完善的条件下，强势型政府为主导，是否会出现"权商"勾结，贱卖国有资产？会否出现目前的市场评估价格相对公允，但几年之后快速增值，被事后追责为国有资产贱卖？国有企业的进一步做大做强，是否会进一步挤压民营经济的发展空间？是否会加剧全社会资源配置的扭曲，加剧垄断资本的形成？

尽管会建立政府管理企业的负面清单，但是由于国有企业的主要领导由主管单位任命，那么主管单位的领导很容易运用正规的和非正规的途径进行干预，或者是冠以他们所理解的公共利益需要、政治政策需要等理由进行干预。这种干预的压力所带来的"寻租"或"勾结",必然会是一扭曲的委托代理机制,也容易导致国有企业经营目标的多元化。这些在新的一轮国有企业改革过程中如何去避免?英国撒切尔夫人当年国有化改革的经验教训也许能为我们提供一些借鉴意义。

1945 年 7 月工党出生的艾德礼出任英国首相推行其以计划为主体的改革政策,兴起了英国第一次国有化的高潮,国有化主要集中在重化工业、金融业和基础设施行业。从 1945 年 10 月通过《英国银行法》,将英格兰银行的全部资本收归国有,到 1949 年 11 月通过钢铁国有化法令,启动大部分钢铁企业国有化,历时五年多,使英国的国有工业占英国工业的 20%。到了上个世纪 70 年代,工党的威尔逊当选为首相,为了摆脱经济低迷的现象,再次启动了国有化运动,把英国的制造业和高科技领域的企业,包括汽车、宇航、电子、船舶等行业均实施国有化。

但国有化的进程并没有解决英国经济低迷和扭转英国经济国际竞争力的下降,相反,从已有的数据来看,还进一步扭曲了资源的配置。从上个世纪 60 年代开始,国有企业的投资回报率远低于私人企业,上个世纪 70 年代起,国有企业的投资回报率为零,国有部门的综合利润率在大多数年份都是负数。在 1970~1989 年期间,煤炭、煤气、电力和电信国有企业中,雇佣的平均费用分别高出社会平均水平的 21%、38%、18% 和 18%[①]。

在面临 20 世纪 70 年代全球发达经济体持续的"滞胀"时,英国国内便把这种"滞胀"更多归结于国有化的低效所致,1979 年撒切尔夫人顺应这种民意对国有企业进行改革:首先,严格约束财政资金,对国有企业的管理从偏重立法和行政手段的直接管理转向运用市场进行间

---

① 孔庆国:《英国国有企业私有化探讨》,华中师范大学硕士学位论文,2001,第 12 页。

接管理，扩大董事会权限，努力提高效益；其次，出售盈利的国有资产，实现国有资产从公共部门向私人部门转移；最后，放松管制，打破国家对产业垄断的格局，取消新企业进入产业的行政法规壁垒，引入私人资本的竞争。

撒切尔夫人所领导的政府国有企业改革的核心是鼓励国有资产出售，以加快国有企业私有化，尽管英国政府在很多企业仍然保留了股份，有的直接保留了控股权，例如：英国宇航公司和英国石油公司等，或者有的则政府留有"黄金股"，保留有否决权，例如：英国电信公司和美洲虎汽车公司等。

从 20 世纪 90 年代中国国有企业"抓大放小"的改革我们就知道，国有资产的出售关键在于出售价格的确定。英国国有企业也一样，假若按照市场上通行的办法，例如：通过投标竞价确定价格或者市场价格，其实是很难操作的。因为很多国有企业涉及的是垄断经营，竞争者很少，缺少可供参考的私人企业，很难找到可供参考的市场价格，而股票市场的价格波动又比较大，而且容易受整个股市环境的影响；采用竞价的方式则因其资产规模庞大，很难吸引中小型投资者，出售给海外容易出现安全问题，因此可选择的竞价者相对较少。为了避免国有资产的流失，英国政府主要采用事先确定的市场价格出售，主要参考股票市场价格。例如：对英国电信公司、英国煤气公司和英国航空公司采用发行股票的方式出售①。

尽管英国政府的国有企业改革，特别是私有化加快，让英国甩掉了国有企业的包袱，减少了财政补贴，盘活了国有资产，企业的活力得到了提升。但是由于国有企业改制后，其股价都出现了不同程度的飙升，

①　孔庆国：《英国国有企业私有化探讨》，华中师范大学硕士学位论文，2001，第 12 页。

这成为后来者攻击此次改革导致了国有资产流失，加剧了分配不公的重要依据。

英国的法制环境健全，市场秩序相对完善，其上个世纪 80 年代的国有企业改革尚且遭到国有资产流失的质疑，这对我们目前市场秩序仍然有待完善的条件下启动国有企业的混改而言，更需要努力去避免这一次改革成为权贵资本侵吞国有资产的又一道盛宴。股票市场尽管可以成为有效的国有资本公允市场价格，但在国有企业未来需要进行混改的预期下，很有可能会存在国有企业的管理层"默契"地做低业绩，抑制股价，或者在市场相对低迷的时候快速启动混改等等，变相地实现国有资产的流失。

又例如金融改革，不管是利率市场化，还是多层次资本市场建设，都需要建立有良好的法治环境保证下的市场秩序，以保护好各竞争主体，维护市场的"公平、公正、公开"。利率市场化的核心是金融牌照的放开，那么金融牌照向谁放开？是有资质的一视同仁，还是政府有选择的审批？资本市场得以繁荣的基础就是高度市场化，但假若这种市场缺乏法律的保障，那最后就沦为权贵资本掠夺的场所。例如，企业的上市和兼并重组假若政府实施强势审批，其结果就很容易演变为一个上市寻租市场，甚至弄虚作假演变为投行的产业链，垃圾公司横行市场，依靠内幕信息、市场操纵，逆向淘汰优质公司，其结果可能会使市场成为缺乏秩序的赌场。

不难看出，下一步我们任何提高经济效益、激活市场活力的改革推进，都将受到市场秩序的约束，因此，当务之急需要我们尽快建立以法律为基础、为准绳的市场秩序。不管是政府、企业、个人都需要受到法律的约束，都尊重契约精神。

什么是契约精神？我们通过一个故事来理解。在美国纽约哈德逊河畔，离美国 18 届总统格兰特陵墓不到 100 米处，有一座孩子的坟墓。在墓旁的一块木牌上，记载着这样一个故事：1797 年 7 月 15 日，一个年仅 5 岁的孩子不幸坠崖身亡，孩子的父母悲痛欲绝，便在落崖处给孩子修建了一座坟墓。后因家道衰落，这位父亲不得不转让这片土地，他对新主人提出了一个特殊要求：把孩子坟墓作为土地的一部分永远保留。新主人同意了这个条件，并把它写进了契约。100 年过去后，这片土地辗转卖了许多家，但孩子的坟墓依然留在那里。1897 年，这块土地被选为总统格兰特将军的陵园，但孩子的坟墓依然被完整地保留了下来，成了格兰特陵墓的邻居。又一个 100 年过去了，1997 年 7 月，格兰特将军陵墓建成 100 周年时，当时的纽约市长来到这里，在缅怀格兰特将军的同时，重新修整了孩子的坟墓，并亲自撰写了孩子墓地的故事，让它世世代代流传下去。这就是契约精神①。

第四节 不断"进化"的繁荣制度安排

从能"抓老鼠"演化到按规矩"抓老鼠"

任何制度的建立和完善都需要与其发展的阶段相匹配，这就像一个人的成长一样，在幼小的时候你给予他再多的抽象教育，可能适得其反。但假若循序渐进，往往会事半功倍。股权投资也一样，再好的企业、再好的行业，也都有最佳的投资周期。投资早了，前期支付的资金成本，会摊薄投资收益。投资迟了，可能错过了它的黄金成长期，留下的将永远是遗憾。

由于新中国建立之后强调的是计划和绝对公平，经济发展明显落

---

① 《总统陵园内的小孩坟墓》，《民间传奇故事（A 卷）》2014 年第 12 期。

后。在改革开放之后中国工业化的初期，开始强调法律精神、强调分配公平，可能发展之路会步履艰辛。因为当时的法律是建国之后强调"绝对公平"和计划经济体制下的法律。当时环境就需要去打破这种制度约束，强调"摸着石头过河"的精神，"不管白猫黑猫，能抓到老鼠就是好猫"。正因如此，顺应了中国廉价的生产要素，同时强调改革敢于突破过去的制度约束，造就出低公平福利下的廉价制度交易成本，经济得到快速发展，创造出了"中国奇迹"。

这种"奇迹"自然离不开中国政府和国有企业的功劳。改革开放之后，地方政府的 GDP 考核竞争机制，毫无疑问推动了经济发展中的"高效决策"。国有企业在过去十几年快速推进中国重化工业化进程中，集中力量有效地加快了这一进程，缩短了工业化的时间，也可以说功不可没。但是，这种既是"裁判员"，又是"运动员"的市场参与者参与市场，导致市场秩序相对不健全，缺乏应有的公开性、公平性和公正性。

在 2012 年以前，有过找地方政府官员办事的人可能都经历过。要邀请地方政府官员吃饭办事，不仅要准备好每人一包好烟，还需要每人准备一个红包，而且当地纪委似乎还有内部文件，低于 5000 元不算行贿受贿，而当地公务人员的收入一个月也就 2000 元左右。每年政府官员都会去企业视察，每家企业也都需要准备红包，当然数额要低于当地纪委的规定。每年逢年过节，民营企业都需要向当地的与企业经营相关的职能部门的领导，甚至一般科员，送上节日的厚礼，否则日常过程中办事可能会"力不从心"。曾经一位朋友与我讲述一件令他唏嘘的事情，他与一位某县的副县长交流，该副县长负责该县的安全生产等领域，当年周期型行业高速发展时，煤炭企业塌方事件总见报端，当他问及他们如何处理时，该副县长描述说，地方政府对这些企业发放牌照一般都需要十几个职能部门盖章，一般等到后面的职能部门公章盖完，前面职能部门盖的公章时间就已经失效，所以民营企业永远不能合规合法生产，假若出现安全事故，那么政府官员就以非法开采而自身免责，但民营企业家将被诉之法律。

在这样一种政府官员说了算的"秩序"之下，换一个政府官员，又可能是换一种"秩序"。假若在一种"权贵经济"条件之下，缺乏对未来的充分预期，谁又去想着他们会经营"百年老店"？假若在一种缺乏"公开、公平、公正"的市场精神环境下，其结果必然是思考如何实现尽快富有，这种短期功利性的存在，导致他们对生产产品的更新换代、服务的质量、对客户中长期的培养、对环境的破坏等都表现出冷漠，而对财富本身表现热衷地追逐。所以改革下来，就可能产生出了"我们只看到了资本，没有看到精神"的扭曲市场经济。

假若为了追求经济增长带来了居民收入水平的提升，在居民收入水平较低的时候，这种沉重的代价还能忍受。但随着收入水平的不断提高，人们对这种强势决策的反感将日益增加。他们对政府决策的公开性、公平性、公正性的诉求将日益增加。这在客观上也要求，下一步经济发展的过程中，需要政府简政放权的同时，建立市场秩序。

例如，由于牌照的管制，导致市场之中一些领域（并不仅仅是公共领域，例如石油石化领域、金融领域和一些服务业领域等）只能是国有资本参与，民营经济进入障碍重重。由于国有企业很多都有国家的背书，导致银行投放信贷的时候，他们可以优先获得，这在市场竞争的环境下，存在着天然的不平等。由于地方政府有政府信用的背书，而银行也是国家的银行，那么地方政府在进行政府工程建设方面或者政府要求重点支持发展的项目方面，获取银行信贷也将优先，这种不平等，必将挤压民间资本和民间经济的发展。

又例如，某些民间资本可以进入的领域，其获取牌照仍然需要政府的审批；民营企业获取银行贷款，需要银行的审批，由于信贷资金的稀缺性，而银行又属于国有，其审批的难度不亚于政府的审批；民营企业进行一些重大项目的投资，还需要各层级政府的层层审批。这些审批，在政府办公非公开透明的条件下，其结果可能是腐败横生，漠视市场秩序，形成一个"权贵经济"，而非自由市场经济。最后做大做强的也不是自由民营企业家，而是权贵商人。

经济快速发展到2010年之后，以重化工业为主导中国制造已经产能严重过剩，土地价格、劳动力工资也都不断攀升，环境污染带来的危害让国民怨声载道。靠低生产要素成本扩张的低附加值制造已经难以继续，要提升居民的生活水平，继续维系中高速增长，只能依靠工业产业的技术升级，依靠创新型服务型企业快速成长。但这些产业的成长，成熟经济体也不能给予我们发展的路径、技术和经验，只能依靠适合的制度环境激发人力资本的活力实现自然生长。

要激发人力资本的活力来实现经济的繁荣，这与过去依靠廉价生产要素和低公平福利的廉价制度交易成本完全不同，也可以说是对过去增长模式的一种颠覆，假若还延续着过去的增长模式和制度安排，可能我们就步入之前所谈到的"成功是失败之母"。因为人力资本更关注的是自由和法治，希望能够获取到自由公平的竞争环境，希望自己的私有产权，特别是知识产权能够获得应有的尊重和保护。

很难想象一个研究者或者技术创新者，在自己的研究成果或创新被其他的企业毫无成本地侵占，或者被政府无偿拥有，他们仍然会保持着持续的研究和创新精神。当其他的研究者或者创新者看到这种经济环境下知识产权或者私产得不到有效保护，他们还会继续去从事着研究或创新。最终的结果就是企业主都愿意剽窃其他创新者或研究者的成果去从事制造，或者去"山寨"其他企业的成果，而不愿投入成本去从事研究和创新。最后就是仍然停留在过去低附加值的重复，企业自然也就陷入很难做大做强的恶性循环。

　　创新型服务型产业的发展同样倒逼我们改变过去的经济发展模式。在进行工业化的过程中，由于发达经济体有成熟的经验可以借鉴，有相对成熟的技术可以借用，这时候需要的是强势型政府组织相关部门批地上项目，相关的企业配合实施，再加上银行配套资金贷款，就可以创造出奇迹。但创新型企业的发展不一样，未来成功与否很难看得清楚，就像我们现在看乔布斯的苹果，它是成功了，创造出了奇迹，但在十几年前，大家却都还沉迷在诺基亚、摩托罗拉，当时的银行和政府机构谁有十足的把握预测它会成功？就像现在我们看特斯拉一样，是否真会引领出汽车的纯电动时代？这些项目的成功概率相对于前30多年工业化时期的项目，就已经是大大降低，特别是作为政府部门更是缺乏这种专业的判断能力，那么这样一种发展模式，需要强势政府的简政放权，需要银行融资模式慢慢退出。取而代之的是市场力量的兴起，资本市场的快速发展。那么这时我们需要建立相对完善的市场秩序，以促进经济的转型发展。

改革永远是在路上

　　人的幸福感是不断演化的，当你收入水平比较低的时候，你的收入更多是满足衣食温饱，随着收入的进一步提升，收入的一部分会进行储蓄，以备将来满足住行需求，随着收入的更进一步提升，那么就开始对马斯洛的金字塔上层需求如安全需求、爱和归属感、尊重和自我实现等增强[1]。

　　这就像没有面包吃的时候，大家思考的和努力的事情就是如何获取

---

① 亚伯拉罕·马斯洛：《动机与人格》，许金声等译，北京：中国人民大学出版社，2007。

面包，但一旦面包能满他的温饱需求时，大家追求的将是获取面包的过程是否规范、面包的分配是否公平合理、吃面包的环境等。

当经济体从市场秩序不完善演变为市场秩序相对完善之后，要实现经济的"真实繁荣"发展，我们又将面临新的问题。由于经济的发展，经济环境在不断变化，公平与自由之间在新的发展环境下可能又会演生出新的不平衡，这必然会对已有的市场秩序提出新的挑战。这就需要我们在秉承"三公原则"制定市场规则方面，根据经济环境做出动态调整，以避免"僵化"的市场规则抑制市场自由繁荣，或破坏社会公平。

国家"真实繁荣"的制度安排本来就如此，不同的发展阶段有不同的适应其经济发展的制度安排。哈耶克认为自由社会的制度是一种自发的过程，从来没有人有意去设计整个社会制度，因此，这种制度的形成是千万人互相竞争、互相作用的结果。在自由社会中，制度和秩序是自发形成的，不可能由少数思想家设计，同时，自由社会中的制度都是一些游戏规则，人们只对游戏规则是否公正做判断[1]。这想法对于相对发达经济体显然比较实用，经济体的进一步发展没有更加发达的经济体的成功经验可以借鉴，只能是逐步摸索，那么这时候最好的制度就是制定好游戏规则，随着社会的动态发展，市场将自由地选择出适合经济和社会进一步发展的制度安排。

前面提到皮凯蒂的《21世纪资本论》，他通过对工业革命之后的数据进行分析得出，一直以来收入不平等都在恶化。他认为我们目前所探讨的库兹涅茨"倒U"型曲线存在问题，由于近年来的恶化，这一曲线更像是"U"型[2]。当然，从工业革命之后的数据来看，初次分配的

---

[1] 冯·哈耶克：《通往奴役之路》，王明毅、冯兴元等译，北京：中国社会科学出版社，1997。

[2] 托马斯·皮凯蒂：《21世纪资本论》，巴曙松等译，北京：中信出版社，2014。

基尼系数,应该是呈"N"型,之前就像库兹涅茨所研究的,在工业化初始阶段的时候,初次分配的基尼系数都是上升的,到了工业化的中后期都出现了下降,但到了 20 世纪 70 年代之后,初次分配的基尼系数都呈现出不断的上升。例如:OECD 国家在上个世纪 80 年代中期的时候,初次分配基尼系数的均值是 0.414,到了 2010 年已经攀升到 0.457。日本在 20 世纪 50 年代至 70 年代,初次分配的基尼系数一直徘徊在 0.3 至 0.40 之间,但 1987 年之后就不断攀升,到 2010 年初次分配基尼系数达到 0.462[①]。其实从经济增长转型的角度来看,这并不是什么糟糕的事情。研究过经济增长的都知道,在工业化过程中,拉动经济增长的主要是劳动力、资本和技术,这从索洛—斯旺的外生经济增长模型我们可以得出。但随着发达经济体,特别是美国,步入到创新型、服务型为主导的经济增长模式,拉动经济增长开始转化为依靠人力资本来拉动,研究经济增长也从过去的外生经济增长模型转变为以罗默为代表的内生经济增长模型。此时的资本便随之往以人力资本为主导的创新企业转移,由此也会带来高收入回报,其资本回报率高于经济增长率便也没有什么意外。尽管出现了收入不平等的加剧,但是整个国民,乃至整个世界都因为这种创新带来福利待遇的改进。例如:90 年代微软的快速发展,新千年之后苹果手机的快速发展等。

皮凯蒂的数据显示,经济增长方式的转型,带来的不是收入差距的缩小,而且是进一步的拉大。这也客观上要求我们在建立市场秩序之后,更需要完善我们的再分配制度。再分配制度是有效打破利益集团固化的有效途径,因为累进制的资本利得税、不动产税、遗产税的开征,一般经历了两三代之后,那种最初收入产生的不平等几乎都可烫平。

---

① 孙章伟:《日本基尼系数与再分配制度研究》,《现在日本经济》2013 年第 2 期,第 22~34 页。

转型之后经济会怎样演绎，已有的制度安排是否会制约未来经济的进一步发展？这些都很难去提前判断，但可以肯定的是没有一劳永逸的固化制度安排，随着时间的推移，过去成功引领经济快速发展的制度安排，到一定的时候就会禁锢经济的发展，假若没有进行适时的修改，其结果就是"成功是失败之母"。因此，要想获取经济的"真实繁荣"，需要的是在建立市场秩序的前提下，建立富有弹性的可适时调整已有制度安排的制度。在可调整的制度框架下，任何制度安排只有与时俱进，不断完善，才能在不同的时代和历史条件下，在不同的社会阶层和利益集团之间，维持社会的稳定，促进社会公正，保持"真实繁荣"。

这又使我们想到堪称神来之笔的"美国宪法"，它总是在发展过程中不断完善。完善的过程中也因为有漏洞，出现过丑闻，但都能随之而来得到完善。例如，大家熟悉的美国新千年的总统选举，2000年，美国总统大选围绕佛罗里达州选票计算，民主党的戈尔和共和党小布什经历了36天的"司法大战"，最后由非民选的最高法院一锤定音，最终决定小布什当选。这次最高法院之所以能轻轻松松快速作出判决，主要与拥有《选举人票计算条例》密切相关。而这部《条例》的出台其实是经历了一次"丑闻"之后，才弥补了美国立法中的一些缺陷。

在1876年的总统大选中，民主党候选人蒂尔顿不仅比共和党候选人海斯多获25万张选民票，而且还获得了184张选举人票，离规定的185张票仅一步之遥，而且海斯只得了165张选举人票。但是，当年的选举舞弊盛行，尤其在重建不久的南方，共和党和民主党都弄虚作假，结果，南卡罗来纳、佛罗里达、路易斯安那和俄勒冈四州竟然发出了两个完全不同的选举结果报告。根据宪法规定，要由作为参议院议长的副总统在两院全体会议上当众拆封，但参议院院长是共和党人，他宣布肯定有利于自己党的报告，而众议院院长是民主党人。争执不下，最后国会成立 15 人组成的选举委员会，两党各派 7 人，无党派大法官 1 名，最后裁定了有利于海斯的选举报告。其实这裁定后面有着不光彩的交易，后来被曝光。南部以支持海斯当选为条件，换取了海斯结束重建、撤出联邦军队的承诺。为了弥补宪政上的漏洞，结束这些不光彩的交易，1887 年国会制定并通过了《选举人票计算条例》①。

不可否认，随着人们的收入水平越来越高，"经济人"的假设约束会越来越受限，慢慢会朝着"道德人"的假设演变，也许到那时，以道德信仰为基础来促进经济"真实繁荣"的秩序会取代依靠法律为基础的秩序。马克思所探讨的建立社会主义社会就是基于"道德人"的假设，"道德人"的假设对人的要求是高于"经济人"的假设对人的要求。依靠道德水准来发展经济、治理国家显然是高于法律层面的发展和治理。但那种条件下是要求人完全可以实现自律。在目前的发展条件下，全球富裕与贫穷的差异还非常之大，即便在富裕的国家也没有实现物质的极度丰富，尽管他们有宗教信仰，但道德水准离"道德人"的标准还相距甚远。就像 2015 年 9 月梵蒂冈教皇方济各访问了美国所描述的，"穷人饿死在街头没人问津，股市下跌一两个点却成为新闻。"②

在此阶段，人仍然需要他律，不管是富有者，还是贫穷者，不管是

---

① 任东来、陈伟、白雪峰等：《美国宪政历程：影响美国的 25 个司法大案》，北京：中国法制出版社，2005，第 436~437 页。

② 教宗方济各 2015 年 9 月 30 日周三要理讲授全文，http://www.chinacath.com/news/vatican/2015-10-02/51423.html。

领导人，还是平民百姓。尽管我们深信，在道德水准方面，在自律方面，也许有些人或人群要高一些，但是作为国家而言，需要做的是防系统风险，才能为"真实繁荣"提供保障。当然我们不可否认，依靠法治和契约精神建立起来的市场秩序，也可能会出现瑕疵，这需要适合的制度安排在发展中去逐步完善、动态调整。

第七章

金融：经济繁荣的"血液"

任何一个经济体在产业资本强大之后，金融资本都会快速壮大。当前中国，金融资本已经渗透到经济的各个领域，金融改革已成为打破制度安排僵局和改变利益格局的关键，可以说金融资本的兴衰决定了经济转型的成败。当前中国金融形势已经表现出了"自己的痛点和难点"：经济增速不断回落，货币政策也相对宽松，但与经济转型相关的中小微实体企业却出现"融资贵，融资难"。这就需要我们在兼顾金融风险可控的同时，加快金融体制的改革。

2011 年中国经济出现下行，但“民间高利贷”却风生水起，一时间金融结构的不合理似乎成了经济糟糕的“罪魁祸首”。为了改变这种格局，2011 年下半年，中国开始启动金融改革。但改革的结果似乎并没有有效解决实体经济“融资贵、融资难”的问题，反而衍生出了 2013 年 6 月份的“钱荒”，2015 年资本市场的“非理性繁荣和下跌”，2016 年第一季度一线城市房地产价格再次“泡沫化”。

实体经济还在不断地回落，而 M2 的快速扩张并没有放慢步伐，更多的富余资金似乎都在加入到金融体系的“自娱自乐”之中。到底中国金融出现了什么问题？痛点和难点在哪？又该怎样去化解？金融改革为何会衍生出这么多问题？下一步金融改革又该如何深化？

第一节 金融背后的利益格局

金融引领了资源的配置

一个经济体，像中国，开启繁荣之路首先是由强势型政府主导时，金融体制决定了金融资源的配置，金融资源的配置引导了全社会资源的配置，因此，什么样的金融体制就会培养出什么样的利益集团。假若以国有大银行为主导的金融体制，支持培育发展的必然是国有大中型企业为主导的国有经济；假若以中小微银行为主导的金融体制，支持培育发展的必然是中小微企业为主导的民营经济；假若以国家管制为主导的资本市场，支持培育发展的自然是为国有企业解困的投融资体制，信息不对称带来的受惠群体自然是“红顶”权贵；假若以有序自由市场为主导的资本市场，支持培育发展的自然是为创新型、服务型企业服务的投融资体制，信息的相对透明带来的受惠群体自然是不断壮大的中产阶层。

不同的经济发展阶段，经济体的发展方式和主导的产业不一样，需要选择不同的金融体制。因此，当经济体的发展方式需要转变的时候，其金融体制将会成为其改革的入口，率先去突破已有的制度安排僵局，带来的也将是利益格局的改变。

当然，假若经济体开启繁荣之路是由市场均衡型政府主导时，利益格局的变化便会引起金融体制的变化，而金融体制的变化又会进一步强化利益格局的固化。

一个经济体如此，现代全球金融体系和利益格局的演化也如此。任何一个经济体在产业资本强大、成为强国之后，都会努力获取全球的金融定价权，打破世界经济和金融已有的利益格局，通过对全球金融体系的改变，实现全球利益格局的改变。翻开国际货币金融史，就可管中窥豹。

当英国完成了工业革命，成为世界第一号工业大国之后，劳动力等生产要素不再廉价，工业生产的比较优势相对于其他经济体而言逐步丧失，但在工业化过程中金融业已经逐步壮大，居民财富已获得快速积累，经济的转型使英国逐步演化为金融大国。1821 年，英国正式确立了金本位制。所谓金本位制，就是以黄金作为本位币的货币制度，在该制度下，各国政府以法律形式规定货币的含金量。金本位的确立，加上英国在当时经济贸易的迅猛发展，很快就奠定了英镑的霸主地位，世界货币进入了英镑世纪。

1850 年，英国的城市人口已经超过了 60%。铁产量超过了世界上所有国家铁产量的总和，煤占世界总产量的三分之二，棉布占全球的一半以上。由于数百年英镑同黄金汇率的稳定，让伦敦成为当时的世界金融中心和航运中心，凭借其经济、军事优势，英国让法国、德国、荷兰、西班牙、葡萄牙、意大利、瑞典、丹麦、比利时、挪威、瑞士等国也先后选择金本位制，促成了以英镑为主导的国际金本位体系在 19 世纪 70 年代的最终形成，英镑成为国际结算中的硬通货。

1900 年美国 GDP 首次超过英国，成为世界上经济总量最大的国家，但在国际金融中的地位远不及英国，同时美元与英镑相比，远没有得到其他经济体的认可。只是随之而来的世界大战后的全球秩序重建，才让美元取代了英镑成为全球的主导货币。

1918 年 11 月，第一次世界大战结束，此时，作为世界金融中心及世界霸主的英国，在战争中军费开支近 100 亿英镑，国民财富损失了三分之一。1918 年英国的进口额超过出口的一倍，面对巨额的贸易逆差，英国不得不通过变卖海外资产来补偿贸易。尽管战争胜利了，但英国由债权国演变为债务国，战前美国欠英国国债约 30 亿美元，战后出现逆转，英国欠美国 47 亿美元，同时，英国内债因战争而直线上升，战前英国内债为 6.45 亿英镑，战后猛增为 66 亿英镑。缺乏实体经济的支撑，英镑的强势地位自然也遭到了质疑。

世界经济格局因为第一次世界大战而完全改变，但是称霸世界一百年的英国人不愿意接受金本位的崩溃，也不想退出全球金融的霸主地位，1925 年英国提出把英镑恢复到金本位制。然而，此时美国在不断崛起，1929 年，美国的工业产量至少占世界工业总产量的 42.2%，这一产量大于所有欧洲国家的产量。随着 1929 年大萧条的到来，英国不得不于 1931 年再次宣布脱离金本位制，这标志着英镑从世界一个主要货币走向衰落。1945 年，即二战结束之后，以美元为中心的国际货币体系（即布雷顿森林货币体系）正式确立，英镑作为世界结算货币逐渐被美元所取代。华尔街也取代了伦敦，美国成为头号金融大国。

国际金融体系的变化，伴随而来的是资本在全球各经济体之间流动，最终的结果便是全球资源在各经济体之间重新配置，新的利益格局形成。二战之后，美国凭借美元的优势，不断强化了美国的领先地位。而英国由于英镑已经被美元所取代，进一步加速了英国的衰退。从2008 年之后美国次贷危机引起的全球金融危机可以看出，在美联储量化宽松的背景下，凭借美元优势，美国已经率先实现了复苏。而其他经济体，复苏之路却步履艰难。

因此，不管是一个经济体的内部，还是全球各经济体之间，金融的演变和利益格局的演变之间相互支撑、相互强化。

随着经济市场化和信息化进一步发展，现代金融在国民经济中的作用也更进一步凸显，已成为经济体的"血液"。它不仅为经济活动提供便利交易的支付结算方式，而且还提供集中资源和投资分散化的机制；它不仅提供跨时间、国界和产业的经济资源转移方式，提升资源的配置效率，而且还提供风险管理方法，降低经济运行过程中的风险；它不仅提供帮助协调经济各部门的分散化决策的价格信息，而且当交易各方之间存在信息不对称问题时，它也提供解决激励问题的方法[①]。因此，一国资源配置的效率如何，经济发展过程中的风险把控如何，经济发展方式的转变能否实现，经济发展成果的分配是否公平合理，经济的发展能否融入全球的开放系统，等等，都与该国的金融体制和发展水平密切相关。

金融是决定经济繁荣的"双刃剑"

对金融把握不好，就像开启潘多拉魔盒，可能辛苦的几十年积累，付之一炬。

---

① 李扬：《2016："服务实体经济，金融还要做什么？"》，《IMI 研究动态》2016 年第 6 期。

　　1960 年"特里芬难题"① 提出之后，不过十年，布雷顿森林体系就开始瓦解，到今天国际货币体系改革的方向都不知指向哪里。上个世纪 80 年代拉美债务危机爆发，伴随而来的是拉美国家"失去的十年"。1992 年，尽管美元是全球老大，但英镑在全球金融市场上仍然举足轻重，然而遗憾的是，在"英镑阻击战"中，索罗斯击垮了这个老牌的英格兰银行，让英国退出了欧洲的汇率机制，英国损失了 77 亿美金，索罗斯主导的量子基金净赚 9.58 亿美金，这一个危机相当于向每一个英国人征收了 125 英镑的税收。整个 90 年代，墨西哥金融危机②、东南亚金融危机③、俄罗斯三次金融危机④、巴西货币危机⑤、阿根廷债务危机⑥，一个接一

① 所谓"特里芬难题"即"由于美元与黄金挂钩，而其他国家的货币与美元挂钩，美元虽然取得了国际核心货币的地位，但是各国为了发展国际贸易，必须用美元作为结算与储备货币，这样就会导致流出美国的货币在海外不断沉淀，对美国来说就会发生长期贸易逆差；而美元作为国际货币核心的前提是必须保持美元币值稳定与坚挺，这又要求美国必须是一个长期贸易顺差国。这两个要求互相矛盾，因此是一个悖论。"见罗伯特·特里芬《黄金与美元危机——自由兑换的未来》，北京：商务印书馆，1997。

② 1994 年 12 月 19 日深夜，墨西哥政府突然对外宣布，本国货币比索贬值 15%。这一决定在市场上引起极大恐慌。伴随比索贬值，外国投资者大量撤走资金，墨西哥外汇储备在 20 日至 21 日两天锐减近 40 亿美元。从 20 日至 22 日，短短的三天时间，墨西哥比索兑换美元的汇价就暴跌了 42.17%。

③ 1997 年爆发了一场始于泰国、后迅速扩散到整个东南亚并波及世界的东南亚金融危机，1997 年 7 月至 1998 年 1 月仅半年时间，东南亚绝大多数国家和地区的货币贬值幅度高达 30% ~50%。同时，这些国家和地区的股市跌幅达 30% ~60%。

④ 俄罗斯于 1997 年 10 月和 1998 年 5 月先后爆发了两次金融危机。危机首先反映在货币市场和证券市场上，占俄罗斯国债总额约 1/3 的外国资本大规模外逃，引起汇率下跌和股市大幅下挫，再贷款利率一度高达 150%。1998 年 8 月 17 日，俄罗斯联邦政府宣布卢布贬值，并推迟所有外债偿还期，并禁止银行兑现外汇承诺，引发俄罗斯第三次金融危机。

⑤ 1998 年 11 月，在国际货币基金组织的协调下，国际社会决定联合向巴西提供 415 亿美元的紧急贷款援助，此时，巴西金融局势已告急，有的州已发生了支付危机。1999 年 1 月 13 日，巴西政府宣布对本国货币雷亚尔实行贬值，此举致使雷亚尔汇率从 1 月 12 日到 21 日的 9 天时间里，下跌了 23.4%。

⑥ 2002 年阿根廷出现大规模的骚乱和激烈的政局动荡迫使政府放弃了比索盯住美元的货币局汇率制度，国内外投资者对阿根廷的信心急剧下降，比索快速贬值 29%。

个，就没有消停过。2007 年 7 月，美国出现"次贷危机"，到 2008 年秋，"次贷危机"进一步演变成全方位的金融危机。2010 年欧洲在爱尔兰、葡萄牙、西班牙、意大利、希腊等国的到期债务偿还出现问题的条件下，演变为"欧债危机"。任何一次发生的金融危机，都会演变成经济危机，带来社会失业问题。

2014 年 7 月 17 日在俄乌边境发生了一件令全球震惊的事件，马航 MH17 客机在那里坠毁，机上全员遇难，无人生还。不管是指责俄罗斯也好，还是指责乌克兰，大家很难把这事与金融市场联系在一起。其实，假若我们追本溯源，会发现其背后就是金融市场引起的。2013 年 4 月，乌克兰的国际收支往来账户显示出 8% 的赤字，它急需美元来为它的重要进口进行付款，这当然就需要借钱。但是 4 月 10 日，当时的亚努科维奇总统领导的政府拒绝接受国际货币基金组织为一项 150 亿美元财政援助一揽子计划所规定的条件，他们转去选择从国外的私人手中借美元。一个星期之后，乌克兰发行了十年期的 12.5 亿美元欧洲债券，收益率为 7.5%。但事情的发展并没有这么顺利，2013 年 5 月 22 日，美联储主席伯南克表示，如果美国经济继续好转，美联储可能很快就会开始"逐渐减少"其对美国国库券和抵押贷款债券的每月收购量，也即 2008 年以来的量化宽松将逐步退出。这意味着到期日较长的美国债券的收益率提高，从而必然使发展中国家的市场吸引力变得更小。作为发展中经济体的乌克兰，它的债券吸引力也自然变小。乌克兰债券投资者的大量抛售，使乌克兰债券收益率暴涨到将近 11%，这显然超过了乌克兰的支付能力。最后，亚努科维奇选择了求助俄罗斯。"天底下没有无缘无故的爱"，任何的救助可能也都是要求有回报的，俄罗斯也一样，他们要求乌克兰放弃与欧洲联盟签订《欧盟－乌克兰联系协议》。后来的结果就是乌克兰开始内乱，然后演变为内战，后来也便有了马航事件。虽然乌克兰的财政问题多年来一直在加重，但假如没有国债收益率快速攀升这一插曲，乌克兰危机也许可能会延期到来。当然，既然能延期，那么危机或许能避免。

金融的大幅波动可以引发社会失业，引发政治危机和社会危机。因此，每次出现金融危机的时候，大家对金融市场的批评不绝于耳，例如2008年这轮席卷全球的金融危机，法国前总统萨科齐就说："金融体系本质上是一个不负责任的体系，也是不道德的。在此体系之下，遵循市场规律这一逻辑成为掩盖一切错误的借口。"美国也发起了"占领华尔街"运动[①]。

既然金融会带来这么多弊端，那么为何各国都不遗余力地发展他们的金融市场？为何各国都想取得金融的制高点？诺贝尔经济学获奖者希勒教授认为："金融一直是市场民主国家繁荣的核心动力，对于每一个成功的国家来说，有效的金融市场是这些国家成功的特征。"[②] 既然如此，那么中国金融市场如何改革才能实现金融市场的"真实繁荣"？

中国金融的"痛点和难点"

90年代中后期的改革完成之后，中国经济形成了以重化工业为主导的快速扩张期，一些周期性行业得到了快速发展，这种依靠信贷为主导的投资扩张模式也带来了银行业的爆炸式发展。2003年末，银行资产总额为27.65万亿，净资产1.06万亿。但到了2013年第3季度末，银行资产总额146.99万亿，净资产9.75万亿，总体增长了7~8倍。截至2013年6月份的银行理财余额9.08万亿并未计算入银行管理资产。

过去十年，资本市场和证券业的发展却相对缓慢，2003年底股票市价总值4.24万亿元，2012年底股票市价总值23.04万亿元。2003年底，122家证券公司资产总值4895.65亿元。截至2012年12月31日，

① 罗伯特、席勒：《金融与好的社会》，束宇译，北京：中信出版社，2012。
② 罗伯特、席勒：《金融与好的社会》，束宇译，北京：中信出版社，2012。

114 家证券公司总资产为 1.72 万亿元，增长幅度远不及银行业。

2012 年中国直接融资所占总融资的比重仅为 15.9%。而在相对成熟的经济体中，直接融资的比重远远超过了间接融资的比重，美国这一比重达 89.7%，欧元区这一比重为 76.7%，日本也达到 60%。从中可以看出，中国的融资结构与发达经济体相比，出现了极度不平衡，这当然与中国过去的经济发展模式密切相关。中国过去的重化工业发展模式在生产要素都比较廉价的时候，只要制度安排顺势而为，再辅之以规模较大的银行体系，那么增长奇迹就随之而来。但当经济需要转型的时候，这种金融体系将起着制约作用。

2010～2015 年，依靠大银行为基础的金融体系所呈现出来的弊端就开始体现，中国经济表现出了"自己的特色"：经济增速不断回落，PPI 持续负增长，货币政策也相对宽松，但与经济转型相关的中小微实体企业却出现"融资贵，融资难"。这显然与经济理论所揭示的经济现象背道而驰：经济回落，贷款需求下降，资金价格应该随之回落，但温州民间融资综合利率和广州小额贷款平均利率却依然维持在 20% 左右。按商品经济的常理，一般非稀缺性商品，贵的东西应该就不难购买，难购买的东西一般都不贵。

既然货币政策相对宽松的资金没有进入实体，那么资金都去哪儿啦？资金在金融体系里面"自娱自乐"——2012 年理财产品爆炸式发展和 2014～2015 年上半年股市的非理性繁荣。2013 年 12 月份银行理财的规模达到 10 万亿，而这一规模在 2010 年的时候仅为 2.8 万亿左右。2015 年 3 月份至 6 月份，A 股的日平均成交额急剧放大，由一年前的日成交额 2000 多亿，放大到 1.5 万亿以上，高的时候达到 2 万亿（2015 年 5 月 22 号）。而当时 A 股的流通市值为 46.25 万亿，相当于每天换手 3% 以上。创业板平均市盈率接近 100 倍，一些新股上市出现连续几十个涨停板。

更为奇怪的是，既然市场活跃，股票市场特别是刚发行的股票出现暴涨，那应该是属于供给不足所造成的，按照经济学的基本原理，应该是从增加供给的角度去解决，正好借此可以缓解实体中小微企业的"融资贵与融资难"，但很遗憾的是不仅供给没有增加，反而市场随之而来是非理性下跌，IPO 宣布停摆。一个市场发展了 25 年，就因为市场的下跌出现了 9 次停摆。

与此同时，金融风险也开始暴露。在 2013 年 6 月份的时候还出现了货币市场利率急速攀升，7 天期隔夜拆借利率一度攀升至 28%，市场一度传出某些大行的自动取款机出现技术故障。即便欧元区在 2010 年出现欧债危机时，也没有出现过这样的"钱荒"。

2015 年 6 月中旬至 8 月下旬，资本市场出现了恐慌性的非理性下跌。以当日收盘计算，6 月 12 日至 8 月 26 日短短两个多月的时间，上证综指从 5166.35 点跌至 2927.29 点，跌幅 43.34%，深证成指从 18098.27 点跌至 9899.72 点，跌幅 45.30%，创业板指数从 3899.71 点跌至 1890.04 点，跌幅 51.53%。A 股总市值由 76.16 万亿元跌至 43.98 万亿元，跌幅 42.25%。24 家上市券商总市值 1.53 万亿元，比 2015 年 6 月 12 日的 3.14 万亿元缩水了 51.27%[1]。

截至 2015 年第一季度，中国地方政府债务超过 20 万亿，未来三年有 35% 的债务到期[2]。全社会债务总规模与 GDP 的比值达到 245%[3]。同时，中国的 M2 近 130 万亿，为 2014 年 GDP 的两倍有余，房地产总市值 150 万亿，是 GDP 的两倍有余，这一指标超过 2007 年的美国和 1989 年的日本。另外，财政部公布的国有企业的资产负债率 2014 年底为 65.17%，

---

① 数据来源于 Wind 数据库。
② 数据来源：《国家审计署，2013 年第 32 号公告，全国政府性债务审计结果》。
③ 数据来源：李扬，《中国国家资产负债表 2015——理论、方法与风险评估》，北京：中国社会科学出版社，2015。

远高于美国的 45%①。而且值得关注的是，金融危机至 2015 年初，美国企业的资产负债率是从 60% 降至 45%②，而中国却从 45% 升至 65%③。

信用违约的风险也开始暴露。不良贷款自 2011 年第四季度回升以来，到 2014 年不良率为 1.25%，不良贷款规模 8426 亿元。信用违约事件迭发，如钢贸行业、光伏行业；政府融资平台的兑付压力很大。例如：2014 年下半以来披露出来的，信托业从"青岛凯悦④"到"上海高远⑤"再到"舒斯贝尔⑥"，这些违约显示风险已经开始暴露；债券市场上，"11 超日债⑦"、佳兆业⑧等违约事件也已经暴露。

---

① 数据来源于国家统计局网站。

② 数据来源：李扬，《中国国家资产负债表 2015——理论、方法与风险评估》，北京：中国社会科学出版社，2015。

③ 数据来源：李扬，《中国国家资产负债表 2015——理论、方法与风险评估》，北京：中国社会科学出版社，2015。

④ 2010 年 10 月，中融信托发行成立了"中融·青岛凯悦"信托计划，为凯悦中心募集资金 3.845 亿元。该信托计划存续期限为 1.5 年，可在成立 1 年之后提前结束。2011 年，青岛凯悦的项目运作方曾试图发行"川信·青岛凯悦"，而"川信·青岛凯悦"信托的募集期恰是 2011 年 9 月 13 日~2011 年 10 月 13 日。上述情况让人怀疑青岛凯悦意在"借新债还旧债"，该信托计划随后遭到发行渠道的集体抵制而最终搁浅。最后中融信托以"刚性兑付"原则在约定兑付期如约兑付，并对对应的房产通过山东高级人民法院进行公开拍卖，2013 年 1 月，历经三轮拍卖，最后以 6.4 亿元成交。

⑤ 上海高远前期为多家公司担保受到牵连，后期自身资金紧张而借高利贷，2012 年陷入危机，濒临倒闭，2013 年初，债权人开始清算公司资产。

⑥ 中信·舒斯贝尔项目，信托成立之初，该项目没有取得土地许可证，后来当地国土资源局对公司开出了停工通知，开发区建设局不批准施工许可手续，导致该项目施工无限期搁置，自然无法完成开发以获取收益，经历 4 次拍卖，最后共拍得 6.5 亿元，覆盖本息支付。

⑦ 2014 年 3 月 4 日晚，＊ST 超日宣布，"11 超日债"本期利息将无法于原定付息日 2014 年 3 月 7 日按期全额支付，仅能够按期支付共计人民币 400 万元。至此，"11 超日债"正式宣告违约，"超日事件"再度掀起波澜。

⑧ 2015 年 4 月 21 日，佳兆业（01638.HK）发布公告，强调公司专注于促进发布 2014 年经审核财务业绩，而于发布后将继续致力就其未偿还债务达成双方同意的重组。公司希望在切实可行下尽快与若干境外债权人订立暂缓还款协议。佳兆业债务重组这一迫切愿望的背后，是其美元债违约的提示。据公告披露，佳兆业有两笔分别于本月 17 日和 18 日到期的总额为 5160 万美元的美元债利息，逾期了一个月仍然没还上。

第二节 中国 "特色" 金融产生的逻辑

"小个子男人找不到媳妇" 的银行体制

为何在实施利率市场化的过程中会带来 "钱荒" 的产生？为何中小微企业仍然面临 "融资贵，融资难"？这主要是在实行利率的管制以及对金融业牌照门槛的管制过程中，由于经济体制的不完善，一起 "共振" 便出现了利率 "双轨" ——与政府扶持相关的项目和国有体制内企业从银行获取的贷款利率相对较低，而中小企业从民间以及银行表外获取的融资的利率较高①。通胀的压力迫使决策当局进行资金的总量调控，从而造成全社会资金出现割裂，一方面政府和国有企业利用天然的体制优势获取体制内资金，资金价格较为便宜，另一方面由于挤出效应，中小企业只能通过民间或金融二手中介获取体制外资金，由于 "寻租" 的作用，这部分体制外资金的价格已经异常高企。其背后的原因主要是已有的金融制度安排与经济的转型持续发展开始不相匹配，而这一制度安排在过去却为中国经济的高速发展立下了 "汗马功劳"。

其一，政府对银行的绝对控制。国有商业银行虽然经历 90 年代的股份制改造和上市，但产权的基本格局并没有发生太大的变化，政府对它仍然存在绝对的控制力。由于这种股权的关系，国有银行的管理层一般都是国家委派的，在这种条件下代理人是不会违背委托人的意志，更有可能是会助长委托人的意志，因此，政府投资的项目和国有企业进行

---

① 利率 "双轨" 这一提法是在 2011 年 8 月份我们提出，见中国银河证券宏观报告《资产价格受困利率 "双轨"》，潘向东等，发表日期为 2011 年 8 月 15 日。

投资的项目，在获取银行支持方面就具有天然的优势。与此同时，由于国有银行产权归国家所有，政府凭借国家的信誉和出资人无形之中就对国有银行提供了隐性担保，"预算软约束"问题随之而至。因此，国有银行在对政府项目或者对与政府项目相关的信贷，其风险意识就会弱化。但对中小企业的信贷投放由于追责的影响，变得异常谨慎。

其二，地方政府过多地干预经济。在当前这种经济增长与官员政治晋升激励、地方财税扩张、官员直接利益兼容的体制下，地方政府便成为推动中国经济快速扩张的主要力量。一些地方政府为追求经济扩张，通过以政府担保等方式扩大银行信贷，致使资金廉价地流入到一些与政府投资相关或者与政府扶持发展相关的项目，从而无形之中增加其他中小企业获取资金的困难程度。

其三，存款利率的管制和金融业牌照门槛的管制。由于政府对存款利率的管制，出于风险的考虑，居民在选择其存款时更偏向于规模较大又有国资背景的大银行，这样使国有银行通过较低的成本获取金融资源，即便以较低的价格贷给收益率较低的政府投资和产能过剩的行业，也能获取超额回报。由于金融业牌照门槛的管制，这就使信贷市场并不是一个有效竞争的市场，而是一个依靠获取政府牌照支持的垄断市场，在这种条件下，金融资源的配置必然是扭曲的。

其四，重化工业快速发展阶段，不管是股份制银行，还是城市商业银行，资产规模都已经得到快速壮大，从自身效益和安全性考虑，都愿意做与政府、国有大中企业相关的大额信贷业务，中小微企业的信贷规模和安全性都很难受到资产规模庞大的银行青睐。例如几十家中小微企业的业务规模加总可能也抵不过一项政府或国有大中型企业的业务规模，但风险却会放大几十倍。

这说明金融的制度安排出现了弊端。应该把银行牌照放开，让资产规模较大的银行与信贷规模较大的政府、国有大中企业之间进行业务往来，但也需要大力发展与中小微企业进行业务往来的中小微银行。这就像婚恋配对，假若一场婚恋配对晚会，主办方邀请来的都是大高个女青年，她们选择对象自然就是大高个的男青年，那么参加这场晚会的小个子男青年必然会找不到合适的对象。2012年前的金融制度安排就出现了让"个子较小"的很多中小微企业最后找不到相匹配的"媳妇"，结果必然是逼迫他们去找得不到有效保护的民间高利贷。

这种制度安排的结果必然是导致金融资源的错误配置，大量的银行信贷资金投向政府投资项目、房地产领域和产能过剩行业，与此同时，代表着未来经济转型希望的中小企业，其融资特别困难，很多企业只有借助于民间的高利贷或者高利率的银行表外融资，这将直接制约经济的转型升级，影响经济发展的持续性和健康性。

因为经济转型和产业结构升级能否成功，最终是市场选择的结果，而不是政府选择的结果，中小微企业承担了经济转型和产业结构升级的重任。政府能做的就是进行制度安排改革释放，打破制约市场进行选择的制度环境，即"顺势（市场）而为"。但当前由于资金价格的双轨导致资金的结构性困境，直接导致中小微企业融资环境的恶化，这显然与经济转型和产业结构升级方向背道而驰。

由于经济增长更多依赖体制内的政府投资和国有企业投资，而这些投资的效率显然要低于民间投资，因为中间很难避免会出现"寻租"行为，这就导致需要更多的货币来维系与以前差不多的投资增速。而更多的货币在全社会流动必然会导致全社会通胀压力加大，与以前的经济环境相比，即现在为了维持与以前同样甚至更低的经济增速，必须要承受更高的物价增长，或者同样的物价水平，需要更长时间和更大程度的经济衰退。

在面临通胀困境，或经济衰退的时候，作为中国政府而言，首先采用的就是通过货币政策工具来收紧或放松全社会的货币流通量。但现在这些传统的货币政策工具，都面临"两难"困境。

2011 年初，面对物价攀升，中国采用紧缩性的货币政策，体现在由于金融体制的原因，不管采用何种政策工具，都将有副作用，例如采用加息，其弊端有以下几个方面。首先，2008 年 4 万亿元投资，地方政府是高杠杆运行，当前由于房地产调控导致地方政府的土地财政收入减少，与此同时，若提高利率将导致其还债的压力加大，万一它断裂了，那岂不是又一个危机？其次，利率的提高，由于利差的影响必然会导致国际热钱进一步地流入国内，在短期内将加剧本币升值和上调准备金的压力。假若采用上调准备金率来收缩流动性也会带来弊端：首先，由于国际热钱不断进来，但这些钱基本是一个还本付息的，未来是要走的，这就把利率上行和人民币升值的风险都集中到银行；其次，准备金率的上调冻结得更多的是国际热钱，这些钱更多会以活期形式存在，而我们银行的放贷更多都是中长期，这无形之中加大了银行资金错配的风险；最后，准备金率的上调必然会制约银行的放贷能力，由于银行天性就是"嫌贫爱富"以及政府和国有大中型企业在获取银行贷款方面有其天然的优势，一旦由于紧缩政策导致贷款的总规模变小，那么紧缩的必然是中小微企业，造成整个经济体的经济结构越来越畸形。

面对 2012 年之后的经济衰退，即使采用扩张性的货币政策，由于金融体制的原因，也很难达到预想的效果，而且很容易出现"虚假繁荣"。2011 年利率市场化改革加快之后，尽管央行的货币投放趋于稳定，但由于理财产品等表外融资快速扩张，导致民营企业的"融资贵，融资难"的问题不但没有得到解决，反而变本加厉，演绎出了理财产品的"庞氏骗局"。2014 年对表外融资进行治理，货币政策也选用了降准降息等扩张工具，Shibor 利率也不断回落，但温州的民间借贷利率高企不下，资金出现"脱实就虚"，迎来了 2014～2015 年上半年 A 股的非理性繁荣和 2015 年下半年债市的疯狂。

"双轨制"在中国并不是什么新鲜事物，其生产资料价格改革的进程中曾经出现过。所谓"双轨制"，就是"市场轨"和"计划轨"并行，一种物资两种价格，市场价高于计划价。"双轨制"是为进行市场化改革，但又要避免价格一次性放开给经济带来的巨大冲击，可以说是特殊时期一项价格改革的政策。

但是价格"双轨"这一独特产物，从开始诞生就有着自身的问题。"双轨"并行使得投机者得以在两轨之间找到牟利的机会，由于市场轨的物资供应有限，层出不穷的转手倒卖现象使得物资的市场价格不断升高。倒卖的丰厚利润吸引大量的生产者投身其中，发展生产的动能大打折扣，导致各类产品出现供应短缺，促使价格更进一步上涨。

经历了 20 世纪 80～90 年代的生产资料"双轨制"闯关之后，本以为价格双轨制这一特殊时期的历史产物已经离我们渐远，但没想到进行了十多年改革之后，我们的金融市场却出现了利率的"双轨"（即资金价格的"双轨"）。与当年政府强制性制度安排产生的生产资料价格"双轨"不一样的地方是，这次利率"双轨"是由于金融制度安排"过时"而由市场衍生出来的。

老被"误解"的人民币：国际化冲击原有利益格局

2008 年由美国"次贷危机"演化为全球"金融危机"之后，我们正在经历一场"史无前例"的国际货币宽松环境，主要币种之间是竞相贬值。面对这种竞相贬值，拥有大量外债的中国也束手无策，尽管偶尔有决策人士几次发言提及美国应该对它的债券持有人负责，但假若中国不拥有美债，去换成其他经济体的债券，也同样面临贬值的压力。在人民币没有完全国际化的时候就会遇到这种尴尬。

与此同时，由于人民币不能自由兑换和浮动，不仅中国货币政策的有效性受到约束[①]，而且由于以前人民币在自由流动和浮动方面都是"有管理的"，那么人民币在国际化的过程中，金融规则在改变，必然导致所有参与人的行为会发生改变，这将对国内金融市场和国际市场都会产生冲击。与此同时，由于之前全球也没有经历这么大一个经济体快速融入到全球的货币体系之中，因此，人民币国际化所带来的冲击事前很难预估，这就导致中国在推进人民币国际化进程方面，很多时候并不"透明"和"连续"。从而人民币在国际市场的交易也经常被西方经济体"误解"，指责中国政府操纵汇率。

历来度量某一大国货币相对价值的时候，都会存在分歧。目前度量汇率采用较多的仍然是利率平价理论[②]、购买力平价理论[③]、一般均

[①] 根据蒙代尔的"三元悖论"，一国的经济目标有三种：①各国货币政策的独立性；②汇率的稳定性；③资本的完全流动性。这三者，一国只能三选其二，而不可能三者兼得。R. A. Mundell, "Capital Mobility and Stabilization Policy under Fixed and Flexible Exchange Rates", *The Canadian Journal of Economics and Political Science*, 1963, Vol. 29, No. 4, pp. 475 – 485.

[②] 最早由凯恩斯提出，该学说认为远期差价是由两国利差决定的，（远期汇率的升水、贴水率约等于两国间的利率差异）并且高利率货币在远期市场上必定贴水，低利率货币在远期市场上必为升水，在没有交易成本的情况下，远期差价等于两国利差，即利率平价成立。可分为无抛补利率平价和抛补利率平价两种。

[③] 购买力平价（PPP）有严格的假定：①确定完全相同的基期；②不同国家生产种类完全相同的物品；③这些物品的比例完全一致。显然这 3 个假定是很勉强的。PPP 最初是均衡汇率的主要标准，但当将汇率放在经济增长的框架内时，它就不再成立。

衡模型[①]等结构汇率决定理论，这些理论主要是建立包含宏观基本面因素（如利率，经济增长，货币供应量，通胀等）的标准模型来解释汇率的决定，但有一个强假设就是"投资者同质、公开信息、与交易机制无关"。很显然，在布雷顿森林体系瓦解后，结构型汇率模型的预测力很糟糕，有学者认为甚至比不上简单随机游走模型[②]。在现实的解释力方面，结构性汇率模型也根本无法解释汇率脱离基本面[③]、汇率过度波动[④]和汇

---

① 均衡汇率是内、外部均衡同时实现时的汇率，其中内部均衡就是使经济增长保持在均衡区间内的增长，外部均衡一般指国际收支平衡。威廉姆森的 FEER 本质上依然是外部均衡决定论，姜波克认为中国作为一个大国，内部均衡要比外部均衡重要，因此使经济增长保持在均衡区间内要比实现国际收支平衡更重要。姜波克：《均衡汇率理论与政策的新框架》，《中国社会科学》2006 年第 1 期。Williamson，"The Exchange Rate System". *Institute for International Economics*，MIT Press，1983.

  FEER 是均衡实际有效汇率，所谓的实际有效汇率是对价格调整后的有效汇率，它的表达式是 $FEER = \sum_{i=1}^{n} e_i \pi_i \frac{P}{P_i}$，其中，$e_i$ 代表本国对 i 国的汇率，π_i 代表本国与 i 国的贸易额占本国总贸易额的比重，P 是本国的价格水平，P_i 代表 i 国的价格水平。可见，实际有效汇率是根据贸易比例进行加权平均并剔出通货膨胀影响后的汇率。

② Meese &Rogoff（1983），"Empirical exchange rate models of the seventies"，*Journal of International Economics* 14：3 – 24.

③ 有研究者把垄断竞争和名义价格粘性纳入动态一般均衡模型中，采用代表性代理商动态效用最优化的分析框架，建立具有微观基础的宏微观一致的 Redux（OR）模型。OR 模型的建立，综合宏观与微观因素，提高了汇率理论的解释力。见 Wang，Jian，"Home bias，exchange rate disconnect，and optimal exchange rate policy"，*Journal of International Money and Finance*，2010，29：55 – 78.

④ 以指令流为核心的市场微结构理论，主要解释了汇率过度波动。外汇市场的参与者分为代理商和做市商两类，从而产生客户指令流和做市商间指令流。对于报价的做市商来说，正的（负的）指令流表现为他卖出的外汇量大于（小于）买入的外汇量，表明他的交易对手对外汇的估值大于（小于）他的卖出（买入）报价。因此，指令流提供了一种在外汇交易中交易双方之间交换信息的重要方法。Evans & Lyons（2002），"Order flow and exchange rate dynamics"，*Journal of Political Economy* 110：170 – 180.Evans & Lyons（2002b），"Informational integration and FX trading"，*Journal of International Money and Finance* 21：807 – 831.

率收益的非正态分布（"厚尾现象"）现象[1]。况且现在人民币也没有实现自由流动、中国东中西部发展又不平衡、中国的价格也没有完全市场化，因此，要去准确度量人民币相对美元的价值就更加困难。

中美两国采用两种不同分析框架解释国际收支失衡。美国采用的解释国际收支失衡分析框架认为，贸易余额由特定贸易方通过压低本币汇率刺激出口造成的，即汇率影响贸易余额的弹性分析框架。中国采用的分析框架认为，是各国国内储蓄与国内投资之间的差额造成了国际收支失衡，即储蓄投资差额造就贸易余额的恒等式分析框架。由于这些分歧，导致从 2005 年以来，不管是中美之间双边会谈，还是 G20 会议，两国很难就双边贸易和人民币汇率达成一致意见。

美国当局认为，由于中国政府操纵人民币汇率使人民币汇率水平出现严重低估，结果造成美国对中国的贸易赤字不断扩大。中国外汇储备规模不断扩大和中美之间经济增速的巨大差异就是人民币汇率水平严重低估的证据。因此，要平衡两国间的国际收支[2]，人民币对美元汇率必须进行大幅升值。

---

[1] 有学者为探讨此问题，建立了动态异质性代理商模型，同时选取 EMS 七种货币 1979 年 3 月~1998 年 12 月的数据进行测算，分析结果表明异质性代理商之间相互作用可以为 EMS 期间汇率的动态变化提供较好的解释，并且动态异质性代理商模型在样本外预测方面胜过随机游走模型和静态异质性代理商模型。见 De Jong, Verschoor & Zwinkels, "Heterogeneity of Agents and Exchange Rate Dynamics: Evidence from the EMS", *Journal of International Money and Finance*, 2010, 29: 1652 – 1669.

[2] 巴拉萨—萨缪尔森效应（简称巴萨效应）是指在经济增长率越高的国家，工资实际增长率也越高，实际汇率的上升也越快的现象。我们假定贸易产品（按外汇计算）的价格水平是一定的话，这种相对价格的变化在固定汇率的条件下，会引起非贸易产品价格的上涨，进而引起总体物价水平（贸易产品与非贸易产品的加权平均）的上涨。如果为了稳定国内物价而采取浮动汇率的话，则会引起汇率的上升。无论哪种情况都会使实际汇率上升。Balassa, B., "The Purchasing Power Parity Doctrine: A Reappraisal", *Journal of Political Economy* 1964, 72 (6), pp. 584 – 596. Samuelson, P. A., "Theoretical Notes on Trade Problems", *Review of Economics and Statistics*, 1964, 46 (2), pp. 145 – 154.

但中国政府认为，造成当前全球经济失衡，主要由于当前的国际分工所决定，美国依靠消费的经济增长模式必然会造成美国存在持续的经常项目逆差，其 20 世纪 80 年代的贸易逆差主要来自于日本，后来随着产业转移，逆差来源地慢慢地变为韩国、中国台湾和中国大陆。现在即便人民币进行大幅升值，以此平衡中美之间的贸易逆差，但这并不能改变美国的整体贸易逆差状况。因为，这些产业随着人民币升值转移至其他次发展中国家，他们与美国之间也会形成巨额贸易逆差。因此，中国政府认为美国对中国采取贸易保护主义措施和施压人民币升值是不公平的。同时，中国政府认为中美之间存在巨额贸易赤字的另一原因，在于美国对中国进行高技术产品禁运，人为造成贸易之间不匹配。

假若按照美国国内所采用的贸易余额来度量，其合理性值得商榷。从 2013 年之前的出口数据可以看出，中国的出口总额中加工贸易的比重均略高于一般贸易的比重，但在顺差分布中，加工贸易项下顺差却占了接近 90%。加工贸易的原材料和制成产品两头在外，只要这些企业还在中国生产，就必然会带来劳动工资、水电煤气成本以及土地成本等，这就形成了加工贸易所带来的顺差。而且在这些企业没有搬迁出中国之前，随着劳动力工资的上涨、土地价格的上涨以及水电煤气价格的理顺，这些顺差就很难有大幅的下降。假若由于这些顺差的存在，迫使人民币大幅升值，促使这些加工类企业搬迁出中国，那么中国将面临加快"腾笼换鸟"所带来的经济回落压力。而且也改变不了美国的贸易逆差状况，因为这些加工企业不会搬迁至美国。

假若以弗里德曼的汇率方程①测算人民币汇率，那么人民币有贬值

① 米尔顿·弗里德曼：《资本主义与自由》，张瑞玉译，北京：商务印书馆，2004。

压力。弗里德曼的汇率方程认为汇率由两国的相对货币供给和相对实际产出增长共同决定。在实际产出增长率幅度一致时，货币供给相对增幅不同导致汇率变动，如果本国货币供给的增幅大于国外，则本币贬值，如果本国货币供给的增幅小于国外，则本币升值；当两国货币供给增幅一致时，如果本国的实际产出增长率慢于国外，则本币贬值，如果本国实际产出增长率快于国外，则本币升值。尽管 2009 ~ 2015 年中国的实际产出增长率快于美国，但相对货币供给的大幅增长而言，其增速是远低于货币供应量的相对增速。这种大幅增速已经导致中国的物价在 2009 年下半年以来出现了快速上涨（尽管我们的 CPI 没有完全地度量出来），直接提升了中国出口产品的生产成本，削弱了出口企业的竞争力。这从近期沿海加工企业劳动力工资的上涨、租房价格的上涨以及水电煤气价格的上涨，就可知加工企业的经营环境在逐步恶化，国际竞争力在逐步丧失[①]。

任何国家或经济体在走向强盛之后，必然会冲击全球原有的经济体系和金融体系，会给原有的利益格局受益经济体带来"不舒服"，伴随而来的将受到原有经济格局受益经济体的"排斥"。因此，原有受益的经济体，也可能会主动或被动去化解这些冲击，最小化对自身经济体的损害。回顾日元的发展历程，也许能管中窥豹。

20 世纪 80 年代的时候，随着日本经济的迅速发展，快速成为世界第二大经济体，日元也逐渐成为全球的储备货币。世界各国都在兴奋期待着日本 GDP 超过美国那个"历史性时刻"！日本企业更加疯狂，美国经济的象征——洛克菲勒广场被日本人买下了！美国的精神象征——好莱坞被日本人买了！当时的很多日本企业都在全球收购，似乎

---

① 部分观点源自中国银河证券宏观报告《人民币此次快贬是投石问路》，潘向东等，发表日期为 2015 年 8 月 13 日。

日本在购买全球。

尽管美国采取了紧缩型货币政策，美国的对外贸易逆差仍然在增大，1984 年时达到了 1090 亿美元，产生下来的巨额债务负担让美国财政压力剧增。1985 年 9 月 22 日，在美国政府的主持之下，日本、联邦德国、英国、美国和法国的财政部长及央行行长在美国纽约的广场饭店召开会议，达成了联合干预外汇市场的协议。该协议史称"广场协议"，协议签订之后日元兑美元的汇率从协议前的 1 美元兑240 日元上升到 1986 年 5 月时的 1 美元兑 160 日元。由于美国里根政府坚持认为日元升值仍不到位，通过口头干预等形式继续推高日元。到 1988 年初，日元兑美元的汇率进一步上升到 1 美元兑 120 日元。

本币的不断升值，这对一个以出口为导向的经济体而言，冲击是巨大的，直接导致其国际竞争力的快速降低。1989 年日本股市和楼市泡沫破灭之后，日本经济只能靠扩张性的货币政策和财政政策去维系。可是这些并不能抹去美国对巨额贸易逆差的担忧，于是通过对日元施压让其国际竞争力下滑，以此避免国际收支失衡。从1993 年 2 月至 1995 年 4 月，当时克林顿政府的财政部部长贝茨明确表示，为了纠正日美贸易的不均衡，需要有 20% 左右的日元升值，当时的日元汇率在 1 美元兑 120 日元左右，所以，根据美国政府的诱导目标，日元行情很快上升到 1 美元兑 100 日元。以后，由于克林顿政府对以汽车摩擦为核心的日美经济关系采取比较严厉的态度，到了 1995 年 4 月，日元的汇率急升至 1 美元兑 79 日元，创下历史最高纪录。

日元升值的后果是什么？靠制造业立国的日本经济快速回落，企业开始搬离日本。缺乏实体经济支撑的金融市场和日元必然会受到重创，甚至被抛弃。洛克菲勒广场重新回到了美国人手中，通用汽车在这个广场的一卖一买中净赚 4 亿美元。日资在艰难度日中大规模亏本退出美国。尽管经历了二十多年，到现在，日本经济也是在低迷中沉寂。步入新世纪之后，经济总量很快被中国所超越。

利益集团映射的博弈市场：大道不信，信小道

《西游记》其实是一篇典型的官场现形记小说，孙悟空为了保护师父唐僧西天取经不被妖怪吃掉，历尽艰难险阻经历 81 难，与妖魔鬼怪斗武斗智。《西游记》中，先后共有 44 位主要妖怪出场，结果真正悟空亲手收拾的只有 20 名没有后台也很难被各路神仙看上的妖怪，其他的不是哪位神仙的宠物，就是被各路神仙收为宠物，最后的结果就是"悟空手下留情"。从中不难看出，表面上是孙悟空与妖怪斗，其背后却都是利益集团的"身影"。

中国证券市场的"取经"之路似乎比唐僧师徒更为艰难，经历了近 20 年的发展，到现在，只要与股民或者机构投资者聊天，他们就会说 A 股的股票不容易"炒"。从中不难看出，A 股的参与者并不是在做投资，而是在"炒"。"炒"其实质就是博弈。市场参与者要依靠博弈获取收益，除非"智商"和"情商"都高于其他参与者，否则只能是依靠内幕信息和资金优势进行操纵。人总是在已有的框架下寻求收益最大化，因此，有什么样的市场就会有什么样的参与者。这说明，经历了近 20 年的发展，A 股仍然是一个投资者博弈的场所，即与"赌场"差异不大的一个场所，只是每一位参与者的素质要比"赌场"高出很多[①]。

---

① 部分观点引自潘向东《用"休克疗法"去"博弈化"拯救 A 股》，2011，12，26. http：//ucwap. hexun. com/2. 0/newscontent_ 0_ 136667214_ 100235808_ 18818859. wml。

要把握这样一个市场，很多投资者更愿意认可股市的运行是受神秘的技术因素，或者是反复无常的政府行为，或者是阴谋动机所驱使，或者相信小道消息，而不愿相信公开信息。所以股市之中看技术分析、分析政府操纵市场、庄家或知道内幕小道消息操纵市场和个股的学说甚为流行。

在这"博弈"的市场之中，即便在华尔街投资多年的优秀基金经理，即便再有价值投资理念的参与者，只要来参与这市场终将被迫放弃自己已有的投资理念，转换为市场的"博弈"者。资本市场就有一位在华尔街做投资经理多年，来到国内一合资基金公司做投资总监，由于对国内市场的不适应，最后放弃从事多年的投资生涯，改行去从事娱乐业。因为，"博弈"的市场，假若不按照"博弈"的法则去操作，其投资业绩将远不及那些依靠消息和情商很高的"博弈"者的业绩。

充满"博弈"、更愿意相信被神秘力量驱使的市场，其演化的结果就是市场散户化，因为参与者更相信自己可以获取到"小道消息"，更相信自己比别的参与者聪明，能在"博弈"中获得优势。从 2010~2014 年，机构投资者的比重由当时的 20% 下降到 13% 左右，法人投资者的比重由当时的 35% 上升到 42% 左右，而个人投资者的比重维持相对不变。这说明 2000 年之后市场在机构投资得到了一定的壮大之后，又朝着散户化的方向在演进。当然相对于海外的机构投资者而言，国内机构，特别是公募基金，由于存在每个月、每个季度、每半年、每年的业绩排名压力，其投资行为也会呈现"机构散户化"的特征。

散户相对于机构而言，由于投资专业水平和投资信息的相对匮乏，情绪控制方面的能力也更弱，便容易出现在股市疯狂的过程中"跟风"

加入和在股市低迷的过程中"割肉"离场①。同时市场的涨跌都容易呈现"非理性"特征，因为，"动物精神"一旦得到群体性传播，其行为结果很可能会超乎想象，"踩踏"事件会不时出现。同样，在市场低迷的时候，底部出现的恐慌也会得到极大的放大。

"大多数经济行为源自理性的经济动机，但也有许多经济行为受动物精神的支配""这些动物精神是经济发生波动的主要原因，也是非自愿失业的主要原因"②（凯恩斯语）。1999～2001 年的牛市、2005～2007 年的牛市，以及 2014 年 11 月份至 2015 年 6 月份的"非理性繁荣"，最后的疯狂均以政府强烈地抑制收场。但其他时间市场的低迷，也很难用理性行为去分析。A 股牛市时的疯狂和熊市持续的时间之长，充分体现了中国资本市场"新兴＋转轨"的特征。

阿克洛夫和席勒认为，"要理解经济如何运行，弄清楚如何管理并促进经济繁荣，我们就必须关注能够真实反映人们观念和情感的思维模式，或者说动物精神。如果我们不承认那些重大经济事件背后基本上都有人类心理方面的原因，那么就永无可能真正弄清楚他们的来龙去脉。"③假若从人类心理的角度去理解 A 股，可能会发

---

① 例如：2014 年 11 月至 2015 年 4 月中旬，A 股市场在之前快速上涨之后，散户资金入市的速度明显加快。这期间早期增量资金主要是个人投资者中的大户、超级大户（账户规模 1 亿元以上），后来逐步向中户、小散户蔓延。2014 年 11～12 月资金加速入场时，超级大户是主力，超级大户（1 亿元以上）、大户（500 万到 1 亿元）、中户（50 万到 500 万元）、小散户（50 万元以下）账户规模环比增速分别为 22.4%、17.4%、14.9%、10.3%。2015 年 3 月至 4 月中旬资金加速入场，从结构上看，中小户更明显，超级大户、大户、中户、小散户账户规模环比增速分别为 18.7%、22.8%、23.5%、18.7%。由此可见，A 股快速上涨之后中小散户入场的速度都会加快。

② 梅纳德·凯恩斯：《就业、利息和货币通论》（重译本），高鸿业译，北京：商务印书馆，2007。

③ 乔治·阿克洛夫、罗伯特·席勒：《动物精神》，黄志强、徐卫宇、金岚等译，北京：中信出版社，2009。

现 A 股的动物精神表现得更加强烈。这与 A 股的投资者结构密切相关。一个以散户为主导的交易市场，其交易的"非理性"特征更显突出。

依靠信息不对称进行"博弈"和散户化带来的"非理性"，其结果会带来资本市场一些功能的丧失，同时一些利益主体还会得到进一步强化。

在成熟经济体，由于股市参与者均以机构投资者为主，股市的上涨会带来保险、养老金等不断地增值，无疑会增强居民消费的信心。同时依据托宾 Q 理论①，股市上涨，Q 值提高，那么企业的市场价值要高于资本的重置成本，新厂房设备的资本要低于企业的市场价值。这种情况下，公司可发行较少的股票而买到较多的投资品，投资支出便会增加，从而有利于稳增长。因此，成熟市场对股市的呵护，也是促进经济增长的有效政策之一。

但 A 股这一散户参与为主的交易性博弈市场，更像是"狼羊游戏"。牛市的时候，由于"狼"的凶狠和信息优势，市场的快速上涨总是带来很多"羊"的盲从，结果一轮牛熊下来，很多"羊"被"狼"给吃掉了。要等下一轮牛市到来，又需要较长时间去培养新一批"羊"的长大。这一游戏的结果是"狼"越养越肥，确实有很多在股票市场的博弈中成为超级富豪的，但更多的是"羊群"一批批被吃掉，也就是一些居民参与到这市场来之前，本来有些积蓄，最后这些积蓄被这市

---

① 托宾于 1969 年提出了一个著名的系数，即"托宾 Q"系数（也称托宾 Q 比率）。该系数为企业股票市值对股票所代表的资产重置成本的比值，在西方国家，Q 比率多在 0.5 和 0.6 之间波动。因此，许多希望扩张生产能力的企业会发现，通过收购其他企业来获得额外生产能力的成本比自己从头做起的代价要低得多。见 Tobin, James, "A General Equilibrium Approach To Monetary Theory". *Journal of Money*, *Credit and Banking*, 1969, 1 (1), pp. 15 – 29。

场给吞噬掉①。其结果就是加剧了社会的贫富分化，作为消费拉动的主力军——中产阶级，总是很难培育，因此，想通过股市的上涨来带动消费，进而促进经济增长，只会是一厢情愿的"幻觉"。

例如，2014 年下半年至 2015 年上半年，实体经济相对低迷，其投资回报也相对较低，但由于股市快速上涨所带来的财富效应，一些资金自然会去追逐虚拟经济所带来的高回报率，导致一些资金"脱实就虚"，参与到资金博弈之中来。因此，即便货币政策相对宽松，但民间中小微企业的借贷利率就一直维持在高位。托宾 Q 的效应目前是看不到任何迹象，民间投资增速仍在不断回落。

IPO 发行成为了调节市场起伏的工具。至 2015 年，证券交易发展了 25 年，为了维系股指的稳定，减轻投资者对市场制度缺陷的指责，显示政府救市决心，A 股已经经历了 9 次 IPO 停摆。把资本市场最基本的融资功能作为调节市场情绪的一项重要工具，这显然与发展资本市场的初衷相背离。

为何会演化出这么一个"博弈"的市场？还出现如此多奇奇怪怪的现象？这当然应该归于市场制度安排缺陷：

缺乏一个公开透明、诚实守信的 IPO 上市制度，审核的行政力量导致寻租盛行，导致资本市场赖以生存的"公开、公平、公正"原则被践踏，有的上市公司从上市就开始做假账。例如，绿大地和万福生科，从上市就开始做假账，财务报表和银行流水都可以"关起门"自己造出来。

缺乏一个有法必依、执法必严的市场秩序环境，所以内幕信息、市场操纵恣意横行。只要打开 A 股的交易软件，可以发现很多股票在过

---

① 部分观点源自潘向东在"名人大讲堂"的观点《中国股市的幻觉和非理性繁荣》，发表日期为 2015 年 5 月 5 日。

去十几年中，要停牌进行重大消息发布前，都出现了快速的拉升。这种内幕信息和市场操纵痕迹非常明显，却在绝大多数时候都没有受到相应的惩罚。

缺乏一个保护中小投资者的集体诉讼制度和退市制度，缺乏对市场违规者的严惩，其结果必然是风雨不断、怪事很多。有的为配合庄家获取筹码的时候，上市公司故意发利空消息。有的为配合庄家出货，上市公司故意发利好消息，从而出现了形形色色的怪事：养甲鱼的上市公司，由于涨洪水，甲鱼都被冲走了，后来洪水退了，还带着其他的甲鱼同伴游回来了；养海产品的上市公司，由于海水流动的原因，海产品也不见了；上市公司财务账本在办公室被盗了和运输的过程中"不翼而飞"等等，这些"怪事"只要想得到，没有看不到。

每一次只要股市出现低迷，很多媒休人士、专家等都在股民大面积亏钱的时候，就会呼吁我们的政府应该救市，会责怪我们的决策当局不关心普通老百姓的财产性收入，会责怪监管部门在股市低迷的时候还不停止融资。似乎股指的走势成为了决策当局和监管者"作为"的主要标志。只要股指不跌，市场不出现较大面积的亏损，是不是"博弈"的市场大家并不关注。因此这些模式造就的是市场参与者形成路径依赖，一旦市场出现下跌，市场参与者就觉得政府会开始救市，然后开始进行政府救市的博弈。在这一恶性循环的发展路径上，市场很难摆脱"政策市"的阴影。

在一个存在"制度安排"缺陷的市场，任何一次救助都是畸形化市场的发展。就像一个人得了肿瘤，若对这病人输入补品，其结果都是补到肿瘤上去了，根本就补不到身体，此时最好的办法就是采用"休克式"疗法，切除肿瘤，然后再对人体输送补品，这时才是补到了身子骨。

为何中国股市发展二十多年，市场依然没有出现根本的变化，制度安排缺陷就一直没有得到有效的矫正？监管部门也不是没有尽责尽职，十几年来也不断爆出有违规者被监管部门稽查，各路"妖怪"连根带泥拔出了无数。但违规者却是"野火烧不尽，春风吹又生"。为何在监管部门"强力监管"的条件下，我们的市场仍然没有得到改观？关键在于"权贵把控"的利益格局没有被新的制度安排打破，制度安排僵局更进一步固化了已有的利益格局。

股市存在"制度安排缺陷"也不是什么新鲜事物

当然这种在发展过程中出现"制度安排缺陷"也不是中国现阶段所特有，很多成熟经济体在股票市场发展的初期都面临过"博弈"市场非理性繁荣和非理性下跌的现象。例如，欧洲早期就出现过两大股市泡沫：法国的密西西比泡沫和英国的南海泡沫。

公元 17 世纪末和 18 世纪初，法国路易十四（LouisXⅣ，1630～1715 年），史称路易大帝，他执政时期十分好战，建立了当时欧洲最强大的常备军，对外推行侵略政策，发动参与了一系列战争。例如1667～1668 年因遗产问题与西班牙发生战争；1672～1678 年发动对荷兰的战争；1701～1703 年参加西班牙王位继承战争，导致法国国库空虚，政府债台高筑，法国当时的对外债务达到 30 亿里弗赫，而一年的税收只有 1.45 亿里弗赫。债务是财政收入的 20 多倍，国家财政已经到了崩溃的边缘。

为了解决财政危机，政府接受了学者约翰·劳的建议，首先进行货币改革，其次是设立公司，发行股票，通过刺激股市来募集资金，偿还政府债务。

1719 年约翰·劳决定通过印度公司发行股票来偿还 15 亿里弗赫的国债。为此印度公司连续三次大规模增发股票：在 1719 年 9 月 12 日增发 10 万股，每股面值 5000 里弗赫。股票在国家背书的条件下，一上市就被抢购一空，价格直线上升。

但在 1720 年初，孔蒂亲王由于在要求以比较低的定价购买新上市的密西西比股票时被约翰·劳拒绝，他就用三辆马车拉着自己的纸币到劳氏银行要求兑换硬币。这事情的出现，让精明的股票投机者意识到风险已经开始显现，纷纷兑换硬币并运往国外。

面对资金的外流，政府开始出手干预，但并没有挽救市场的信心，密西西比股价暴跌，印度公司股价在 1720 年 9 月跌到 2000 里弗赫，到 12 月 2 日跌到 1000 里弗赫，1721 年 9 月跌到 500 里弗赫，重新回到了 1719 年 5 月的水平。已经没有什么人还相信密西西比地区蕴藏着巨大财富的神话，也没人相信政府。

泡沫的破灭导致约翰·劳只能逃离法国，客死他乡。有人在他的墓碑上写上这样的文字："这里长眠着那个有名的苏格兰人，他的计算技巧无人匹敌，他用简单的代数规则，把法国变得一贫如洗。"①

泡沫有时也会传染。法国密西西比泡沫产生的时候，同时期在海峡对岸的英国也出现了股市的泡沫。英国随着国力强大，开始在对外扩张的过程中，曾经发生一次股市的南海泡沫事件，目前我们谈论的经济泡沫一语即源于南海泡沫事件。

事件起因源于南海公司（South Sea Company），其在 1711 年西班牙王位继承战争仍然进行时创立，它是一家专营英国与南美洲等地贸易的特许公司，同时也是一所协助政府融资的私人机构，分担政府因战争而欠下的债务。1720 年，南海公司向国会推出以南海股票换取国债的计

---

① 艾米·法伯、蒋敏杰：《历史的回响：密西西比泡沫》，《金融市场研究》2013 年第 7 期；章凝：《金钱的疯狂——密西西比泡沫始末》，《金融博览（银行客户）》2009 年第 1 期。

划，在这消息的刺激之下，南海公司股票大受追捧，股价由 1720 年初约 120 英镑急升至同年 7 月的 1000 镑以上。

在南海公司股票示范效应的带动下，全英所有股份公司的股票都成了投机对象。社会各界人士，包括物理学家牛顿以及英国国王都卷入了，成为了股民。在动物精神的支配之下，一时间，所有股票价格均暴涨，平均涨幅超过 5 倍。

1720 年 6 月，为了制止各类"泡沫公司"的膨胀，英国国会通过了《泡沫法案》。自此，许多公司被解散，公众开始清醒过来。对一些公司的怀疑逐渐扩展到南海公司身上。从 7 月份开始，投资者开始抛售南海公司的股票，南海股价很快一落千丈，9 月份直跌至每股 175 英镑，12 月份跌到 124 英镑。"南海气泡"由此破灭。许多财主、富商损失惨重，有的甚至一贫如洗。

"南海泡沫事件"使国民对托利党及乔治一世大失信心，政府诚信破产，托利党自此从英国政坛退出。直到历经一个世纪之后，英国股票市场才走出"南海泡沫"的阴影。大科学家牛顿在事后不得不感叹："我能计算出天体的运行轨迹，却难以预料到人们如此疯狂"①。

中国市场的非理性涨跌相对于欧洲股市初期发展的泡沫而言，属于"小巫见大巫"。当然这警示我们需要充分认识到金融是把"双刃剑"，需要把控好金融风险。

第三节　金融：化解制度安排僵局的"调节器"

在前面章节探讨"中国经济奇迹"的时候，归因出廉价的生产要

---

① 孙骁骥：《致穷：1720 年南海金融泡沫》，北京：中国商业出版社，2012。徐滇庆等：《泡沫经济与金融危机》，北京：中国人民大学出版社，2000。

素和强势型政府造就出来的廉价制度交易成本创造出了经济的快速增长。当可以从成熟经济体借鉴成熟技术和管理经验的条件下，创造工业化奇迹只需要强势地方政府顺势廉价的生产要素，创造出有比较优势的制度交易成本，同时能从强有力的国有银行体制下得到信贷资金支持，"奇迹"便可产生。在这种增长逻辑之下，国有银行也越做越强大，等强大之后对依靠大投资驱动的增长模式又更进一步地推动，形成了大国有银行与经济增长之间的相互强化，同时利益格局也在大国有银行为主导的金融体制之下形成。

但中国过去30多年走的通过改革释放出"斯密增长"的工业化之路已慢慢衰竭，中国需要逐步转型到依靠"斯密增长"和"熊彼特增长"共振的"新常态"，要实现这种经济发展模式的转型，自然离不开金融体制的改革，因为金融体制决定了金融资源的配置，引导了全社会资源的配置。与此同时，金融改革可以成为经济转型改革的突破口，打破已有的制度安排僵局，改变已有的利益格局，因为在现代金融体系之下，资金流动的任何改变，伴随而来的是社会其他资源的同步改变。假若通过金融体制的改革，普惠制金融得到更大程度的发展，资金的回报更加公平，伴随而来的整个社会其他资源的回报也将更加公平，这自然有利于化解社会矛盾。

金改：打破制度安排僵局，改变利益格局

通过利率市场化，破除金融垄断

由于对银行牌照和资金利率的管制，导致资金利率出现了我们前面章节谈到的利率"双轨"困局，那么要破除这种大国有银行体制带来的困局，可选择的途径主要有两种方式：其一，"休克式疗法"，强制性地快速把存贷款利率放开和金融牌照放开；其二，"渐进式疗法"，

即逐步推出利率的市场化，银行牌照逐步放开，鼓励中小微银行的发展，加快多层次资本市场建设，随着经济和物价的逐步回落，宏观政策的放松，从而实现利率的"并轨"。当然从组合途径来看，也可能出现：先放开存贷款利率，金融牌照缓慢放行；或者金融牌照放开，存贷款利率缓慢放行，当然这两种方式也属于"渐进式疗法"。

通过"休克式疗法"来实现利率并轨，就是通过快速把存贷款利率放开和金融牌照放开，来强制性地实现资金价格并轨。但现在通过信贷和资本市场获取的体制内资金价格与通过其他金融中介获取的体制外资金价格相差极度悬殊，若通过决策当局强制性地并轨，那么首先受到的冲击将是：与政府投资相关的项目恐难以延续，地方债务违约的风险急剧攀升，一直低资金成本运行的国有大中型企业恐难以承受，甚至难以承担像 20 世纪 90 年代生产资料价格并轨时所产生的冲击。

因此，中国采用的就是"先放开存贷款利率，金融牌照缓慢放行"的"渐进式疗法"。1996 年，中国人民银行以放开同业拆借市场利率为突破口正式启动利率市场化改革。2004 年中国金融机构贷款利率上限和存款利率下限的开放，构建了中国利率市场化改革的总体框架。2007 年上海银行间同业拆放利率（shibor）的运行，预示着中国利率必将由批发到零售、从定期到活期逐步开放。到 2015 年 5 月，人民银行在降低利率的过程中，逐步放开存款利率浮动区间，金融机构存款利率浮动上限达到 1.5 倍，而在这之前，贷款利率已经完全市场化。2015 年 10 月存款利率完全放开，实现完全市场化。但目前最大的挑战是银行牌照的放开，这也是打破刚性兑付最重要的一环。

刚性兑付反映了在计划体制和国有经济主导下，政府自然就成为隐性的担保方。这就像过去一直以来中国的地方政府负债一样，由于存在软预算约束，不管谁成为地方领导，其理性选择就是不断扩充地方的负债，建基础设施带动地方经济的发展，因为最终形成资不抵债，都会由中央政府提供担保和负责处理。一旦金融业拥有刚性兑付，那么金融企业的理性选择是在进行业务扩张时，把获取效益往往作为其第一选择，对风险的防范意识相对较低。

这就像一个家庭有几个孩子，在孩子们想到他犯的任何过错最后父母都会帮他们处理好，那么这几个孩子会发现，越调皮捣蛋的收益越高，谁老实守规矩谁吃亏。演绎下去就会出现所有的孩子都干坏事，而且干的坏事一定是以最后超出父母能处理的范围结束。

因此，在存贷款利率管制放开之后，利率市场化随之而来就需要放开金融牌照的管制，打破刚性兑付，与此相对应的是建立统一、权威、高效的金融监管协调机制和金融业法律体系，有效使用各种宏观调控和监管工具，建立退出机制。

利率市场化的改革并非中国所特有，在美国、日本等经济体都经历过，但与我们不一样的地方是，他们在进行利率市场化之前，金融牌照是放开的，只是对存贷款利率进行管制。而中国，两者过去都是管制的。由于国家对金融行业进入门槛的保护，自然也就对每一位参与者提供了无形的国家背书——金融企业不会出现破产和违约。

发达经济体美国和日本进行利率市场化的改革，都实现了平稳过渡，但发展中经济体例如智利、阿根廷、菲律宾、乌拉圭、马来西亚和土耳其等国都进行了利率市场化的改革，很遗憾的是，除马来西亚外，其他国家都失败了。通过这些国家的利率市场化经验，一般认为要实现利率完全市场化需要一些前提条件，例如，有效的金融市场体系、有效的金融机构体系、有效的金融监管体系以及实体经济的成熟市场化和宏观经济的稳定运行。

当然，不同的国家，由于各方面的条件不相同，推进利率市场化的具体时间和步骤也就不完全一样，甚至完全迥异。同时，即便是成熟经济体，例如美国和日本，利率市场化也经历了一个很长的时期。例如美国是先存款利率，后贷款利率，最后扩展到所有利率的市场化。日本是先国债，后其他品种，先银行同业，后银行与客户，先长期利率后短期利率，先大额交易，后小额交易。韩国是非银行机构的利率放开速度快于银行利率的放开速度，贷款利率的放开比存款利率的放开要快。台湾地区是先放开有组织的货币市场及同业拆借市场，然后逐步扩大银行利率的上下限幅度。

相比较而言，台湾地区进行的利率市场化改革，与我们目前的处境有点相类似，他们在启动利率市场化之前，金融牌照也没有对民间资本开放。

从 1976 年开始，台湾地区按照货币市场优先、贷款先于存款的渐进方式逐步推进利率市场化，直到 1990 年小额结汇汇率由银行自行订定，汇率完全自由化，才算完成了整个利率市场化的进程。尽管最后利率市场化完成了，之后台湾地区经济也实现了再次的高增长。但在利率市场化过程中，银行业受到的冲击也是显著的。在利率市场开启之后，特别是存贷款利率的放开和银行牌照对民间资本的开放，中小银行就率先发动了利率价格战，他们采取价格手段去获取市场份额和增加存款份额。尽管刚开始的时候大银行凭借规模、网点等优势，存款利率保持稳健。但随着市场竞争的进一步剧烈，大行也逐步加入。竞争的结果是存款利率飙升 20% ~ 50%，进而是存贷款利差不断收窄，1989 年前五年其银行平均利差为 3.11% 左右，2011 年的名义利差仅为 1.41% 左右。与此同时，银行业的资产收益率及净资产收益率一路下滑，分别从1994 年的 1% 和 11.5% 下降到 2001 年的 0.5% 和 5.5%。面对息差的收窄，银行机构为了增加盈利，力图提高信贷总量，其结果是不断放松信贷标准，从而导致银行业不良贷款率不断升高，从 1991 年不到 1% 增至 2001 年 7.7%，其中民营银行达到 8.47%。到了 2002 年，台湾地区银行业的不良贷款率高达 11.76%，拨备降至 14%。演变的结果是 2000 年之后，整个银行业出现了集体亏损三年，接着是众多中小银行倒闭，银行数量从 53 家减少到 38 家，信合机构由 74 家减少到 25 家①。

其他经济体，不管是发达的还是发展中的，在利率市场化过程中也都经历过不同程度的阵痛险情。比如，美国上个世纪 80 年代的利率市场化，1987～1991 年每年有 200 多家银行倒闭。1972 年，阿根廷开始部分利率市场化的尝试，结果造成储蓄和贷款实际利率迅速攀升，改革不到一年便中途停止。

这从另外一个角度对我们进行提醒，在进行利率市场化改革的时候，需要对改革的方案进行全面系统的论证，有效化解改革对原有银行体系产生的冲击所带来的风险。

推进人民币国际化，打破国际利益格局

人民币国际化会打破已有的国际利益格局，会增加中国在国际市场的金融定价权和在国际金融体系中获取有利自身进一步发展的条件。但需要看到的是，在当前的国际环境下，又不得不有条件遵从由成熟经济体主导的国际贸易游戏规则。两"难"的结果就是选择加快人民币的可自由兑换和汇率形成机制回归到逐步市场化，以表明人民币的汇率制度是"有管理的浮动汇率制"，而不是管制汇率，减轻操纵汇率的嫌疑，以化解国际社会的压力。与此同时，在国际经济复杂运行的时候，采用钉住"一篮子"货币的汇率形成机制，能有效地把握主动权，使人民币的真实有效汇率与中国的经济运行状况、国际金融市场各国汇率的运行状况保持动态的一致性。

2015 年 12 月 1 日，国际货币基金组织（IMF）宣布，正式将人民

① 张晓朴、陈璐、毛竹青：《台湾地区利率市场化改革》，《中国金融》2013 年第 16 期，第 53～56 页。

币作为除英镑、欧元、日元和美元之外的第五种货币纳入特别提款权（SDR）货币篮。IMF 称，人民币在 SDR 的权重为 10.92%，超出日元和英镑；称美元的 SDR 权重为 41.73%；欧元的 SDR 权重为 30.93%，日元为 8.33%；英镑的 SDR 权重为 8.09%。上述决议将于 2016 年 10 月 1 日生效。人民币成为首个被纳入 SDR 的新兴市场货币，这意味着人民币已成为全球主要储备货币。当然也意味着人民币将实现可自由兑换，从而人民币国际化进程迈入了实质性的一步。

尽管经济体量在不断壮大，但要在以美元为主导的全球范围推行人民币，并非易事。因为一国货币最后成为国际货币是"被选择者"和"选择者"共同作用的结果。"被选择者"是指货币和该货币发行国，"选择者"是指愿意使用该货币的国家和经济体。一个国家或经济体选择一种或几种货币作为它的储蓄货币，不仅与该货币的交易便捷、"被选择者"的国力强弱、货币的抗通胀水平密切相关，还与该国或经济体的使用偏好、价值取向、历史文化背景、地理位置和与"被选择者"发行国的政治经济关系等都密切相关。

目前要想在价值取向、政治经济关系等方面获得西方成熟经济体的完全认同，还有一定的难度。但我们在亚洲发展中经济体和其他发展中经济体的认同程度较高，在这种条件下，我们不妨秉承循序渐进式的、避免较大的冲击的"摸着石头过河"精神，随着"一带一路"战略的推出和亚投行的建立，人民币国际化的条件和载体已经具备，那么此时可选择加快在这些覆盖的区域内实行人民币的自由兑换、人民币的结算和人民币的自由流通，以便最终实现人民币的自由兑换和浮动。

由于过去中国对外汇的流出进行严格的管制，对国内企业和居民换汇都有较为严格的约束，一旦人民币可自由兑换，那么国内很多企业和居民出于资产配置全球化的需要，便会出现换汇，由此带来外汇不断流出。假若此过程中还出现人民币的贬值，那么这种换汇现象便会加剧。因此，我们需要警惕人民币国际化的过程中，外汇流出而对国内金融市场和外汇市场产生的冲击。

人民币在 2015 年 8 月份汇改过程中出现较大幅度波动的时候，很多人就担心会出现汇率危机，决策部门也出来进行稳定汇率的讲话。当然这些稳定汇率的政策是有必要的，但假若大家都很担心会出现汇率危机，那可能就有点夸张了。我们梳理了一下全球历次汇率危机，却没有发现一个拥有持续经常账户顺差的较大经济体，发生过汇率危机。俄罗斯 90 年代出现了几次汇率危机，都是因为全球大宗商品价格暴跌，经常账户逆差，进而导致国际收支危机。英国 1992 年爆发了英镑危机①，那是当时英镑汇率高估，出现了持续的经常账户逆差。巴西、阿根廷、墨西哥等出现了汇率危机或者说债务危机，也是由于国际环境的变化，导致经常账户逆差，引起国际收支失衡，进而出现危机。1997 年东南亚金融危机，是由于 1994 年人民币出现了较大幅度的贬值②，而东南亚的主要贸易伙伴国是中国，他们又主要采用美元作为支付货币，导致经常账户出现逆差，引起国际收支失衡。像德国、日本等这些拥有持续经常账户顺差的经济体，无须去担心汇率危机，他们担心的是假若汇率

---

① 1992 年 2 月 7 日，欧盟 12 个成员国签订了《马斯特里赫特条约》，不到一年的时间里，一些欧洲国家便很难协调各自的经济政策。当前英国经济正陷于重重困难，假若想刺激本国经济发展，唯一可行的方法就是降低利率。但假如德国的利率维持不变，英国单方面下调利率，将会迫使英国退出欧洲汇率体系。为此，索罗斯及一些投机者不断扩大头寸的规模，1992 年 9 月 15 日，索罗斯开始大量放空英镑。一天之中，英格兰银行两次提高利率，但仍收效甚微，英镑还是一路下跌，最后放弃保卫，选择退出欧洲汇率体系。见张望《金融争霸：当代国际金融中心的竞争、风险和监管》，上海：上海人民出版社，2008。

② 中国改革开放初期，人民币定价过高，外汇（外汇兑换券与外币）黑市价大大高于官方规定的汇率，黑市猖獗。1994 年中国强行把人民币汇率从 1 美元兑人民币 5.8 元降到了 1 美元兑人民币 8.7 元，贬值之后，场外交易的（黑市价）外汇价格转向弱低于官方挂牌价。

被高估，国际竞争力下降会导致国内经济出现衰退。

因此，在推进人民币国际化的时候，更应该关注的是人民币可自由兑换时，国内企业和居民金融行为变化所带来的外汇冲击对金融市场和外汇市场的影响，而不是去担心外部"投机"所带来的"汇率危机"。

强化"三公"，打破"权贵资本"垄断

证券业历经 2004～2007 年的整顿后，证券公司家数从治理前的 130 多家减少到 104 家，与此同时，全行业业务格局仍然单一，盈利模式并没有较综合治理前有根本性改变，经纪业务收入占比大多在 60% 以上。经纪自营承销三项传统业务占据了总收入 90%。经过这一轮整顿，剔除客户保证金的影响后，2007～2012 年证券行业杠杆率平均水平约 1.4 倍。这显然与投资银行的杠杆经营极度不匹配，说明市场已经被严重抑制。当然经历了 2012～2015 年的金融创新，券商的杠杆率已经有所提高，较好的券商杠杆率可以达到 5 倍左右，一般券商也有 3 倍多①。但这种杠杆率仍然严重满足不了投资银行的发展需求，需要进一步加快金融创新，促进资本市场的快速发展。

不同的发展阶段会有不同的产业发展周期。在改革开放之后的 80 年代，当时人们需要首先解决的是食和穿的问题，所以轻纺工业得到快速发展，那时候最富裕的行业都集中在外贸领域。到了 90 年代，人们开始关注住居条件的改变，所以家电行业得到快速发展。新千年之后，

---

① 美国次贷危机爆发前，华尔街主要投行杠杆率甚至达 30 多倍。在危机爆发后，投行经历了去杠杆化过程，财务杠杆率快速大幅下降，但也维持在 13 倍左右。相比之下，中国证券公司杠杆率很低、财务弹性很小。以净资本为核心的风控指标体系已成为证券公司常规监管重要手段和机制，在管理证券公司流动性风险、防控各项业务风险、夯实证券公司财务基础、保持证券公司业务规模与资本实力相匹配等方面发挥了重要作用。但杠杆率过低将制约证券公司的拓展空间。因此，对海外投行来说，面临的问题是如何去杠杆化、降低杠杆率，对中国证券公司而言，则需要进一步提高杠杆率、加快创新发展步伐。2012 年券商杠杆率为 1.61 倍，2013 年为 2.02 倍，2014 年提升至 3.14 倍。

国家迎来了重化工业发展阶段，老百姓也开始改善住和行，房地产和汽车随之而来得到快速发展，福布斯富豪排行榜上很多都是房地产行业的"重资本"的特点，需要银行资金集中力量。随着城镇居民衣食住行的改善，人们开始思考养老健康、娱乐旅游等，未来经济将朝着创新型和服务型方向发展，与此相关联的是以资本市场为代表的金融业将迎来跨越式发展，金融资本将取代产业资本，成为经济驱动的核心动力。

首先，经济的未来发展，必然会使居民的财富向资本市场转移。在经济发展由饥饿向温饱迈进、由温饱向小康迈进的时候，居民所积累的财富都在解决自身的衣、食、住、行。因此，过去发展过程中我们看到居民是不断地进行储蓄，以实现买房、购车等基本生活改善。随着居民收入的积累，必然会使他们过渡到通过理财实现财富的保值增值和提高生活品质（例如旅游、娱乐、健康等）。而要实现财富的保值增值，就需要通过金融市场来实现。

其次，经济发展在向服务型、创新型增长方式转变的时候，资本市场必将赋予更高的使命，也将客观上要求得到大力发展，加快金融脱媒。因为过去国家发展的是重化工业、房地产、基础设施建设之路，融资规模较大，投资收益和风险相对可控，这在客观上就需要通过银行集中力量放贷的方式实现融资。但未来新兴产业在发展的初期，投资回报率存在不确定性，投资风险较大，若通过银行参与新兴产业的发展，风险相对集中，若通过资本市场，风险相对分散。所以在一个经济体的经济增长方式由投资驱动的工业化阶段逐步向创新驱动型转变的时候，需要快速提升直接融资比重，大力发展资本市场。

要大力发展这一市场，首先必须规范这一市场，建立市场秩序，强化"三公"（公开、公平、公正），让这一市场变得更加具有吸引力。那么怎样的"制度安排"设计才能改变当前的"博弈"市场？面对这样一个市场，我们更多地应该是进行制度安排设计"去博弈化"，例如：加强资本市场的立法、执法；鼓励机构投资者的壮大；通过税收调节鼓励投资者的持股年限；加快注册制①、集体诉讼制②和退市制度的推出等，把握未来资产转移的机遇，逐步完善为成熟市场。

　　"制度安排"设计的核心就是要秉着从保护投资者的角度出发，着手制度建设，把市场变为一个规范、公平、能享受长期回报的市场，从而吸引中长期投资者入市。其中发行和退市制度安排的改革尤为迫切。股市本来就是为股票的供给方和需求方提供交易的场所。企业为了获取更多的资金使其得到更快的发展，就会来股市寻求融资。同时，只有不断地有企业进入市场，这市场才能不断地充满活力，也才能让投资者分享到代表先进生产力的企业的高速发展。因此，假若出现市场的低迷，若通过终止企业上市来救助市场，这与市场设计的初衷相背离。

　　由于市场"制度安排"设计存在缺陷，使已有的发行市场成为了一些企业蒙骗投资者来进行股市圈钱的工具，那我们当务之急更应该是"休克式"改革我们的发行制度安排。不断地有企业要发行股票并没有错，但假若由于制度安排设计的缺陷导致股票高溢价发行到二级市场，而且还没上市就开始存在坑害投资者的弄虚作假行为，那么这种"错"是不能容忍的。企业上市没有错，但由于制度安排设计的缺陷，企业一

---

① 证券发行注册制是指证券发行申请人依法将与证券发行有关的一切信息和资料公开，制成法律文件，送交主管机构审查，主管机构只负责审查发行申请人提供的信息和资料是否履行了信息披露义务的一种制度。其最重要的特征是：在注册制下证券发行审核机构只对注册文件进行形式审查，不进行实质判断，注册制主张事后控制。

② 集团诉讼是指一个或数个代表人，为了集团成员全体的共同的利益，代表全体集团成员提起的诉讼。法院对集团所作的判决，不仅对直接参加诉讼的集团具有约束力，而且对那些没有参加诉讼的主体，甚至对那些没有预料到损害发生的相关主体，也具有适用效力。集体诉讼在美国股市中被经常用到，在美国股市，集体诉讼的意思就是当你想告一家上市公司的时候，你不需要每个股民都告，只要有一个提出诉讼，只要告赢了，利益就归大家所有。

旦上市之后，上市企业就没想过要回报广大投资者，而是快速变成原有大小股东"变现"的工具，这种"错"也是不能容忍的。

制度安排设计的缺陷，上市企业便成为了稀缺资源，即便入不敷出、违规不断，但这一稀缺的"壳资源"也会让市场的参与者想象无限。各路的参与者在信息方面存在天然的信息不对称，这无形之中造就了当前这一畸形的"博弈"市场。上市企业违规了，坑害了广大投资者，但由于制度安排设计的缺陷，导致违规成本却很低，哪有企业不会去冒这风险？很多人指责我们的上市公司缺乏诚信，不断有企业对我们的股民进行坑蒙拐骗，岂不知，诚信是建立在强有力的法律制度框架之下的。假若我们在制度安排设计的时候，上市不再是一种资源，经营不好或者有重大违规的企业不管是创业板还是主板，直接勒令退市，同时启动市场参与者的集体诉讼制度，那么在这巨大的违规成本面前，估计任何上市公司都会掂量他们违规的成本与收益。当上市不再是一种资源，任何上市企业都有面临退市的风险，还会有投资者去热衷于"博弈"重组和资产注入？有人说，直接的退市制度安排，不利于保护中小股民，不利于社会的稳定。其实这就像大人监护小孩子成长一样，不是每一次小孩遇到挫折了都需要大人帮助解决。适当的风险教育更有利于中小股民的成熟，无休止地袒护，只会使股民更愿意去"博弈"，偏离投资的方向越来越远。而在信息不对称的"博弈"面前，中小股民存在着天然的弱势，市场制度安排设计的任何不完善，导致最终受伤害的总是他们。

因此，作为决策当局和监管部门而言，对股市最大的呵护是尽快采取"休克式"的疗法改变当前市场存在的"制度安排"缺陷，实现市场的去"博弈化"，把这市场变为投资市场，使"博弈者"变成中长期投资者。同时，实施积极的股市政策，鼓励中长期资金进入这市场，让进入这市场的投资者能分享到中国经济高速发展的收益。当然，若考虑到当前 A 股市场身子骨比较弱，也可考虑在"休克式"的治疗过程中，适当输入一些"补品"。

化解社会矛盾的"利器"：普惠制金融

完善金融秩序

在进行金融自由化的进程中，当遇到金融波动或者金融风险时，或者自由化过程中带来了分配的严重不均时，很多人会抱怨是由于金融自由化所带来的。这种抱怨属于舍本逐末，因为金融自由带来的是效率的提高，它本身并不能解决公平和风险。要解决这些问题是在进行金融自由化的过程中需要建立相对完善的金融秩序。

所谓相对完善的金融秩序，就是建立一个法制规范和尊重契约精神的金融市场。参与到金融市场的机构和个人，在资金、信息、知识水平等方面都存在不平等，为了保证其公平性，就需要在金融市场规范和法律权利方面拥有完全的平等。

那么如何去建立一个法制规范和尊重契约的金融市场？通过一个故事来阐述也许更能接受。当然这个故事里的老人比我们前面谈到的2015 年 12 月 28 日发生在甘肃的那个小女孩要幸运。

1935 年的冬天，是美国经济最萧条的一段日子。这天，在纽约市一个穷人居住区内的法庭上，正在开庭审理着一个案子。站在被告席上的是一个年近六旬的老太太。她衣衫破旧，满面愁容。愁苦中更多的是羞愧的神情。她因偷盗面包房里的面包被面包房的老板告上了法庭。法官审问道："被告，你确实偷了面包房的面包吗？"老太太低着头，嗫嚅地回答："是的，法官大人，我确实偷了。"法官又问："你偷面包的动机是什么，是因为饥饿吗？""是的。"老太太抬起头，两眼看着法官，说道："我是饥饿，但我更需要面包来喂养我那三个失去父母的孙子，他们已经几天没吃东西了。我不能眼睁睁看着他们饿死。他们还是一些小孩子呀！"听了老太太的话，旁听席上响起叽叽喳喳地低声议论。法官敲了一下木槌，严肃地说道："肃静。下面宣布判决？"说着，法官把脸转向老太太，"被告，我必须秉公办事，执行法律。你有两种选择：处以 10 美元的罚金或者是 10 天的拘役？"老太太一脸痛苦和悔过的表情，她面对法官，为难地说："法官大人，我犯了法，愿意接受处罚。如果我有 10 美元，我就不会去偷面包。我愿意拘役 10 天，可我那三个小孙子谁来照顾呢？"这时候，从旁听席上站起一个四十多岁的男人，他向老太太鞠了一躬，说道："请你接受 10 美元的判决。"说着，他转身面向旁听席上的其他人，掏出 10 美元，摘下帽子放进去，说："各位，我是现任纽约市市长拉瓜地亚，现在，请诸位每人交 50 美分的罚金，这是为我们的冷漠付费，以处罚我们生活在一个要老祖母去偷面包来喂养孙子的城市。"法庭上，所有的人都惊讶了，都瞪大了眼睛望着市长拉瓜地亚。法庭上顿时静得地上掉根针都听得到。片刻，所有的旁听者都默默起立，每个人都认真地拿出了 50 美分，放到市长的帽子里，连法官也不例外。这就是法制规范。不管是谁，也不管什么理由，违反了就都需要受到制裁①。

随着金融创新的不断涌现，金融市场秩序中的法律条文也会随之不断地变化，但一旦条文得以制定，那么每一位参与者都需要遵守，不管是谁，不能随意改变和不遵守规则，建立这样一种金融秩序，才是金融业的持续发展之路。否则，老百姓迎来的又是像 2015 年 6、7 月份的股

---

① 见 http://flwh.znufe.edu.cn/article_show.asp? id=215。

市一样，"花一辈子的储蓄，就看了一场《无间道》①"。

普惠制金融改革，化解社会矛盾

金融改革的方向决定了未来的利益格局，假若还是传统产业中的国有企业进一步做大做强和鼓励"有识之士"更进一步富有，那么金融将朝着更进一步集中的方向演化。假若经济是朝着转型的方向——创新型、服务型产业的做大做强和鼓励共同富裕、让更多的人享受到发展成果，让贫富分化的社会矛盾能得以有效化解，那么金融改革的方向将朝着普惠制金融方向演化。

谈到普惠制金融，习惯性思维就是通过现有的金融机构实现："乡乡有机构，村村有服务""乡镇一级基本实现银行物理网点和保险服务全覆盖，巩固助农取款服务村级覆盖网络，提高利用效率，推动行政村一级实现更多基础金融服务全覆盖"。

其实这只是其中的一方面。所谓普惠就是让更多的公众（存款人或投资者）按照合意的价格向金融机构或市场出售或者购买金融资源，特别是让小微企业、农民、城镇低收入人群、贫困人群和残疾人、老年人等弱势群体能及时获取价格合理、便捷安全的金融服务，分享到经济发展所带来的红利。这就要求我们在进行利率市场化改革和资本市场改革的时候，要考虑到更多的公众受益，特别是需要兼顾弱势群体的利益。

就利率市场化改革而言，我们不仅需要在尽快形成利率走廊、放开

---

① 《无间道》是香港 2002 年上演的一部电影，影片描述两名警校的同学互为卧底的情况，一个为警方派往黑社会组织的卧底，一个为黑社会组织派往警方的卧底，故事情节就以此展开。2015 年 6 月份至 7 月份的股灾产生之后，证监会组织了各种力量进行救助，特别是 21 家券商的加入，但很遗憾的是 2015 年 8 月 18 日再次出现了暴跌。中国公安部门开始介入调查原因，结果是部分参与救市的证监会领导和券商领导被逮捕。为此，一些人戏称一些在股灾中破产的股民，说他们花了一辈子的积蓄，投入到股市中来，结果股灾中破产，原因就像《无间道》电影中所揭示的一样。

银行牌照等方面推进，鼓励中小微银行的兴起和发展，而且需要建立有序金融监管，确保金融秩序。在鼓励中小微银行对弱势群体提供有效金融服务的同时，确保弱势群体的利益不会受到侵害，避免一些中小微银行的不诚信、不规范等商业行为扰乱市场。

"博弈"的资本市场受益的群体自然是权贵资本，广大的中小投资者就像"羊"一样不断地被"狼"所吞噬。这样的市场不仅不能让更多的公众受益，反而加剧了贫富分化和社会矛盾。因此，就资本市场改革而言，进一步深化改革的着眼点是让更多的公众受惠资本市场的发展。这就要求我们在保护投资者、严格规范市场秩序的同时，让更多中小微企业能够参与到这个市场中来，在确保市场"三公"的前提下，鼓励养老金、保险资金等中长期资金入市，鼓励机构投资者的发展壮大，让更多的人群分享到资本市场发展所带来的红利。

当然，在金融改革的过程中，更需要谨防金融改革所带来的风险。金融市场的改革本身就是对原有金融体系的破坏，不可避免地会带来冲击。特别是在金融改革过程中，由于金融监管的缺位，对金融改革所带来的隐性风险和不确定性很难预估，金融风险爆发的概率很高。从20世纪80年代以来各大经济体爆发金融危机的频率可以看出，快速发展的经济体爆发金融风险的概率要远高于成熟经济体。很多发展中经济体进行金融改革最后以失败告终，其主要的原因很多是在进行金融改革的过程中，漠视了金融改革所带来的风险，没有建立起相应的金融防范体系。

2011年启动金融改革以来，国内金融市场并不太平。2011年表外业务的快速发展，结果2013年6月出现了"钱荒"。2012年资本市场"加杠杆"创新，结果2015年经历了股市的非理性繁荣和非理性恐慌性下跌。2016 年 1 月份"熔断机制"推出、人民国际化加速和中国农业银行票据问题①的出现导致股市再次快速回落。这说明我们在进行金融改革或金融创新的时候，也"忽视"了与之俱来的金融风险。我们在进行金融改革和金融创新时需要同步建立风险预警机制和应急处置预案，以适应它们所带来的冲击。

首先，需要加强对创新业务的系统研究，实施压力测试和有效的监管预警机制。监管部门力争确保创新业务的开展不会对现有的有效监管产生冲击。在对相关金融创新行业进行有效监管的同时应该对行业进行压力测试，即将整个金融机构置于某一特定的极端市场情况下，测试该金融机构在关键市场变量突变压力下的表现状况，以此检测其对市场突变的承受能力。与此同时，提高对压力测试的重视程度和应用频率。要根据监管要求及金融机构自身情况，合理开展测试，加强金融风险的事前防范能力。

其次，鉴于目前利率市场化和建立多层次资本市场在改革深化的过程都出现了风险，这就需要我们在吸取经验教训的基础上更进一步地防范金融改革深化可能带来的风险，强化金融监管。为确保金融市场的不确定事件能够得到及时妥善处理，相关职能部门应建立重大风险预警机制，明确风险预警标准，对可能发生的重大风险和突发事件，制定应急处置预案，建立起维护金融稳定的预警系统，做到未雨绸缪。需要加大风险预警和应急处置建设相关的金融和技术人才的培养力度，为中国深化金融改革提供关键保障。此外，在应急处理之后，还需要考虑退出机

---

① 2016 年 1 月 22 日，财新报道中国农业银行北京分行 2 名员工已被立案调查，原因是涉嫌非法套取 38 亿元票据，同时利用非法套取的票据进行回购资金，且未建立台账，回购款其中相当部分资金违规流入股市，而由于股价下跌，出现巨额资金缺口无法兑付。http：//finance. sina. com. cn/money/bank/bank_ hydt/2016－01－22/doc－ifxnvhvu6996030. shtml。

制的建立，从而不去破坏市场规则，维持了原有的市场秩序，而不让契约精神受到践踏。

再次，由于互联网金融的快速发展，以及金融改革的深化，中国金融业当今已经出现混业经营与过去历史发展进程中形成的分业监管之间的矛盾。目前一些机构完全可以通过银行、信托、证券、配资平台等各种渠道获得存款类金融部门的资金，用以在某一个金融市场进行杠杆投资，这种通过多元渠道获取杠杆资金投入某一金融市场的行为，其流程数据很难为单一行业的监管当局所充分掌握。在互联网金融时代，对金融活动全流程数据的掌握是宏观审慎监管的基础和前提，而全流程数据的掌握又有赖于统一的金融运行数据搜集与处理体系，这显然是需要多部门的金融监管协作。

金融改革就是打破已有的制度安排僵局，改变已有的利益格局。但是由于金融改革在对原有的金融体系打破的过程中会带来金融风险，假若这些风险没有得到有效控制，其结果很可能会演化为不仅制度安排僵局没有被打破，反而会导致利益格局进一步固化，社会矛盾进一步加剧。因为：首先，在推行金融改革的过程中，假若爆发出金融风险，这会让改革者畏缩不前，其他想效仿改革的也驻足观望，更有甚者"一朝被蛇咬，十年怕井绳"；其次，金融风险一旦爆发，受损范围往往会波及普通大众，民怨无形中会加大，这容易引起决策当局对金融改革的顾忌；最后，金融改革必然会触动原有利益集团的"奶酪"，这很容易引起金融风险出现时被原有制度安排僵化的利益集团受益者推波助澜，这些对金融系统产生的风险将成为他们攻击金融改革的借口，以维护僵化的制度安排和已有的利益格局。

因此，进行金融改革的时候，需要审慎推进，其事先需要进行充分论证、系统分析，有充足的预案应对可能带来的不确定性。

"真实繁荣"是可以实现的

"真实繁荣"不仅是一种美好的社会理想，更是一种现实经济的实践需要。在很多人的潜意识里，经济体的兴衰就像人的生老病死一样，同样遵从某种"自然规律"。"日中则移，月盈即亏，物极必反，盛极而衰"，似乎人类社会永远不可能实现"真实繁荣"。已有的研究成果也主要集中在探讨国家的兴衰，探讨历史上的大国、强国是怎样走向繁荣，又是怎样走向衰落。很少有学者尝试去探讨繁荣的经济体如何走向"真实繁荣"——让繁荣代代相传，永远持续下去。这是一种可怕的思维定势，它限制了我们的视野，把我们的目光局限在短期的现实问题上，而对决定未来的长期因素缺乏必要的关注，在未来面前人类总是显得那么手足无措，在经济发展方面总是摆脱不了繁荣幻觉的阴影，历尽周折仍摆脱不了大起大落的宿命，这是人类思想作茧自缚的结果。

阿西莫格鲁和罗宾逊认为支持包容性经济增长的包容性政治制度是持续繁荣的关键，造成不同国家（或地区）经济增长和经济发展水平差异的主要原因是其选择了包容性制度还是汲取性制度，并认为当前选择了包容性制度的民主经济体能实现持续繁荣。① 然而从现代史上的繁荣更迭中，我们却很难得出这一结论，即便现在呈现繁荣的民主经济体，弗朗西斯·福山也认为其很难避免走向衰败，他说道："当人们对制度的认知固化时；或当得势精英用权力阻挡变革、维护自身地位时，制度便会跟不上外部环境的变化，走向政治衰败。任何类型的政治体制——专制或民主——都无法免疫于这种政治衰败"。②

通过本书的探讨，我们认为繁荣是可以持久的，兴盛是可以世代相传的。"真实繁荣"需要我们去设想，去实践，只有这样，人类才会迎来一个光明的未来。

着眼于长期，着眼于未来，我们必须在制度体系建设上下足工夫，做足功课。制度体系是社会的脊梁。只有完善的制度体系保证制度安排是灵活的，社会才能保持活力，繁荣才会"青春永驻"。繁荣之所以会走向终结，其根本原因是制度体系的不合理，导致利益集团的固化，制度安排的僵化，缺乏必要的柔性。制度安排的变化跟不上时代的步伐，不但不再成为繁荣的支撑和保障，反而走向了繁荣的反面，成为保持繁

---

① 在阿西莫格鲁和罗宾逊看来，所谓的包容性，从政治上讲，强调人们或者公众具有政治权利，能够参与政治活动，选举领导人或当权者，选举政策制定者。领导人或者当权者是人民或者选民的代理人而不是统治者，任何人都有成为领导人、当权者或者政策制定者的机会或可能性。从经济上讲，强调自由竞争，任何人都没有通过垄断、专卖或者市场控制获得超额利润的机会，人们都可以获得生产性收益的绝大部分或者全部，因而具有很高的生产性激励。所谓的汲取性，从政治上说，人民或者公众没有决策权或表决权，即没有选择当权者或统治者的权利，也没有选择政治制度或经济制度的权利，当权者或者统治者所选择的制度或者制定出的政策成为一部分人攫取另一部分人利益的工具。从经济上说，所有的经济制度或者经济政策都是由当权者、统治者或者精英人物制定出来的，他们通过各种垄断权、专卖权、市场控制等掠夺生产者，使生产者只能得到所生产产品收益的一小部分甚至毫无所得，结果就是生产性激励不足。见阿西莫格鲁和罗宾逊：《国家为什么会失败》，长沙：湖南科技出版社，2015。

② 见 Francis Fukuyama（2014），"America in Decay——The Sources of Political Dysfunction"，*Foreign Affairs*，September/October 2014. pp. 1 – 18。

荣的最大阻力和进一步发展面临的障碍。要实现真实繁荣，关键是要让
制度安排活起来。而让制度安排活起来的关键是打破各种利益集团的掣
肘和羁绊，让制度安排能够因应时代的变化与时俱进。

　　因此，假若没有建立避免利益集团固化的制度体系，在此制度体系
内的制度安排不能随着经济环境的变化做出灵活调整，经济体最终很难
避免走向衰落。

　　人类历史上从来没有实现过"真实繁荣"，但并不意味着"真实繁
荣"未来不能实现。

　　在资本市场有多年投资经验的投资者都知道，要获取某一个月、某
几个月、某半年、某一年、某几年的高收益率，不难做到，但要做到长
年累积的高收益率，"蜀道之难，难于上青天"。在巴菲特之前，鲜有
人能做到持续的高收益率，一些我们熟知的"投资大师"不是自杀了，
就是破产了，或者后来"金盆洗手"、不干了。尽管本书讲过，巴菲特
获取持续的高收益率是搭上了美国二战之后经济实现了几十年持续繁荣
的便车，1957 年至 2014 年期间，美国"道指"的同期涨幅为 35.99
倍。在这半个多世纪里，巴菲特领航的伯克希尔·哈撒韦公司的净值增
长大约 5.32 万倍，年复合收益率约 20.64%。而同样在这五十余年里，
破产的、被迫转行的，比比皆是。所以投资界称这位把"不可能"变
为"可能"的老人为"股神"。每年 5 月初左右，全球的投资者都会奔
赴美国奥马哈，去参加伯克希尔·哈撒韦公司的股东大会。当然这些不
辞辛劳去参加股东大会的人中绝大多数并非伯克希尔·哈撒韦公司的股
东，他们去，是想听"股神"对下一波投资机会和股市行情的看法，
或者瞻仰一下"股神"的风采，甚至不惜掷几百万美金与"股神"共
进午餐，希望得到"股神""面授机宜"。

　　巴菲特实现了人类社会之前没有实现过的投资持续高收益率奇迹，

创造奇迹的核心是他老人家的"价值投资"原则。从巴菲特这么多年的实践来看，这套方法体系是能够实现持续高投资收益的。对于想效仿的追随者来说，真正需要去学习的是巴菲特判定企业是否具有投资价值的方法体系，然后坚守。对"真实繁荣"的探讨也一样，我们需要努力去寻求的是如何实现"真实繁荣"。

确实，尽管历史上没有实现过"真实繁荣"，但人类总是在不断地总结经验的基础上创造历史。通过本书的探讨，笔者深信只要建立相应的制度体系，在此制度体系内的制度安排能根据社会发展需要灵活调整，国家的衰落是可以避免的，人类社会是可以实现"真实繁荣"的。

1978 年之后，中国经济经历了 30 多年的高速增长，创造出令全球惊诧的繁荣，很多学者把它称为"中国增长奇迹"，对其原因进行探讨，并归之为"北京共识"。2008 年之后，中国经济面临增速换挡和结构转型，传统周期性行业的接连出清导致经济增速不断回落，新兴产业对经济的促进作用又需要改革的不断推进才能逐步释放。但从已有的信息来看，例如，中共十八届三中全会报告对未来改革的论述，中国"十三五"规划对各行业和产业转型的具体推进计划，2015 年中央经济工作会议定调未来进行"供给侧结构性改革"，等等，我们有理由相信，通过这些制度安排的改革，未来中国经济会走出调整期，迎来新的一轮经济增长，进一步延续三十多年以来的繁荣。

实现繁荣可以通过制度安排的改革实现，但要实现持续繁荣却需要建立相对完备的制度体系。现实中，人们往往更关注制度安排的改革，而忽视基础性的制度体系建设。当然，短期经济繁荣也很重要，"不积跬步，无以至千里"。但作为一个研究者，应该关注的并不仅是短期十几年或几十年的繁荣，更应关注未来中国能否实现"真实繁荣"。随着繁荣的延续，利益集团的力量将越来越强大，假若缺乏有效的制度体系去遏制，那么其固化的可能性也就越来越大，延伸下去的结果便是未来进行制度安排调整的改革阻力也会越来越大，改革在强大的阻力面前很可能陷入停滞，从而出现制度安排僵化，经济体缺乏活力，衰落便难以避免。

因此，对当前的中国而言，我们不应该仅仅停留在一些能促进经济体短期发展的政治制度安排、经济制度安排和司法制度安排等方面的改革，更应该去着力实现"真实繁荣"的制度体系建设。当然，"真实繁荣"制度体系的设计，超出了本书的探讨范围，这一系统工程需要政治、法律、社会、军事、经济等各方面的专业人才去思考。

1787年5月，55位来自美国各州不同利益集团的代表齐聚费城。这些代表中有律师、商人、银行家，也有来自南部的种植园主，家里还养着"黑奴"。他们不停地争吵了四个多月，最后吵出了美国宪法。200多年过去了，该宪法依然保持活力。当然这个"民主政体"未来是否会由于利益集团的固化，出现制度安排僵化，导致宪法失去活力，目前还很难预知。但这件事情却带给我们启示，当时的美国在如此糟糕的环境下可以诞生一部持续200多年还保持活力的法律，那么我们有充分的理由相信当下的中国能够设计出实现"真实繁荣"的制度体系，并且付诸实践。

毕竟，对当前的中国而言，不仅现代文明之下人类发展的认知能力与200年前的"美国精英"已经不可同日而语，更为重要的是当前的中国，尽管经济经历了30多年的快速发展，人们的生活水平已经得到极大提高，有强大的内在动力去思考繁荣的持续性问题，同时利益集团并没有强大到可以阻挠改革，更谈不上完全固化。这些相对"优越"的条件，使我们有理由相信中国能够走出一条创造人类历史的"真实繁荣"之路。

现在，我们需要去努力的是通过顶层设计打破当前的制度安排僵局，探索并建立可以实现"真实繁荣"的制度体系。在此制度体系内，制度安排可以柔性地根据发展环境的变化实现动态调整，也能在发展中避免利益集团的固化，避免制度安排僵化，从而也就避免了人类历史上只能通过"革命"或"改良"促发展的道路。

"世上无难事，只要肯攀登"。2016 年初上演的《疯狂动物城》①中的"兔子警察"都能够意志坚定、战胜自我、抛除偏见、大公无私，成为动物城的守护者，何况内心向善、不断进化的人类？

---

① 《疯狂动物城》（Zootopia）由迪士尼影业出品的 3D 动画片，由里奇·摩尔、拜恩·霍华德及杰拉德·布什联合执导。该片讲述了在一个所有动物和平共处的动物城市，兔子朱迪通过自己努力奋斗完成自己儿时的梦想，成为动物警察的故事。

跋

自从开始思考和研究一国如何能实现"真实繁荣",逐渐难以自拔,这与当年卢卡斯沉迷于经济增长研究的状态可能有相似之处。他曾经说:"印度政府是否可以采取一些手段来使得印度经济像印度尼西亚或埃及一样增长?如果可以,是什么手段?如果不可以,那么使得它之所以如此的印度国情究竟是什么?对涉及类似问题之中的人类福利而言,结果是令人惊愕的:一旦你开始考虑他们,就很难再考虑其他事情了。"[1]

前人对于繁荣问题的研究成果可谓汗牛充栋,从凯恩斯的《通向繁荣之路》、保罗·肯尼迪的《大国的兴衰》、奥尔森的《国家的兴衰》、弗朗西斯·福山的《落后之源——诠释拉美和美国的发展鸿沟》、阿西莫格鲁的《国家为什么会失败》、哈伯德与凯恩的《平衡——从古罗马到今日美国的大国兴衰》、兰德斯的《国富国穷》到林毅夫的《繁荣的求索——发展中经济如何崛起》,等等,拜读之余,不奢望自己超越前人的成果,能做的就是多吸取前人的知识,多思考一些中国的经济

---

[1] Lucas, Robert E. , Jr, "On the Mechanics of Economic Development," *Journal of Monetary Economics*, 1988, 22, 1 (July), 3 – 42.

和发展问题。奥尔森在其《国家的兴衰》中曾经对自己的研究成果做过谦逊地表述："我宁愿在一个宏伟的大教堂上建一座灯塔、一个拱门，甚至一点装饰，与之共存千年[1]"。

撰写此书，假若有什么奢望，那便是希望自己的研究也能成为这"宏伟的大教堂"中一颗微不足道的"螺丝钉"。本书主要是从制度和制度安排的角度对"真实繁荣"进行探讨。但"真实繁荣"是制度问题，同时也是经济问题。尽管当前一些从事行为金融研究的研究者会采用实验研究方法，但作为整个经济体的经济运行而言，我们不太可能通过实验去先验完成，只能跟随人类社会边发展边实验，边实验边总结。经济研究者对经济的分析更多的是依据已有的经济数据、历史经济现象、经济学逻辑等，采用归纳和演绎的方法对未来进行研判，因而，要对经济问题分析透彻，让人信服，不是一件容易的事情。因此，书中必会出现不足之处。

经济分析的难点之一：经济系统是复杂系统

两千多年前，亚里士多德就系统论证过，大多数人不能说幸福也不能说不幸福。但在今天还会出现有些媒体在街头询问每一个人：你幸福吗？简单地希望路人做出非黑即白的回答：我幸福，或者，我不幸福[2]。这种二元思维范式在当下较为普遍："好人－坏人""左派、右派""朋友－敌人""通胀－通缩""友善－阴谋"等。对"逻辑"的心理学研究表明，我们似乎最习惯于将对人和事的评判归入"A"或者

---

[1]　见奥尔森《国家的兴衰：经济增长、滞胀和社会僵化》，李增刚译，上海：上海世纪出版集团，2005，第 186 页。

[2]　见汪丁丁《复杂思维为何艰难》，http：//wang－dingding. blog. sohu. com/303555890. html。

"非 A"。也就是说，我们习惯于非黑即白的思维模式。

假若我们聚焦于经济系统的一个角落——股市，就会发现这种简单的思维模式也普遍存在于中国资本市场的投资者中。

平时在与机构投资者交流的过程中，笔者发现他们主要从两个方面思考股市：量化研究，从股市本身的运行轨迹寻找规律；试图寻找单一解释变量，通过这个变量去分析和预测股市。在解释变量的寻找上，一些研究者们和投资者们得出了：M2 与股市的走势完全正相关；国家意志决定了股市走势；工业行业利润与股市的走势完全正相关；无风险利率的走势决定了股市的走势；海外发达经济体股市的走势决定了国内股市的走势；人民币汇率的走势决定了股市的走势；投资者的情绪决定了股市的走势；当然还有一些投资者认为金融市场的运行就像阿卡洛夫和希勒所认为的是"动物精神"在起作用，等等。

以简单的思维模式去思考复杂系统，特别是去思考像"新兴 + 转轨的股票市场"这样的动态复杂系统，很难走出"盲人摸象"的境地。

从股市本身的运行寻找规律，更多的是基于统计分析方法，即被哈耶克、索罗斯等在分析人文科学中所抛弃的基于"大数定律①"（服从高斯分布）的统计方法。这种统计分析的简单性在于没有考虑参与人金融行为的复杂性和市场的变化，因为股市是这样一个市场：①参与人是分散化决策，并非集中决策；②每一个参与人受到信息存在非连续和非对称的影响；③受市场情绪的影响，参与人并非完全理

---

① 所谓大数定律就是描述当试验次数很大时所呈现的概率性质的定律，大数定律通俗一点来讲，就是样本数量很大的时候，样本均值和真实均值充分接近。这一结论与中心极限定理一起，成为现代概率论、统计学、理论科学和社会科学的基石。

性。这些特点决定了历史大多数时候很难重复，因为不同时期股市的市场环境、参与主体都在发生变化。不同参与主体受到的教育、成长的环境等都不一样，其金融行为在变化的市场环境之中便会呈现差异性。

1997 年的诺贝尔经济学奖获得者默顿，一直致力于研究投资者在不断变化的市场环境中，如何实现最佳投资组合的问题。他认为，对于资产组合的投资，通常是高风险伴随着高收益，但只要引入期权概念，那么在追求高收益的同时也能限制损失。他与费希尔·布莱克和迈伦·斯科尔斯共同发明了金融期权数学模型，也就是经典的 Black-Scholes-Merton 模型①。为了实现这个模型在实践中的有效运用，1994 年，默顿联合九个天才人物创立了长期资本管理公司（简称 LTCM）。该公司依赖 Black-Scholes-Merton 模型，运用大数据技术，形成了一套较为完整的电脑数学自动投资系统模型，建立起庞大的债券及衍生产品投资组合。他们的理论基础就是在大量可比交易的基础上，利差会逐渐回归历史均值，如果利差过大，期权价格就会下降，反之则升高，也即"市场中性套利"。他们通过计量分析方法做出估计分析，依据历史的大数据，也得出利差和历史均值大致保持稳定关系。因此他们认为可以依据过去金融市场的波动情况，去判断期权价格的变动。这样一个基于理论研究和现代技术的看似完

---

① Black-Scholes-Merton 期权定价模型可用来计算单个期权的价值，再计算预计给予的期权数，然后确定补偿费用金额。该模型须考虑 6 个因素，即行使价格、股票市价、期权的预计有效期限、股票价格的预计浮动性、预计股票股利和每一时期连续复利计息的无风险利率。该模型为包括股票、债券、货币、商品在内的新兴衍生金融市场的各种以市价变动定价的衍生金融工具的合理定价奠定了基础。Black F., Scholes M., "The Pricing of Options and Corporate Liabilities", *Journal of Political Economy*, 1973, 81 (3), pp. 637–654. Robert C. Merton, On the Pricing of Corporate Debt: The Risk Structure of Interest Pates, the American Finance Association Meetings, New York, November 1973。

美无缺的策略，在 1998 年却遭遇"滑铁卢"。当金融危机降临亚洲金融市场并影响全球时，长期资本管理公司的模型认为发展中国家债券和美国政府债券之间的利率相差过大。依据他们的模型预测：未来发展中国家债券的利率将逐渐恢复稳定，二者之间差距会缩小，中间存在较强的套利机会。但遗憾的是，由于国际石油价格下滑，俄罗斯国内经济不断恶化，俄政府宣布卢布贬值，停止国债交易，投资者纷纷从发展中国家市场退出，转而持有美国、德国等风险小、质量高的债券品种。面对这一变化，做错了方向的长期资本管理公司最后不得不"愿赌服输"，损失了公司的所有财产，还背上高杠杆率带来的巨额负债。最终，1998 年 9 月 23 日，美林、摩根等主要贷款人向长期资本管理公司注入 36.5 亿美元，获取了该公司合伙人90％的股份。

通过单一解释变量与股市之间的相关性去解释和预测股市首先需要解决两个方面的问题：其一，从计量的角度来看，指标与股市之间的相关性系数有多大，它们之间谁为因谁为果？其二，从逻辑的角度来看，选择的解释变量与股市走势之间，是属于"充要条件"还是属于"必要非充分条件"？

其实这两个方面的问题是很难有答案的。由于股市本身处于整个宏观经济之中，股市的变化又会影响到整个经济体的流动性状况、实体经营的变化以及国家决策，因此呈现内生性。这种内生性特征导致股市与其他各宏观经济指标之间在很多情况下互为因果，尽管不同变量指标与股市之间的这种关系存在强弱差异。

由于一些影响股市变化的指标会随着经济的变化而变化，它们对股市的影响在某些时点上并不显著，但一旦突破了临界值，影响将变得异常显著。这样演变的结果就是股市和这些指标之间以及股市自身的走势，都呈现动态和非线性的特征。这种动态非线性①特征就决定了众多的解释指标均只是股市变化的"必要非充分条件"，也就是我们通常所说的，这些解释变量都只是概率因果的解释变量，而不是必然因果的解释变量。假若我们用简单的思维模式去探讨它的"充要条件"，最终都只会"不识庐山真面目"。这种动态非线性特征，就像一些流行性疾病，在传染的过程中会出现基因变异，这就导致有些解释因素能够解释某一时点，但解释不了一段时期；能解释过去，但预测不了未来。放眼的时间长一些，获取的样本更多一些，最终可能都会被证伪。

从解释变量的角度去解释和预测股市面临的这两个方面的问题，显然都很难得到解决，但也并非意味着我们就陷入了赫胥黎的"不可知论②"——股市不可预测和解释，或者陷入波普尔的"证伪主义"——没有永恒不变的真理，所有的理论都可能是错的③。既然股市和各解释变量都存在动态非线性特征，那么我们去解释和预测股市的趋势时便应该秉承这一特征，做出动态非线性变化的解释。

各解释变量之间存在相互交集、互相渗透，并且更多的属于"必要非充分条件"。若把时点演变为一段时期，我们很难去探讨它们之间的因果关系，但在某一时点上它们却是点燃股市变化的"星星之火"，也存在某些解释变量更具有解释力，是股市变化的主因，或者说这些解

---

① 非线性是相对线性而言，"一个系统的一个变量最初的变化所造成的此变量或其他变量的相应变化是不成比例的，换言之，变量间的变化率不是恒量，函数的斜率在其定义域中有不存在或不相等的地方，概括地说，就是物理变量间的一级增量关系在变量的定义域内是不对称的。可以说，这种对称破缺是非线性关系的最基本的体现，也是非线性系统复杂性的根源。"张本祥、孙博文、马克明：《非线性的概念、性质及其哲学意义》，《自然辩证法研究》1996 年第 2 期。

② "不可知论"与可知论相对，为一种哲学的认识论，除了感觉或现象之外，世界本身是无法认识的。它否认客观规律，排除社会实践的作用，可世界是客观统一的，未经实践即进行先验判断即自我否定。最初由英国生物学家 T. H. 赫胥黎于 1869 年提出。

③ 卡尔·波普尔：《开放社会及其敌人》，陆衡等译，北京：中国社会科学出版社，2009。

释变量对股市的推动力较大。

股市的动态非线性特征在于它是各解释变量的合力推动所形成的短期均衡，在于这一合力会随各解释变量的不断变化而变化。并且，随着股市的演绎，这些解释变量之间的主因、次因地位也随之发生变化，一些之前并不显著的解释变量，随着时间的推移，其对股市的变化可能会更具有解释力。

根据各大网站公布的基金净值变化，可以推测基金经理的投资业绩也起伏不定，很少有人能实现持续稳定回报。一些投资经理在投资实践中不断总结，得出一些自己的投资经验，并坚持或者说固守这些曾令自己成功的投资逻辑。但持续一段时间之后，却输得很惨。原因就是忽视了中国市场和中国经济的非线性动态特征，市场环境和经济环境都在快速变化，投资视角和逻辑也需要随之变化。假若不变，固守过去引以为傲的成功"法宝"，结果很可能演变为"成功是失败之母"。

股市只是整个经济运行的冰山一角。放眼整个经济体的繁荣和"真实繁荣"，需要我们用"动态非线性"的特征去思考。就经济体的短期运行而言，它受到海内外需求的影响。海外需求方面，主要受海外主要经济体的经济增长，各主要经济体之间的汇率变化、贸易政策变化，国际大宗原材料价格变化等的影响，这些都会传导到国内商品的进出口、金融系统和资产市场，进而影响国内经济运行。国内需求的变化，主要体现为投资需求的变化和消费需求的变化，与此同时，金融市场的变化和国家财政的状况等，也会影响到经济的运行。就经济体的中长期运行而言，它受到一国制度安排的影响，也会受到技术、劳动人口、资本等方面变化的影响。这些都是经济运行的解释变量，解释变量有些是内生的，有些是外生的，它们的合力左右了经济的走势。每一个解释变量都只是整个经济体运行的必要条件，并非充分条件。这些解释变量之间又相互影响，彼此之间形成反馈。更为复杂的是，这些解释变量本身的运行又受到众多因素的影响，任何一个因素的突变，都可能影响整体经济的运行。

这种动态特征的经济运行另外一方面的表现就是"非线性"，即一些解释变量在一定的量值范围内，对经济体的影响不大。而一旦这一量值突破阈值水平，对整个经济体的运行就会产生巨大的冲力。例如，2008 年美国的金融市场，在雷曼兄弟破产之后，金融风暴快速传播，冲击全球，引发了全球性的经济衰退；2010 年欧洲的债券市场，在希腊、西班牙、葡萄牙、意大利和爱尔兰存在债务违约的阴影下，整个欧洲货币市场利率出现快速攀升，债券收益率也快速攀升，继而使欧洲陷入了二次衰退。

经济在发展过程中必然存在风险，只要能意识到这些风险，就可以通过国家政策去化解。但假若一个经济体的制度安排呈现固化，那么它的脆弱性就会增强，未来经济发展的不确定性就会显著上升，而不确定性则很难通过国家政策去化解，若要防范则只能通过顶层的制度安排。弗兰克·奈特于 1921 年出版的《风险、不确定与利润》中区分了经济学家们的风险概念和几乎在所有商业决策中都存在的各种不确定性。他认为，风险是指那些能够用数学概率测度的东西，而不确定性是指那些因不存在描述概率的客观标准而无法测度的东西。对于这种不确定性，经济学家们目前越来越趋向于用行为经济学来解释，经济学其实与人的行为密切相关。

经济分析的难点之二：经济活动的行为人是"道德人""经济人"和"动物精神"的复合体

在理想的社会里，构成经济主体的行为人是亚当·斯密在《道德情操论》中阐述的"道德人"。"道德人"倡导的精神是在完全理性的条件下，具有同情心、正义感、行为的利他主义倾向，即坚持"毫不利己，专门利人"。假若经济主体的行为人以"道德人"为主，那么我们在进行制度安排的时候，就简单很多，即便制度安排有不足之处，也会因为行为人是"道德人"而得到矫正。假若物质生产技术水平较低，国家体制也完全可以依据生产水平进行计划供应，由于多数人都是"道德人"，因而不会在计划供应过程中出现不公平和效率折扣。其实，假若是"道德人"社会，制度安排已经不重要，就如诺斯所说的"在一个不存在报酬递增和处于完全竞争市场的世界，制度是无关紧要的①"。

假若制度安排是以经济主体的行为人主要是"道德人"为基础进行设计，而现实的发展阶段又没有达到这一标准，或者说贫穷的现实，让很多经济主体的行为人在"面包"和"精神"的选择中偏向"面包"。那么这种制度安排就是"低效"的，其后果会逐步演变为公平和效率都得不到保证。

苏联、二战后的东欧和新中国成立后直到改革开放之前的中国，在进行制度安排顶层设计时均以"道德人"为基础。尽管在国家层面进行宣传时，涌现了不少"道德人"，例如："生活简朴、一心为公"的国家领导人，"鞠躬尽瘁，死而后已"的党政干部，时刻"为人民服务"的士兵等，但这些典型在全社会中所占的比例还毕竟较小，假若国家的顶层设计以这些少数人为基础，那么制度运行的结果难免低效与

---

① 诺斯认为，决定制度变迁路径的力量来自两个方面：不完全市场和报酬递增。就前者而言，由于市场的复杂性和信息的不完全，制度变迁不可能总是完全按照初始设计的方向演进，往往一个偶然的事件就可能改变方向。就后者而言，人的行为是以利益最大化为导向的，制度给人们带来的报酬递增决定了制度变迁的方向。诺斯接着指出，在一个不存在报酬递增和完全竞争市场的世界，制度是无关紧要的；但如果存在报酬递增和不完全市场时，制度则是重要的，自我强化机制就会起作用。见道格拉斯·诺斯《制度、制度变迁与经济绩效》，上海：上海三联书店、上海人民出版社，1990、1994。

落后，因为占社会主体的"经济人"会选择以"怠工"的方式实现个人利益最大化。面对这种发展的压力，中国于 1978 年之后开始进行渐进式的改革，逐渐改变过去以"道德人"为基础的经济制度安排。苏联和东欧国家在 20 世纪 80 年代末、90 年代初均推行"休克式"改革，直接把以"道德人"为基础的经济制度安排转变为以"经济人"为基础的经济制度安排。

亚当·斯密在《国富论》中写到："每天所需要的食物和饮料，不是出自屠户、酿酒家和面包师的恩惠，而是出于他们自利的打算①"。将"经济人"作为专有名词引入经济学的，是帕累托。他以边沁的"功利主义"心理学②为基础，提出了"经济人"精神，即人的思考和行为都是目标理性的，唯一试图获得的经济好处就是物质性补偿最大化。很显然，随着物质条件的改善，人们的信仰追求与日俱增，摆脱"经济人"精神"枷锁"的需求也会逐渐增加。例如当前一些非营利组织，以及从事公益事业的群体，尽管同处商业社会，但他们的理性行为显然属于"道德人"的精神范畴。在进行经济分析的时候，以"经济人"为基础，也会受到一些局限，例如对"公共品"的分析，很多时候是不能遵从"经济利益最大化公理"去探讨的。但毫无疑问，当经济体的主体行为人是"经济人"的时候，我们的制度安排才会应运而生。

经济发展环境是复杂的，在非个人交换形式中，人们面临的是一个复杂的、不确定的世界，而且交易越多，不确定性就越大，信息也就越不完全。与此同时，人对环境的计算能力和认识能力也是有限的。在这

---

① 亚当·斯密：《国民财富的性质和原因的研究》（上卷），郭大力、王亚南译，北京：商务印书馆，2007。

② 边沁：《道德与立法原理导论》，时殷弘译，北京：商务印书馆，2012。

样的条件下，行为人即便做出理性选择，也是有限理性选择，或者说是
"无知的理性"。

由于经济系统属于复杂系统，凭目前人类的认知，要想做到完全理
性，几乎不太可能。绝大多数决策都属于有限理性决策，我们进行的经
济分析也属于有限理性分析。不管是完全理性还是有限理性，都不妨碍
我们在进行经济制度安排时以"经济人"精神为基础建立市场秩序。
甚至需要考虑的是，人的行为可能会出现"完全不理性"。

人其实是感情动物，在很大程度上，人的行为受到情绪的影响，有
的时候进行决策完全是依照"感性"。这种"非理性"行为也就是阿克
洛夫和希勒所说的"动物精神"在起作用。

尽管我们生活在一个以"经济人"为主要行为人的世界里，但对
"动物精神"发挥作用的"非理性"行为却并不陌生。

荷兰人一直以思想保守闻名于世。但17世纪的"郁金香泡沫"却
展现了荷兰人狂热而非理性的一面。1593年，原产于小亚细亚的郁金
香传入荷兰。当郁金香开始在荷兰流传后，一些投机商开始大量囤积郁
金香球茎。17世纪初，在投机商操控的舆论鼓吹下，人们对郁金香表
现出一种极度的热忱。1636年，一株稀有品种的郁金香达到了与一辆
马车、几匹马等值的地步。面对"非理性"繁荣，很多人变卖家产，
加入了炒作郁金香的行列。1637年2月，一株名为"永远的奥古斯都"
的郁金香售价高达6700荷兰盾。在当时，这笔钱足以买下阿姆斯特丹
运河边的一幢豪宅，当时荷兰人的平均年收入仅为150荷兰盾。然而，
"非理性"繁荣的泡沫就像"皇帝的新装"，很难持续蒙骗大众。当人
们沉浸在郁金香还会大幅上涨的梦境中的时候，卖方突然大量抛售，公
众开始恐慌，郁金香市场在1637年2月4日突然崩溃。尽管当时的荷
兰政府发出紧急声明，劝告市民停止抛售，并试图以合同价格的10%

来了结所有的合同，但这些努力丝毫阻止不了郁金香价格一泻千里，一周后，郁金香的价格平均下跌了90%[①]。

经济体的发展，是所有行为人经济活动的集合。一个经济体，不管主要行为人处在何等生活水平，受教育程度怎样，均是"道德人"精神、"经济人"精神和"动物"精神共同组成的混合体。这三种精神处于经济体不同的发展阶段，接受不同精神驱使的行为人所占的比重也不一样。即便是同一行为人，在不同的经济发展环境下，受这三种精神支配的程度也不一样。但不管怎样，这种变化是连续的。因此，经济发展总是一个动态过程，这在客观上要求我们的经济制度安排需要不断创新。经济制度安排也只有在不断的变化中才能维持稳态，也就是动态均衡。

因此，制度并没有所谓的好坏[②]，只有适合不适合一国经济体的发展。

经济分析的难点之三：中国的特殊性

在研究中国经济发展问题时，假若不考虑中国经济发展的特殊性，很多分析可能无法解释。中国问题的特殊性在于我们目前处于"新兴＋转轨"的发展阶段，很多西方成熟经济体的发展理论很难解释这种特殊性。

目前，我国理论界探讨最多的是究竟是让政府对经济进行干预，还

---

① 迈克·达什：《郁金香热》，冯璇译，北京：社会科学文献出版社，2015。
② 阿西莫格鲁认为制度有好坏，他把好制度理解成能广泛保护私人产权，激励私人投资从而使社会产出最大化的制度，而把坏制度理解成仅仅保护少数统治者精英的产权而使他们能够从社会中抽租的制度。产权意味着财产安全与契约自由，同时也意味着统治者能够抽取的资金的减少，产权的激励和约束作用导致社会产出的增长。Acemoglu, Daron, Simon Johnson and James Robinson, 2004, "Institutions as the Fundamental Cause of Long-Run Growth", unpublished。

是让市场自我发展。同一问题在西方经济理论界也一直在探讨。尽管我们与他们探讨的问题一致，但对话的基础和需要解决的问题却完全不一样。西方理论界面临的问题是在市场秩序下，自由市场对经济发展更优，还是政府有效干预对经济发展更优。而我们面临的问题却是市场秩序还不健全。我们需要探讨和解决的是怎样去健全市场秩序，以及在健全市场秩序的过程中市场和政府该扮演怎样的角色以促进发展和实现公平。

这就像探讨中国的股票市场，假若对上市公司作假行为没有严厉的惩罚措施，假若市场参与者是由那些连上市公司财报都不看、也不去公司实地调研的投机者为主导，那么寄希望于其会理性选择，寄希望于其会选择价值投资，是不切实际的，或者说是一厢情愿的。在这样一个市场秩序不健全的阶段，投资者们追逐的必然是"小道消息"，市场的走势很多时候也必然是"非理性"的，假若用西方成熟的投资理论来进行分析，很多时候都会出现背离。作为一个正在发展的"新兴＋转轨"市场，面临的首要问题，并非成熟市场关注市场的起伏对国民财富的影响，从而起到经济"晴雨表"的作用，而更应该关注如何让这个市场成为一个"公开、公平、公正"的有效市场，建立规范的市场秩序。

1974 年，瑞典皇家科学院似乎开了一个玩笑，把诺贝尔经济学奖授予了两个信念完全相反的经济学家——哈耶克和缪尔达尔，授奖的理由是这两位经济学家深入研究了货币理论和经济波动，并深入分析了经济、社会和制度现象的互相依赖。哈耶克作为"新自由主义"的代表学者，相信市场具有自动纠偏功能，实现经济自由的途径是实行市场经济，让市场机制充分发挥调节作用，让人们在市场上进行自由竞争。缪尔达尔则是瑞典学派（又称"北欧学派"或"斯德哥尔摩学派"）的代表学者，信奉国家干预来实现"充分就业"和"收入均等化"的北欧社会福利模式。一个信奉自由市场能够促进发展，认为国家的过度干预是"通往奴役之路";一个信奉国家干预能够实现社会福利民主从而实现经济发展,受其影响,北欧到目前为止都是全球国民福利待遇最高的地区。

在他们生活的同一时期,还有一位伟大的经济学家凯恩斯,他极力主张政府干预,以纠正市场失灵。但与缪尔达尔"瑞典学派"的政府干预以提升国民福利不同,他认为政府干预是为了促进经济效益的提高,政府采用的政策工具主要是财政政策和货币政策,通过这两项政策的调控,避免有效需求不足。

尽管相对于诺齐克的"最小国家"①,哈耶克的自由主义对政府的干预宽松很多,但他极力反对政府干预经济,主张市场自由放任。为了这个信念,哈耶克与凯恩斯、瑞典学派等的争论,从英国一直扩展到了美国。他们的信仰人相径庭,但就像其他经济理论一样,他们在中国分别拥有各自忠实的拥趸,这些拥趸会分别举出哈耶克、凯恩斯、缪尔达尔的理论为自己的政策建言提供支持,为自己对中国经济形势的分析提供支持。

假若我们仅拿这些理论来探讨中国的经济问题,会发现很多地方缺乏共性,因为中国经济有其特殊性。首先,哈耶克们探讨经济问题的前提是已经实现了产权清晰,不管是国有产权还是私有产权,他们所探讨的经济体已经确权清楚,并且受到法律的严格保护。其次,这些被讨论的经济体已建立相对完善的市场秩序,市场的参与人,不论是政府还是自然人,都秉承契约精神,遵守市场秩序。而中国却仍在努力探索实现

---

① 诺齐克提出最小国家的观点,主张将国家功能限制在最小范围内,对凯恩斯主义与福利国家的理论依据和由之产生的社会弊端提出了有力的反驳,从而在当代新自由主义的复兴中担当起了举足轻重的角色。见杜翠梅《诺齐克最小国家观的理论价值》,《山东农业大学学报:社会科学版》2006年第2期,第109~111页。

这一前提条件。

改革开放三十多年来，尽管我们在产权改革和建立市场秩序方面努力探索，但政府作为监督者、参与者的定位始终不清晰。一方面，政府通过国有企业和政府平台公司参与到整个经济运行之中，但另一方面又作为监督者对经济参与体的市场秩序进行监督，同时还负责制定市场规则。政府对经济的把控能力和干预强度，已远非西方经济理论所认为的政府有效干预。但这种政府深度干预，却没有像瑞典等北欧国家一样，让国民享受较高的社会福利，体会经济民主所带来的平等。与此同时，一方面，我们作为微观主体，在政府干预之下往往会受到一些限制，但另一方面，一些企业在排污、知识产权等方面又如无政府主义一般享受极度的自由。

市场缺乏有效的秩序，加上政府对市场进行强势、选择性的干预，必然会导致市场对资源的扭曲性配置，也会使市场脱离原有的规律性轨道。

2008 年全球金融危机，斯蒂格利茨和克鲁格曼等经济学者建议美国政府强力干预，国际"新凯恩斯主义"也呼声渐高。斯蒂格利茨认为，政府支出的扩大尽管在当期不一定形成产出，但在未来会体现[①]。国内很多学者也建议采用凯恩斯的扩张性政策以避免经济的"休克"式下降。原材料价格都在下降的过程中，政府扩大基础设施建设，从成本的角度来看，也较为经济，做同样的事，政府能减少负债。但遗憾的是，由于政府本身已经深入地介入经济体中，政府支出的快速增加，结果必然是有限的金融资源以及其他生产要素资源迅速向政府支出部门集中，资源配置扭曲加剧，形成了对民营经济的挤压。为此留下的"后遗症"直到 2015 年还在消化。中间伴随而来的是一些特有的奇异经济

---

① 斯蒂格利茨：《自由市场的坠落》，李俊青、杨玲玲译，北京：机械工业出版社，2011。

现象：经济增速在不断下滑，但经济体却出现了"融资贵、融资难"，2011 年民间高利贷快速上升，2013 年 6 月货币市场也出现了"钱荒"。这些现象在成熟市场很难理解，同样是 2008 年采用扩张性货币和财政政策，成熟经济体的利率水平却一直在低位，美国、欧盟和日本一度出现了实际利率为负的状况。

强势型政府选择性干预造成资源扭曲性配置，产生的后果不仅使市场脱离原有的规律性轨道，更重要的是破坏了市场的公平秩序。例如，国有企业，或者与政府官员关系紧密的企业，在参与市场竞争时，政府对它们往往会选择性地干预或者选择性监督。对其他参与市场竞争的企业而言，面对这种不平等，要想生存只能屈服于环境，选择加强与政府官员的关系，甚至违法。当一个市场最基本的公平秩序都得不到保证的时候，谈论市场有效竞争，谈论是否应该像哈耶克所说的给予市场更多一些自由的空间，或者像凯恩斯提倡的政府更多干预经济，其实都是缘木求鱼。对当下的中国来说，分析和研究的集中点应该是如何建立市场秩序，让市场变得公平有效，或者去分析强势型政府的选择性干预所带来的经济现象，并提出临时性的解决办法，或后续的改革路径。

尽管一些发展经济学家也在探讨发展中经济体的某些经济规律、经济现象和经济政策，但由于发展中经济体选择的发展路径不一样，全球没有一个经济体像中国一样选择由国家高度集中计划的发展方式渐进转变为市场化的发展方式，因此，我们所面临的经济现象，所采用的经济政策，必然都会有其特殊性。

经济分析的难点之四：实用性和科学性难两全

读书的时候，笔者与大多数研究者一样更多地偏重数量研究，以前发表的学术文章也习惯于以建立数量模型和运用计量模型分析为主。进入投资银行后，一度还运用联立方程和随机方程去做预测，每周写的报告也都是根据发布的数据来做分析。但是在写作本书的时候，笔者决定放弃一直用数据来说话的"比较优势"，尽量淡化用数据来表述，而是从历史和经济学逻辑的角度来做探讨。之所以这样，是因为中国经济处于快速发展与转型期，强势型政府对经济的驾驭能力很强，先不去探讨数据的真实性和可靠性，单就数据本身而言，由于经济变化较快，数据出现"断点"是经常遇到的事情，我们也因此很容易对经济趋势产生"幻觉"。追逐科学性，会使研究失去该有的实用性，现实意义会大打折扣。

多年以前，笔者曾有机会与杨小凯教授一起交流，无意之中谈到对经济学中定量研究和定性研究的看法，他说道："定量研究可以减少扯皮，因为假设条件是确定的，只要推导没有问题，那么就不能怀疑结论；定性研究很容易出现'公说公有理，婆说婆有理'。但问题是在做经济分析的时候，这些假设条件多了，离现实就越来越远了"①。

其实，定量和定性研究在经济研究领域都不应偏废。由于经济运行的变化多与人的行为密切相关，而我们对人的行为的认知，存在很多盲区，因此，大多数时候我们只能在这两者之间进行取舍。

德国历史主义的研究方法曾一度盛行。1883 年奥地利经济学家 C. 门格尔就发表了《关于社会科学，特别是政治经济学方法的研究》，批判历史学派不能区别理论科学、历史科学和政策实践的关系，将经济现象的历史记述和经济理论的历史性相混淆，在方法论上缺乏理论分析和

---

① "数学家嘲笑经济学家是卖狗皮膏药的，因为经济学家如果不能证明他们想要的结论，就会修改他们的假设。我个人认为，这不能成为对经济学的一个批评，因为经济学在本质上就不是科学，而是历史学之一种；经济学的论证不是科学的论证，而是更接近于一种形式的艺术表现。一个好的经济学模型，读者总是可以从中读出'美'来。比如克鲁格曼的几篇肯定会让他获得诺贝尔奖的论文，就是具备美的要素。克鲁格曼的假设都很简单，他从不讳言这些假设并不符合现实，但也认真地说明，它们是对现实的提炼。"见姚洋《经济学的科学主义谬误》，《读书》2006 年第 12 期。

抽象，陷入了世俗的经验主义，由于缺乏"精密的方法"，从而放弃对"精密法则"的研究。门格尔强调，理论经济学像自然科学中的物理学、化学一样，主张理论是经济学的中心，而历史只不过是它的辅助。目前，主流经济学派在研究经济问题时深受门格尔的这一思想影响，强调经济研究的科学性，并不习惯于从历史事件来分析经济问题。

但哈耶克认为，与自然科学的情况不同，在经济学以及研究复杂现象的其他学科中，我们能够取得数据进行研究的方面必定是十分有限的，更何况，那未必是一些重要的方面。在自然科学中，一般认为，而且也很有理由认为，对被观察的事物起着决定性作用的任何因素，其本身也是可以直接进行观察和计算的。但是，市场是一种十分复杂的现象，它取决于众多个人的行为，对决定着一个过程之结果的所有情况，几乎永远不可能进行充分的了解或计算①。

既然中国经济的特殊性比较显著，而且经济体仍然处于快速地变化之中，非线性特征更加明显，此时我们似乎更应该从实用主义的角度出发，去探讨如何才能实现"真实繁荣"。

其实，在实用主义经济学研究方面，拉姆齐是典范。也许这位年轻的天才深受罗素和皮尔士的影响，拉姆齐写道："实用主义，我这样来概括它的实质，是由它的各种行动来定义的，即相信它所陈述的就意味着，根据各种因果关系的概率，相应地采取各种行动的概率。②"这就像晴朗的夏天，是否需要打遮阳伞来避免太阳暴晒一样。从实用的角度看，我们是否采取某一行动依赖于这一行动究竟带给我们什么样的效

---

① 哈耶克：《知识的僭妄——1974 年诺奖获得时的演讲》，选自《哈耶克文选》，冯克利译，南京：江苏人民出版社，2007。

② 汪丁丁：《流萤穿过空庭——拉姆齐生平略述》，http://blog.qq.com/qzone/622006067/1283567041.htm。

用。对一些东方女士而言，她需要保持皮肤的白皙，需要打遮阳伞以避免暴晒。但对一些东方男士而言，可能正好借此机会感受阳光。因此，打不打遮阳伞对不同的人群而言都是一种理性的行为。

长期在资本市场第一线进行研究，笔者发现我们在寻求资本市场变化的轨迹时，很多解释因素都仅是概率因果的解释因素，并没有必然因果的解释因素。2014 年时，一位投资者曾兴奋地宣布，他似乎找到了资本市场运行的规律，那就是 A 股的运行与 M2 之间具有强正因果相关，因此做 A 股操作，只需要观察 M2 的变化就行。这其实很容易被证伪，把 A 股几个"牛""熊"比较突出的时间段拿出来就会发现事实并非如此：2005 年上半年 M2 是不断改善的，但 A 股却创出了历史新低；2014 年 11 月份股市快速上扬，M2 却还在下降。不仅是 M2，经济增速与 A 股的相关性也很弱，20 世纪 90 年代中国经济增速不断回落时也有"牛市"，2001 年之后经济增速不断回升，有"牛市"也有"熊市"，到 2014 年，经济增速虽在不断回落，但股票市场却呈现了欣欣向荣的景象。从科学研究的角度来看，我们很难解释这些现象。但假若我们从实用主义的角度来分析，运用经济学逻辑，至少能获得某些启发性的结论，例如，从"非理性"繁荣的角度。

直到现在，经济学家对复杂的经济系统的认知似乎都如"盲人摸象"——能有效地掌握经济现象的某些局部规律，却寻求不到具有普适性的规律；能分析一些经济现象，但经不起时间的考验，很容易被证伪；对政府的经济政策提出很多建议，但建议被采用之后给经济体留下不少"后遗症"。即便如此，我们的研究者却总是对自己的研究和创新很有信心，在心理学里，这称为"自我服务偏见"①。这其中很大一部

---

① 亚当·斯密认为"大多数人对于自己的才华总是过于自负。这是历代哲学家和道德家所说的一种由来已久的人类通病"。亚当·斯密：《国民财富的性质和原因的研究》（上卷），郭大力、王亚南译，北京：商务印书馆，2007，第 99 页。

分原因是我们低估了人的行为对经济运行的影响，不同时期参与人行为的变化加剧了整个经济运行的复杂性，让我们很难运用科学的方法去分析和把握。

中国改革和发展在很多时候是"摸着石头过河"，一些政策的推出和一些方面的制度性改革是边走边看，甚至出现过一些政策朝令夕改。经济运行也因为强势型政府的干预，而变得更加复杂。因此，从科学性的角度去研究中国经济，尽管是我们极力追求的，但其实用性确实会大打折扣。

投资银行的从业人员，在与机构投资者交流的过程中，更倚重的也是其实用性，需要强调对未来的预判和投资操作，这将不得不牺牲一些研究的科学性。对于复杂变化的中国经济，机构投资者更愿意讲叙历史上一些国家的相似经历，以此来演绎中国未来一些经济现象出现的可能性，为其投资决策提供帮助。这种实用、讲故事式的研究范式构成了本书的研究范式。也许在一些经济学家看来，在故事的基础上分析经济是一种不专业的表现，经济学家应该关注事实和理论，而理论应该建立在最优化的基础上，尤其是经济变量的最优化。但实践之中，从历史的角度来分析经济可以避免枯燥和晦涩。

读过凡勃伦的《有闲阶级论》和《科学在现代文明中的地位》[①]就知道，在美国 20 世纪初，高校老师不做研究，沉迷于升官发财，很多老百姓不讲诚信，到处违法乱纪，警察也不去维护法律的尊严，富豪们则沉浸在炫耀性消费[②]中。对当前的中国老百姓而言，恐怕有似曾相

---

① 凡勃伦：《有闲阶级论》，蔡受百译，北京：商务印书馆，2011；凡勃伦：《科学在现代文明中的地位》，张林、张天龙译，北京：商务印书馆，2008。

② "凡勃伦认为，炫耀性消费主要是有闲阶级感兴趣，但它也存在于一切阶层中，只不过是程度不同而已。""判断某种支出是不是炫耀性消费的准则，是看这种支出的结果除了习惯性偏好和合乎体面的习惯标准之外，是不是还使得生活更加完美舒适。"见伊特韦尔等编《新帕尔格雷夫经济学大辞典（第一卷）》，北京：经济科学出版社，1996，第 628 页。

识之感。从历史经验的角度来分析中国经济，是通过历史研究为分析中国经济提供视角。我们相信"太阳底下没有新鲜事物"，我们经历的像雾霾、水污染和食品安全等问题，很多发达国家也曾经经历过，甚至在治理方面积累了很好的经验，当然由于中国经济的特殊性，有很多问题是我们必须自己去面对的，这些都将是我们研究持续发展和繁荣要必须面对的。

经济分析难点之五：经济的繁荣需要政治制度做保障

"当前的政治制度决定当前的法定政治权力，当前的资源分配决定当前的实际政治权力，当前的法定政治权力和实际政治权力共同决定当前的经济制度，当前的经济制度决定未来的产出和资源分配。未来的资源分配又会影响到未来的实际政治权力，同时，当前的政治制度也影响着未来的法定政治权力的分配，如民主制度的确立可以限制未来执政者的权力。[1]"

任何经济体的繁荣发展都离不开稳定的政局，都需要有良好的政治制度作为基础。发展过程中社会不稳定，繁荣之路可能会前功尽弃。科特迪瓦在"非洲圣人"博瓦尼的领导下，在 1960~1980 年期间，GDP增长 22 倍，年均增长率高达 11%，创造出全球的"经济奇迹"，这在动荡不安的非洲可以说创造了一片"和平绿洲"。但 1990 年之后，随着博瓦尼的离世，150 多个政党开始斗争，随之而来的军事政变和全面内战，使科特迪瓦的繁荣之路从此幻灭，国家也变得满目疮痍。1970年之前的阿富汗，也建立了一批近代制造业企业，建设了水电站，首都

---

[1]　Acemoglu, Daron, Simon Johnson and James Robinson, 2004, "Institutions as the Fundamental Cause of Long-Run Growth", www. nber. org/papers. 见郭艳茹《制度、权力与经济绩效——2005 年美国克拉克奖获得者阿西莫格鲁理论评述》,《理论学刊》2010 年第 5 期。

喀布尔可以看到现代商业设施和大面积的玻璃橱窗，女性可以穿西式时装、乘坐公交、读大学和工作，但 1970 年之后的动乱不断使繁荣之路戛然而止，民生凋敝、产业衰败不堪，除此之外毒品泛滥、暴力事件不断发生、极端组织层出不穷。1960～1970 年，巴基斯坦可以说实现了"发展的十年"，期间 GDP 增速持续超过 6%，但随着 1971 年第三次印巴战争的爆发，以及东巴基斯坦独立为孟加拉国，巴基斯坦的发展开始停滞，2011 年经济增速仅为 1%，却有 12% 的通胀率。[①]

回望历史，历次经济体的崛起、成为全球头号强盛大国的，绝大多数是通过战争来实现，例如，西班牙取代葡萄牙，荷兰取代西班牙，英国取代荷兰。军事上的强大，最后都延续了经济的繁荣，当然军事强大依靠于良好的政治制度，就像春秋战国时期的秦国一样，依靠良好的政治制度，快速发展了经济和军事，最后统一六国。

也有不通过战争而成为全球的头号经济强国的，例如，美国取代英国成为目前的头号经济强国。但在当时的全球格局下，挑战英国的不仅仅是美国，还有德国。随着国力的强大，德国发动第二次世界大战挑战全球秩序，严重削弱了英国国力。

20 世纪之后，随着美国国力的逐渐强大以及德国的快速发展，英国在国际市场上的霸主地位已岌岌可危。为了维护英联邦的地位，英国便逐渐放弃自己倡导多年的自由贸易政策，开始建立帝国特惠政策，以此来抑制美国和德国的影响力。1932 年 2 月 9 日英国公布"进口条例"。按照此条例，除有特殊规定者外，输入英国的货物一律从价征收 10% 进口税，并另征附加税；同年 7 月，英国和自治领及自治领之间签订 11 个双边协定，本着"己国生产者第一，帝国生产者第二，外国生

---

① 梅新育：《大象之殇》，北京：中国发展出版社，2015 年 10 月。

产者最后"的原则，对来自自治领和殖民地的进口商品，给予关税优待；限制从帝国以外的国家输入农产品，以保证帝国各自治领和殖民地农产品在英国的销售市场；英国工业品输往自治领和殖民地时相应享受优惠待遇；对来自英国以外国家的商品则征收高额关税。

帝国特惠制的推行，在短期内保住了英国的国际市场地位，暂时抵挡住了美、德快速发展所带来的压力。1938 年，英国出口到帝国内的货物占出口总额 40%，进口则占进口总额的一半。但很遗憾的是，第二次世界大战的爆发，极大地冲击了英国的国力，而美国的迅速发展以及自治领和殖民地的独立运动，使得旧有的全球贸易、金融等市场秩序已逐渐为美国所倡导的新秩序取代，1977 年底，帝国特惠制宣告结束。

目前，中国已成为全球第二大经济体，随着经济的持续发展，也必将挑战美国全球头号经济体的地位。中国在发展过程中如何完善自身的政治制度、中美之间如何博弈，都会影响甚至决定中国经济的未来走向，例如，2015 年 10 月 5 日，美国贸易代表宣布，美国、日本、澳大利亚等 12 个国家成功结束"跨太平洋伙伴关系协定"（TPP）谈判，达成 TPP 贸易协定。这一强调知识产权、环境保护、劳工保护、政府采购与补贴等的多边贸易组织，并没有把中国纳入，就像当年英国的帝国特惠制一样，必然会对未来中国服务贸易的发展以及一些传统商品国际贸易的发展产生影响。

这些问题涉及政治、外交、军事等各领域，只能留给相关领域的专家去探讨。但毫无疑问的是，经济体的繁荣，若没有良好的政治、外交、军事等方面制度安排的保障，必然只是无根之木、无源之水。

后　记

—— 纵然无知，仍竭力思考践行

"人往往需要说很多话，然后才能归入潜默"，冯友兰老先生悟出的哲言，需要有阅历的人才能品味。而我似乎年轻时就先跨越式地进入潜默，而到了不惑之年，话似乎多一些了，才写了这本处女作。回头想想，到现在也没写出自己满意的文章著作，不仅与自身水平有限相关，还与我的自由贪玩、拖沓慵懒相关。当然运用阿Q式的精神胜利法，很多时候还挺"享受"自己的碌碌无为：你看经济研究领域划时代的天才，如拉姆齐、纳什等，由于洞察"上帝"的秘密太多，结果都受到了"惩罚"——英年早逝或病魔缠身，而数学界泰斗高斯，他的手稿有很多到后来都不发表了，老了就身体健康。通过选择性样本，运用不完全归纳法，"自恋"成"高大上"，为自己的慵懒无为找托辞，可以说从过去到现在，我都比较擅长。精神胜利法的好处就是尽管自己一直无所作为，但仍然生活得快快乐乐。

不过，透过自身的这些实践经验，已经不经意地得出：自己曾经推崇的哈耶克和弗里德曼的自由主义可能并不是解决人类发展的最优路径。

有一次，听到一位长者聊天时讲到，他很荣幸曾经听到年逾九旬的经济学家加尔布雷思做他人生中最后几场演讲，这位肯尼迪的老师在演讲时说："我们都是无知之人，区别在于我还算知道自己的无知，而有的人却不知道自己无知。""我只是到了印度几年后，才知道自己原来的知识一半都是错的，另一半也是不适用的。"

自知我的阅历和对知识的掌握程度自然难及加尔布雷思的皮毛，但这并没有妨碍我对他老人家的话产生共鸣。面对复杂的中国经济，面对扑朔迷离的中国股市，很多时候百思不得其解。在投资银行从事研究工作八年多来，研究观点不断地被市场教训，很多时候很沮丧。掌握信息的不完全和认知水平的缺陷，很多时候觉得倾己所学，对经济运行脉搏的把握似乎也仅停留在"盲人摸象"。

觉察到自己认知存在缺陷本应更加慎言，而且作为投资银行的研究者，工作已然繁忙，但我仍然花费几年时间去整理此书，放弃了自己非常有限的、本可以好好游玩的节假日和休息日，其中的原因有二：首先，尽管立论很难，证伪容易，但立论过程中确实快乐无穷，而且万一本书的研究成果能为后续的研究者提供一些视角，岂不快哉？其次是来自恩师的"鞭策"，尽管他现在已经在"天国"。

讲到恩师，就不自觉地浮想起二十多年前的自己。由于刚刚踏上高中就面对父亲的离去，不更事的我便开始沉迷于读书之外的玩乐，也不知当时是用来逃避噩梦，还是确实缺乏自制力。只是记得从一个"学渣"重新回到学习的轨道是后来的事，而且是无数次地看着家人眼光中所暗含的期许，才逐渐从麻木，到感动，最后开始灵魂开窍式地执著。

我很幸运，重新开始追求学习之后，遇见了我的恩师——廖进中教授。他的书房里、湖南大学的教学楼里、图书馆前的草坪上、岳麓山的小径中、学校的马路边，都留下了我们交流人生、畅谈世界、探讨经济问题的足迹。他教我正直地做人，他让我感受研究的乐趣，他与我分享最新的研究成果，当然他也告诉我一个人需要承担的社会责任。记得他说，"读书的乐趣在于你可以跨越时空与智者交流，不仅帮你解惑，更让你品味到背后不同的人生"。记得他第一次见到我儿子所表现出来的兴奋，眼睛里所蕴含的那份喜悦，让我意识到他不仅是我的恩师，同时也像父亲一样关爱着我。

但世间之事往往逃不开悲剧与遗憾。2013 年 11 月份，身体一直不佳的他最终并没有战胜病魔，永远地躺在了湖南革命陵园。在他的追悼会上，我心情异常平静地向他的亲人、以前的老师和同学讲述着我们的点点滴滴，同时暗自思考，我需要利用自己的休闲时间来加快为这复杂的中国经济说点什么，实践他生前说过的"一个人不仅是个体，更是社会人。自己的所有研究成果，为自己国家的发展哪怕只做了一丁点贡献，你奋斗终生的努力也是值得的"。当然，让我担心和恐惧的是，由于自身认知的缺陷，信息掌握的相对匮乏，自己努力出来的研究成果会成为干扰经济发展政策的"白噪声"。

毕业后选择投资银行，可以说是被清华大学经管学院的朱武祥教授用激将法激励出来的。自从在读书和研究过程中感受到乐趣之后，我的职业规划便是去高校当老师，一方面觉得从事传道授业和经济研究获取的成就感是无边界的，另一方面又有大量自由支配的时间可以"行万里路、读万卷书"。临近毕业的时候，我与朱老师交流了上述想法。听了我的话后，他淡淡一笑，"假若觉得自己水平不错，那么就应该先去投资银行的战场，关起门来写的兵书与在战场上锻炼写出来的兵书，读起来是不一样的。"经历这八年多来的酸甜苦辣，我思考经济问题的视角与以前已经完全两异，现在回想起来，确实需要感谢他！

在对知识的领悟、对系统工程这一学科的认知、对"他律"的理解等方面，我需要感谢两位老师：国防科技大学的前政委汪浩中将和湖南大学的赖明勇教授，每一次交流与碰撞中，他们总会让我对知识的理解、对经济现象的认知受到启发。现在汪浩老师书写的"为人民多做好事"的条幅还挂在我的办公室，观以自勉。

书稿得以迅速推进，我需要感谢我的助手刘娟秀博士和童英博士，特别是刘娟秀博士以她的学识、勤奋、敬业，帮我处理书稿写作过程中遇到的难点，效率让我甚为佩服。感谢清华大学、湖南大学的老师和师兄弟们。感谢亦师亦友的曾芒博士，多年来他思想的不断外溢让我受益良多。感谢中国银河证券的领导与同事们，让研究所的同仁们和我感受到了作为研究者的尊严。感谢以前在光大证券、中信建投证券一起共事过的领导和同事们，他们的宽容和鼓励，伴我砥砺前行。感谢资本市场的境内外机构投资者和研究者，多年来的相互交流，总能忍受我的无知无畏，还鞭策我不断思考。感谢社会科学文献出版社的恽薇女士、许秀江博士和王婧怡博士，他们的专业意见让书稿不断完善，他们的敬业加速了本书的出版。特别是许秀江博士，智慧的思想不断给我以启迪，让我没有在此书出版的"最后一公里"中迷失。

当然我要感谢我的家人，特别是我的妻子贾蕊榴女士，执著于社会心理学研究的她总能在不经意中给我智慧的火花，让我在写作过程中受益良多。与此同时，书还没写完，孩子在不知不觉中就已经快长大了，这都是她的默默奉献，创造了良好的家庭环境，让我能安心地、快乐地、全力以赴地去读书和写作。

感谢所有关注我的人！

潘向东

2016 年 3 月 29 日于北京金融街

人名索引

术语名词索引

图书在版编目(CIP)数据

真实繁荣／潘向东著 . -- 北京：社会科学文献出
版社，2016.8
ISBN 978 - 7 - 5097 - 9410 - 4

Ⅰ.①真… Ⅱ.①潘… Ⅲ.①中国经济 - 经济发展 -
研究 Ⅳ.①F124

中国版本图书馆 CIP 数据核字（2016）第 147338 号

真实繁荣

著　　者／潘向东

出 版 人／谢寿光
项目统筹／恽　薇　王婧怡
责任编辑／王婧怡

出　　版／社会科学文献出版社·经济与管理出版分社 （010）59367226
　　　　　　地址：北京市北三环中路甲 29 号院华龙大厦　邮编：100029
　　　　　　网址：www.ssap.com.cn
发　　行／市场营销中心（010）59367081　59367018
印　　装／三河市东方印刷有限公司

规　　格／开　本：787mm×1092mm　1/16
　　　　　　印　张：22.75　插　页：0.5　字　数：290 千字
版　　次／2016 年 8 月第 1 版　2016 年 8 月第 1 次印刷
书　　号／ISBN 978 - 7 - 5097 - 9410 - 4
定　　价／98.00 元

本书如有印装质量问题，请与读者服务中心（010 - 59367028）联系